구로베
저편의
목소리

구로베 저편의 목소리

黒部底方の声

구로베 협곡에 흐르는
조선인의 피와 땀 그리고 눈물

고노가와 준코 · 호리에 세쓰코 · 우치다 스에노 지음

박은정 · 안영신 옮김

글로벌콘텐츠

한국어판 서문

2018년 여름 어느 날 한 여성이 우리 집을 찾아왔다. 뜨거운 공기가 감도는 아침 무렵이었다. "호리에 씨 계시나요?" 환기하려고 사방의 문을 활짝 열어젖힌 상태인데, 현관에서 목소리가 들려왔고 거기에 박은정 씨가 서 있었다. 구로베댐 이야기를 하며 한국에서 왔다고 해서 일단 안으로 들어가 얘기하자고 했다.

그녀는 1992년 내가 사인해준 책을 가지고 있었다. 『구로베 저편의 목소리』를 번역하고 싶다고 하길래 흔쾌히 허락했다. 조선인 노동자에 대해 알려지지 않은 역사를 파헤친 일본인이 있다는 사실에 감명을 받았고 일본 여성의 시선으로 조선인 노동자들의 모습을 바라본 이 책을 꼭 번역해서 한국에도 알리고 싶다고 했다.

그 후 우리는 서울에서 재회했고, 안영신 씨와 공동으로 『구로베 저편의 목소리 ─ 구로베댐과 조선인』의 번역을 하고 있다는 소식을 들었다. 번역 작업은 순조롭게 진행되는 것으로 보였지만 2020년 초부터 코로나19 확산으로 번역이 끝났어도 출판사를 찾지 못하고 있었다. 그런데 드디어 이번 여름에 출판할 수 있다고 하니 내 일처럼 기뻤다.

일본은 여전히 일제 강점기나 침략 전쟁에 대한 역사적 사실이 전해지지 않고 있는 현실이다. 불편한 역사가 부정되거나 변조되어 오히려 피해자를 괴롭히는 우파적인 언설마저 확산되고 있다. 하지만 이 책이 처음 나온 1990년대 초반은 냉전이 끝난 전후 반세기여서 일본이 일으킨 아시아 태평양 전쟁의 역사를 비판적으로 파헤치고 검증하려는 기운이 높아지고 있었다. 그러다 90년대 후반에 들어와 이 같은 역사 인식을 '자학사관'으로 부정하는 역사 수정주의가 대두하였다.

현재 문부과학성은 교과서 출판사에 일본군 위안부 제도나 강제징용 사실은 없었다며 역사 교과서를 다시 쓰라고 요구하고 있다. 나는 박은정 씨와 만나고 나서 『구로베 저편의 목소리』의 속편을 쓰기로 마음먹었다. 이 책은 『구로베댐과 조선인 노동자 -고열수도 너머로-』라는 제목으로 올여름 출간할 예정이다.

원저가 출간된 지 30년이 흘렀지만 내용은 아직도 신선하다. 한국어 번역이 출판되면 한국인들은 도야마현을 흐르는 구로베강에 일제 강점기의 전원 개발과 이에 관여한 조선인의 역사에 대해서 알게 될 것이다.

이 책을 읽고 한국의 독자 여러분이 어떻게 생각할지 그 소감을 듣고 싶다. 요즘 한일관계는 징용문제로 집약되지만, 좀 더 다면적으로 양국 관계를 파악하는 것이 향후 두 나라의 새로운 관계를 구축하는 데 도움이 될 것이라고 생각한다. 나아가 양국 정부의 정상적인 관계를 촉구하는 일로도 이어지기를 기대한다.

2023년 5월 30일
호리에 세쓰코

구로베 제3발전소 센닝다니댐

머리말

　구로베는 일본 알프스에서 도야마만으로 흐르는 가파르고 험준한 강이다. 강이라기보다 폭포에 가깝다. 상류로 올라갈수록 장엄한 구로베 협곡이 아름답게 펼쳐진다. 하지만 이곳은 깎아지른 험준한 골짜기와 겨울철 거대한 적설량으로 인해 사람들의 접근을 쉽게 허락하지 않는다.

　1900년대 초부터 이 폭포와 같은 강을 이용해서 대형 댐들이 건설되었다. 구로베강의 수많은 발전소 중에서도 〈구로3〉이라 불리는 구간은, 구로베강 제3발전소에서 터널을 통과하여 6km 상류에 있는 센닝다니까지의 댐을 말한다. 이 댐은 중일전쟁이 전면전으로 치닫기 바로 직전인 1936년부터 태평양전쟁이 시작되는 1940년에 걸쳐 건설되었다. 이 지역 사람은 물론이고 전국 각지에서 모인 사람들 그리고 더 나아가 돈을 벌기 위해 바다를 건너온 조선인들도 상당수 건설공사에 종사하고 있었다.

　하지만 무슨 이유인지 〈구로3〉 댐 공사를 포함한 구로베강 전원 개발에 종사한 조선인 노동자들에 대해서는 거의 알려지지 않았다. 단신으로 온 사람들뿐만 아니라 가족과 함께 함바집을 운영하는 사람이 있는가 하면, 가족들은 구로베 협곡 입구인 우나즈키에 살면서 아이들을 학교에 보내는 경우도 있었다. 그렇다면 1990년대 현재 오륙십 대 나이인 현지 사람들에게는 분명 조선인 동급생이 있었을 것이다. 그 이전 세대에서도 구로베 선상지의 농가에서는 농한기가 되면 협곡의 공사현장에서 일하는 경우도 많았다고 하니까 그 사람들도 조선인 노동자들을 기억하고 있을 법도 하다. 하지만 그로부터 50년이 지났으므로 선명하게 기억하는 사람들은 그리 많지 않을 것이다.

1940년 〈구로3〉 댐이 완성되던 시기에는, 공사 기지인 우나즈키를 포함해서 우치야마의 인구는 4,830명이었다. 우치야마의 인구와는 별개로 '구로베 오쿠야마 국유림'의 함바집에 기거하는 공사 관계자가 3,500명이었는데 그 중 약 1/3이 조선인이었다고 한다. 그들은 노동자 혹은 주민으로서 사회적, 경제적인 면에서 공헌한 구성원이었음에도 불구하고 우나즈키 마을의 역사나, 〈구로3〉 댐 건설을 모델로 하는 요시무라 아키라의 소설 『고열수도』에 언급조차 되어 있지 않다. 마찬가지로 이 어려운 공사를 이뤄낸 사토공업주식회사(사토구미)의 회사 연혁인 『110년의 발자취』에서도 언급되지 않았다.

물론 역사적인 건축물 공사에 종사했다고 해서 기술자나 노동자들이 언급될 필요는 없을 것이다. 하지만 관계자들을 통해,

"조선인 노동자가 없었으면 〈구로3〉 댐은 완성하지 못했을 것"

이라는 말을 빈번하게 들을 수 있었고, 당시 신문에도 일본인 이름과 함께 사고 피해를 입은 조선인의 이름이 다수 포함되어 있었다. 공사 당시는 전쟁 중이었고 조선인 '황민화' 추진 정책이 한창이어서 신문에도

미담 기사들이 많았기 때문에 쉽게 찾아볼 수 있었다. 조선은 일본의 식민지였고 일본 각지에서 이미 100만 명이나 되는 조선인 노동자가 차별 대우를 받으며 일하고 있었다. 그들이 〈구로3〉 댐 공사를 하면서 과연 어떤 역할을 했는지, 어떤 일을 했는지 그리고 이국땅에 살면서 함께 일한 일본인들과는 어떠한 관계를 유지했는지 이에 대한 연구가 하나쯤 있어도 이상하지 않을 것이다. 하지만 그런 연구나 간행물은 거의 눈에 띄지 않았다.

'어째서 그들은 바다를 건너와서 구로베에서 일을 하게 되었을까?' '아무리 임금이 높다고 해도 목숨이 위태로운 일을 선택해야만 한 이유는 무엇이었을까?' '그리고 왜 그들의 존재가 역사의 어둠 속에 묻혀버린 것일까?' 우리는 그 이유를 알고자 〈구로3〉에 발을 담그게 되었다.

일본은 1931년 류탸오후사건[1] 이후 중국 대륙으로 전선을 확대시켰다. 1920년~1930년대에는 공황으로 인해 전력이 과잉 상태였지만, 군수품을 생산하면서 갑자기 전력이 부족해졌다. 〈구로3〉 발전소는 국책 사업으로 돈·사람·물자 등 모든 것을 쏟아부어 공사를 서둘렀다. 한편 식민지인 조선은 1910년 한일병합 이후 실시된 '토지 조사 사업'으로 토지를 빼앗긴 농민들이 1920년대의 '산미증식 계획사업'으로 완전히 몰락해 농촌을 떠나게 되었다. 또한 일본으로부터 자본이 유입되어 가내수공업도 타격을 입었다. 게다가 중국 대륙의 전선 확대로 조선은 일본의 병참기지가 되어 식량을 비롯한 모든 물자를 빼앗겼고 조선 사람들은 궁

---

1) 1931년 9월 18일, 일본제국의 관동군이 중국의 만주를 침략하기 위해 벌인 자작극. 결국 만주사변으로 전개된다.

핍한 생활에 내몰리게 되었다. 조선인 노동자들은 조금이라도 좋은 조건의 일자리를 찾아 한반도에서 일본 본토로 떠나온 것이다. 임금이 높다는 말을 듣고 일본인뿐만 아니라 조선인 노동자들도 구로베에 모여들었다. 루거우차오사건[2] 이후 일본의 젊은이들은 중국 대륙으로 출병을 나가던 시기였다.

중국 본토에서 전쟁이 시작되자 일본은 더 많은 병력과 군수 산업을 지탱할 수 있는 노동력을 필요로 하게 되었다. 그리고 식민지 한반도에서 그 노동력을 동원하고자 했다. 1939년 '조선인 노동자의 일본 본토 이주에 관한 건'이 조선총독부에 전달되었고, 탄광이나 광산으로 강제 연행이 시작되었다. 그와 동시에 1925년 이후의 도항제도였던 '자유도항' 시대는 막을 내렸다. 생활고로 인한 도항이었겠지만 일본에 와서 일을 선택할 수 있었던 시대에서 본인의 의지와는 상관없는 강제 징용으로 바뀌었다. 조선에서 일본으로 오게 된 조선인 노동자들의 이주 판도가 크게 달라진 것이다. 〈구로3〉 건설 시기는 이 과도기에 있었고 전자의 특징이 비교적 잘 드러난 '강제 연행 이전사以前史'로서 자리매김할 수 있을 것이다.

〈구로3〉의 가혹한 노동은 강인한 체력을 소유하고 목숨을 잃는 것을 두려워하지 않는 사람들만이 할 수 있는 일이었다. 당시 최신 기술을 사용하고 개량을 거듭하여 위험을 줄이고 열악한 노동 환경을 개선하려고 노력했다고 하지만, 사전 조사도 제대로 이뤄지지 않았고 조금이라도 빨리 완성시키려고 무리하게 강행한 공사였다. 그렇기 때문에 사고가 빈번

---

2)　　1937년 7월 7일에 베이징 서남쪽 방향 루거우차오(루거우 다리)에서 일본군의 자작극으로 벌어진 발포 사건으로 중일전쟁의 발단이 되었다.

했던 것도 어쩌면 당연한 일이었다. 그리고 사고가 일어났는데도 국책 사업이었기 때문에 공사를 중지하자는 여론을 무시하고 진행했다. 희생자들에게 보상금을 주거나 천황의 위로금을 주면서 공사를 서둘렀다. 〈구로3〉 댐은 그렇게 완성되었다.

1장 – 공사 자료와 관계자의 인터뷰
댐, 자재 운반용 터널(고열수도), 발전소의 공사 모습 등을 조선인 노동자의 관점에서 재구성했다. (고노가와 준코)

2장 – 시아이다니 눈사태
사고로 부모를 잃은 김종욱 씨의 편지와 〈구로3〉에서 일한 노동자들 그리고 사고 유족들을 찾아간 한국 여정을 보고한다. (호리에 세쓰코)

3장 – 구로베의 조선인 노동자의 역사적 배경
'한일병합'과 돈을 벌기 위해서 일본으로 온 사람들, 도야마현 전력 개발에서 조선인 노동자들의 업적과 조선인 노동자들의 자각적인 운동에 대해서 신문 기사를 중심으로 확인한다. (우치다 스에노)

우리가 〈구로3〉에 관심을 갖게 된 것은 과거의 역사에 대한 지적인 호기심 때문만이 아니다. 일상생활에서 재일교포나 외국인 노동자 문제에 관심을 가지면서 일본인에게 남겨진 과제가 있다는 것을 깨달았고, 이를 해결하지 않으면 한일 두 나라가 관계진전을 할 수 없다는 절박한 심정이었다. 우리는 각자의 분야에서 관심을 가지고 〈구로3〉에 대한 작업을 시작했다. 전문적인 지식이나 조사 방법을 숙지하지 못한 탓에 여러 문제점에 부딪쳐가면서 공부했다. 그리고 일본인으로서 어떤 입장에 서야 할지 계속 질문을 던지면서 작업할 수밖에 없었다. 이러한 점들도 어우르며 읽어 주시기를 바란다.

1992년 10월
호리에 세쓰코

차례

제1장

구로베강 제3발전소 건설

고노가와 준코

1. 구로베와의 만남

소설 『고열수도』

발 밑 낭떠러지 사이로 구로베강이 하얗게 빛을 받아 반짝거리며 흐르고 있다. 겨우 한 사람이 통과할 정도로 좁은 길. 깎아지른 절벽을 파서 만든 이 길은 까딱 발을 잘못 디디면 목숨을 보전하기도 어려운 곳이다. 툭 튀어나온 바윗돌에 걸린다든지 배낭이 바위에 닿기라도 한다면 어떻게 될지 생각만 해도 아찔하다.

오래전 댐 건설에 종사했던 사람들은 한 줄로 된 이 암벽의 수평보도를 통과해야만 했다. 커다란 짐을 등에 지고 걷던 사람들은 바위에 짐을 부딪치거나 발을 잘못 디뎌 목숨을 잃었다. 그 시절에 비하면 지금은 비교적 길이 잘 정비되었지만 여전히 등산객이 계곡 밑으로 추락사했다는 소식이 뉴스에 종종 보도되곤 한다.

암벽이 파인 수평보도

1920년대의 수평보도

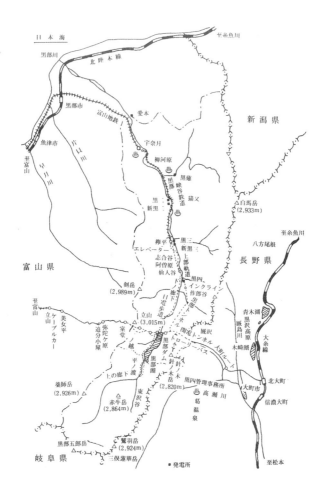

〈그림 1〉 구로베강 유역도(관서전력의 〈구로베를 열다〉)

　잠시 멈춰서 주위를 둘러보았다. 강 건너편에 우뚝 솟아있는 산맥들이 확 다가오는 듯한 기분이 들었다. 산 너머로 천천히 이동하는 흰 구름이 눈에 들어왔다. 눈앞에 펼쳐지는 복잡한 바위 표면 위로 한 줄의 선이 길이 되어 패여 있었다.

　도로코 열차를 통해 바라본 구로베는 개발에 지쳐 헐떡거리는 모습이었다. 구로베강은 범람이 많은 강으로도 유명했는데 예전과 비교하면 지금은 강줄기도 가늘어졌고 물도 상당히 말라 있었다.

　구로베를 직접 보고 실망했다고 말하는 사람들이 간혹 있었다. '비경 구로베'를 기대하고 왔는데 막상 풍경을 보면 그 명성에 걸맞지 않다는 것이다. 그런 말을 들을 때마다 이곳에서 태어나고 자란 사람으로서 마치 나 자신을 비난하는 소리처럼 들려 조금 위축이 되곤 했다. 〈구로4〉 댐을 비롯해서 하류 우나즈키까지 다섯 개의 댐이 구로베강의 모든 수량을 남김없이 사용한다는 점에서 어쩌면 진정한 의미의 '살아있는 강'이라고 말하기 어려울지도 모른다. 물론 진정한 구로베의 모습을 내가 잘 알고 있다고는 말할 수 없다. 하지만 나는 구로베를 직접 보고 실망한 사람들에게 도로코 열차의 종점인 게야키다이라에서 시작되는 이 수평보도 이야기를 하거나 요시무라 아키라의 소설 『고열수도』를 읽어보라고 권한다.

　이 소설 덕분에 자연환경뿐만 아니라 또 다른 구로베로 나는 눈을 돌리게 되었다. 구로베의 예전 모습을 알아보기 위해서 소설 속의 정경들을 마음속으로 그려보곤 했다. 그리고 시간이 흘러 지금의 '구로베'에서는 찾아볼 수 없는 과거의 '구로베' 쪽으로 마음이 움직였다.

　요시무라의 소설은 구로베강 제3발전소 건설에 대해 다루고 있다. 댐 건설에 필요한 자재 운반용 터널과 수로 건설을 위한 터널 루트가 온천 용출지대와 부딪쳐 암반 온도가 상승해서 공사가 지연되는 이야기다. 터널을 만들기 위해 다이너마이트를 사용했는데 다이너마이트가 폭발해서 많은 사상자가 속출하는 난공사의 모습을 소설에서는 그리고 있다. 또한 호우(거품)라고 불리는 눈사태로 인한 대형 참사가 발생하여 공사는 점점 더 난항을 겪게 된다. 공사 기간이 지연되고 희생자도 300명을 넘어선 것이다. 요시무라는 소설을 통해 이 험난한 공사 과정을 구로베의 아름다운 자연과 혹독한 환경 속에서 그려내고 있다. 인간과 자연의 싸움을 감동적이고 치밀하게 그린 이 소설은 기록 문화로도 중요시되고 있고, 〈구로3〉 건설에서 주요 공사를 담당했던 사토공업주식회사(사토구미)의 회사연혁 등에서도 다루고 있다.

그런데 소설에서 언급되지 않은 사실이 있다는 것을 알았을 때 새삼 소설 『고열수도』는 픽션이라는 생각을 하게 되었다.

요시무라 아키라는 엄청난 터널 공사에서 인간이 어떻게 살아남았는지 『고열수도』를 통해 전하고자 했고 거기에 자신의 창작 의도가 있다고 그의 에세이 『정신적 계절』에서 밝혔다. 그는 다음과 같이 말했다.

"대자연과 거대한 전쟁을 펼쳐야 했던 인간이라는 기괴한 생물에 대해서 쓰고 싶었다. 그러한 무시무시한 환경 속에서 인간이 어떻게 살아남았는지, 그리고 많은 희생자를 내면서도 대자연에 도전해야만 했던 기술자나 인부들의 집념, 그 의미를 생각하고 싶었다."

그리고 다음과 같이 덧붙였다.

"결국 이마무라 씨를 비롯한 고열수도 공사에 종사한 기술자들과 인부들은 댐 공사를 한 것을 한평생 잊지 못할 것이다. 그런 대단한 일을 완수한 사람들은 어쩌면 굉장히 행복한 사람들이었을지도 모른다."

요시무라의 의도는 자연 혹은 어떤 커다란 재난에 맞서서 싸우는 사람들의 모습을 그려내는 것이었다. 그리고 〈구로3〉 건설이라는 임무를 완수한 사람들의 고뇌에 초점을 맞추고 있다. 그렇지만 눈에 보이지 않는 커다란 힘에 농락당하면서도 어떻게든 살아남으려고 했던 노동자들의 마음을 쫓으려고는 하지 않았던 것이다. 소설 『고열수도』에는 다음과 같은 장면이 나온다.

"섭씨 162도의 암반은 이틀 후 온도가 조금 저하되었지만, 섭씨 155도 부근을 오르락내리락하고 있었다. 하지만 암반 온도와 더불어 상승한 갱내의 온도 때문에 인부들의 인내심은 거의 한계점에 다다른 것 같았다. 갱내의 열기가 얼굴에 닿는 부분, 즉 갱도의 밑 부분에서 1.6m 부근의 온도는 섭씨 70도에 가까워 계속 물을 뿌려대도, 온몸을 바늘로 찌르는 듯한 열기에 휩싸인다. 그래서 되도록 낮은 온도에서 일하기 위해서는 인부들이 엎드려서 작업을 해야 했다. 그런데도 20분 간격으로 일을 멈췄던 이유는 아무리 강인한 사람이라도 그 열기를 견디기가 힘들었기 때문이다.

작업 중에 쓰러지는 사람들도 적지 않았다. 그들을 진료실로 옮겨 냉수로 온몸을 식혀도 손발이 딱딱하게 굳어 마비되었고 입에는 거품을 물고 있었다. 그리고 6월 초순에는 의식불명인 채 숨도 제대로 쉬지 못하는 환자가 발생했다."

소설『고열수도』를 계기로 당시의 상황을 잘 알고 있는 사람들로부터 다음과 같은 말을 들었다.

"그 작열하는 터널 속에서 목숨 걸고 굴을 팠던 노동자들의 대다수가 일본에 일하러 온 조선인들이었다."

그들 중 몇 명인가는 다이너마이트 폭발로 죽고 '호우'라고 불리는 눈사태에 휩쓸려 희생될 정도로 혹독한 환경이었다.

1920년대 중엽부터 본격적으로 시작된 구로베강 전원 개발. 그 어둠의 그림자 속에 파묻힌 조선인 노동자들의 서글픈 한이 아직도 이국땅의 깊숙한 산속에 묻혀있다는 사실을 뒤늦게 알게 되었다. 고열수도에서 일하던 노동자들이 요시무라 아키라의 언급처럼 '굉장히 행복한 사람들'이라고 과연 말할 수 있을까?

나는 소설『고열수도』가 그려내지 못했던 〈구로3〉 댐 건설과 그 실태를 추적 조사하면서 또 다른『고열수도』를 재조명하고자 한다. 그리고 조선인들의 사무친 마음속의 아주 작은 파편이라도 구로베의 심연에서 꺼내 보고 싶은 것이다. 이 작업이야말로 필자와 고향 구로베와의 진정한 의미의 만남이 될 수 있다고 생각한다.

한 장의 사진

〈구로3〉 댐 건설에 대해서 조사하던 중 도야마시에 사는 호리에 세쓰코 씨를 처음 만났다. 〈구로3〉 댐 건설 중에 일어난 눈사태로 부모와 남동생을 잃은 김종욱 씨와 구로베의 눈사태를 연구하는 홋카이도 대학의 시미즈 히로무 교수 사이에 오간 편지를 호리에 씨가 보여주셨다. 편지 속에는 오래된 사진 한 장이 복사되어 들어 있었다. 그걸 보고 내가 알고 싶었던 모든 사실이 그 사진에 응축되어 있다는 걸 깨달았다. 시아이다니를 향해 엎드려 절하는 김종욱 씨의 모습이 담긴 사진이었다.

시아이다니를 향해 절을 하는 김종욱 씨

눈사태가 난 사고 당시 시아이다니에서 함바집 감독 일을 하던 김종욱 씨의 아버지와 살림을 도맡아 한 어머니 그리고 시아이다니에서 태어난 한 살배기 남동생까지 1938년 12월 27일 새벽 미명에 일어난 눈사태로 엄동설한의 구로베에서 사망했다. 어머니의 사체는 다음 해 시아이다니 눈 속에서 발견되었지만 아버지와 남동생은 아직도 발견되지 않은 상태였다.

"다이너마이트를 폭파하며 눈을 파헤쳐 겨우 어머니의 사체를 제 눈으로 발견하고 확인했습니다. 하지만 아버지의 사체는 끝끝내 찾을 수 없었습니다. 눈물을 머금고 도야마로 다시 돌아왔죠. 어머니의 유골은 전쟁이 끝난 직후 귀국할 때 고향으로 모시고 가서 안치했습니다. 구로베 깊은 산속 시아이다니. 그곳이 제 마음속 아버지의 묘지입니다. …생략… 이제 저도 예순넷으로 노년에 접어들었습니다. 죽기 전에 꼭 아버지 묘지를 한 번이라도 참배하고 싶었는데, 47년 만에 이렇게 찾아뵐 수 있었습니다. 이제 죽어도 여한이 없습니다."

사진 속의 김종욱 씨는 아버지가 잠든 시아이다니를 향해 엎드려 절하고 있었다. 그리고 3년 후 이제 여한이 없다는 말을 남긴 채 서울에서 운명하셨다.

그 후 몇 년 뒤 나는 그 시아이다니를 찾아갔다.

우나즈키에서 도로코 열차를 타고 1시간 30분여를 달리면 종점 게야키다이라에 도착한다. 게야키다이라에 수직갱이라고 불리는 터널이 있는데, 거기서 엘리베이터를 타고 200m 위로 올라간다. 그곳에서 공사용 궤도열차를 이용하면 금세 시아이다니가 눈앞에 나타난다.

상부궤도로 가는 입구 200미터의 수직갱 엘리베이터 입구

상자 모양의 배터리 카에서 내리자 어두컴컴한 터널 속에서 둥그런 전구의 둔탁한 빛이 희미하게 드러났다. 지장보살을 모시는 지장당이 눈에 들어온 것이다. 1940년 11월 20일자 《호쿠리쿠타임스》에 의하면 지장당에 목제 관음상이 모셔져 있다는 보도가 있었다. 이 관음상은 공사가 완공된 1940년 11월 사토구미가 관리한 구역에서 발생한 희생자들의 영혼을 달래기 위해 세워진 것이다. 거기에 국화꽃과 과자가 놓여 있었다.

시아이다니의 지장당

　고열수도 내부는 썰렁했고 빛이 사라진 곳에 짙은 어둠이 무겁게 드리워져 있었다. 바위벽에서 떨어지는 물방울 소리만이 묘하게 귀에 울리고 있었다. 눈에는 보이지 않는 뭔가가 존재하는 듯한 기분이 들었다. 도야마에서 온 다카기 씨가 다음과 같은 설명을 해주셨다.

　　"〈구로3〉 댐이 완공되고 2년이 지난 어느 날, 공사도 없었는데 시아이다니에서 곡괭이로 바위를 뚫는 듯한 소리가 들렸다고 해요."

　이 내용은 1952년 7월 27일 《기타니혼신문》의 '구로베 시아이다니의 메아리'라는 표제로 기사화되었다. 으스스한 이야기였지만 그런 일이 있을 법한 무거운 어둠이었다.

바위 표면에는 예전 모습 그대로 짓눌린 듯한 굴삭의 흔적이 울퉁불퉁하게 남아있었다. 당시 횡갱 내에는 함바집이나 사무소 등이 설치되어 있었고 백여 명이 넘는 사람들이 거기에서 생활하고 있었다. 횡갱의 어둠을 뚫고 밖으로 나오면 경사가 급한 산 표면이 눈앞으로 펼쳐진다. 600m 정도 떨어진 곳에 오쿠카네산의 커다란 암벽이 변함없는 위용을 자랑하고 있었다. 1938년에 일어난 눈사태는 숙소 일부와 사람들을 날려 버렸고 그 암벽 바로 밑에서 사체가 발견되기도 했다.

고열수도　　　　　　　아조하라 숙소가 있던 장소
(등산객을 위한 작은 오두막이 보인다)

김종욱 씨가 엎드려있던 곳에서 아래쪽을 내려다보니 물이 마른 시아이다니가 눈에 들어왔다. 김종욱 씨의 부모님과 남동생을 삼켜버린 계곡은 여전히 그대로 있었다.

고열수도

다시 배터리 카를 타고 잠시 안쪽으로 들어가면 아조하라에 도착한다. 횡갱에서 나오면 비교적 폭이 넓은 계곡이 나타난다. 50여 년 전 이곳 아조하라에는 함바집과 숙소가 즐비했고 밤이 되면 그 불빛이 네온처럼 보였다는 당시 여기서 일했던 사람의 이야기가 떠올랐다.

1940년 눈사태로 무너진 사토구미의 숙소 바로 옆의 컴프레서 자국이 있는 콘크리트 초석 위에는 매년 7월부터 10월까지 등산객들을 위한 오두막이 설치된다. 그 오두막에서 잠시 쉬었는데 녹음이 우거진 창밖 숲 속으로 햇빛이 하얗게 물결치듯 부드럽게 감싸 안은 산과 파란 하늘이 보였다.

터널에서 일하던 사람들 대부분이 조선인 노동자였다고 하는데 그들 중 누군가는 이 풍경을 바라보면서 고향 생각을 했을지도 모른다.

구로베강이 흐르는 곳곳에서 하얀 김이 피어오르고 있었다. 이 부근은 온천 용출지대이다. 당시 모습을 사진이나 비디오 자료를 보면 산 표면에서는 분명 지금보다 더 많은 하얀 김이 쏟아져 나오고 있었다.

아조하라에서 댐이 있는 센닝다니까지 약 1km에 이르는 길을 고열수도라고 한다. 현재 고열수도는 관서전력 안내판을 보면 500m, NHK의 쇼와 회고록 〈구로베를 열다〉에서는 720m라고 한다. 후지이 유노스케의 논문 「구로베강 제3호 발전소 공사 아조하라 온천지대의 고열수도 공사에 대해서」를 참고하자면 당시 약 1km가 고열상태였음을 알 수 있다. 암반 온도는 조금씩 상승해서 100도 이상 올라갔다. 고열과 증기 그리고 유황 냄새로 숨 막히는 동굴 속에서 노동자들은 아조하라에서 센닝다니로 그리고 센닝다니에서 아조하라를 향해 양쪽에서 굴을 파고 있었다. 하루 일당이 당시로는 파격적이었지만, 고된 노동과 자칫하면 다이너마이트 폭발로 목숨을 잃게 되는 위험한 환경 속에서 노동자들은 일하고 있었던 것이다.

시아이다니의 눈사태가 있은 1년 뒤 아조하라에서도 눈사태가 일어났다. 눈사태 뒤 발생한 폭풍으로 숙소가 파괴되었고 화재가 발생하여 26명이 사망하기도 했다.

이곳 어딘가에 묻힌 과거의 소리를 파헤치고자 왔는데 뜻밖에도 창밖의 경치는 너무도 조용하고 평화로웠다. 고열수도는 배터리 카를 타고서만 통과할 수 있는데 창문을 열자마자 뜨거운 열기와 유황 냄새가 훅 들어왔다. 오래전 이곳에서 2년여 동안 수많은 노동자들이 목숨을 걸고 파낸 터널이다. 그 동굴을 우리는 비교적 손쉽게 통과했다. 배터리 카에서 내리자 센닝다니댐이 산을 등지고 서 있었다.

센닝다니댐

2. 그들은 왜 구로베로 왔는가?

구로베의 전원 개발

전원 개발을 하기 전의 구로베는 메이지 시대의 가가와 번이 국경 경비와 수목을 보호하기 위해 관리하던 지역이라 일반인은 들어가기 힘들었다. 가가와 번의 시대가 끝나고도 소수의 등산가와 수렵가들만 발자취를 남길 수 있었던, 비경이라는 말과 어울리는 곳이었다. 그 웅장하고 신비로운 자연은 사람들을 끌어당기고 있었다. 신문 기자인 이노우에 코카의 『에추의 비경 구로베 산 탐험』, 등산가인 간무리 마쓰지로의 『구로베』, 등산가 고구레 리타로의 『구로베강을 거슬러 올라가다』 등의 작품을 통해 구로베는 세상에 알려졌다. 이들에게 놀라움과 감동을 안겨주었던 구로베의 자연은, 지금 도로코 열차 안에서 바라보는 협곡의 경치와는 비교할 수 없을 만큼 아름다웠을 것이다.

구로베 개발을 시작한 지 약 10년이 지났을 무렵, 구로베를 답사하며 '구로베의 관송冠松'이라고까지 불리던 등산가 간무리 마쓰지로는 다음과 같이 말했다.

"과학 문명에 의해 자연의 아름다움이 파괴되고, 수력 전기 시설 때문에 계곡들이 인공적인 모습으로 변모하고 있는 오늘날, 우리는 구로베의 원시적인 풍경을 조금이라도 그대로 보존하고 싶다."

「구로베는 어떻게 될 것인가?」

하지만 일개 알피스트의 생각 따위에 자본주의는 귀를 기울이지 않았다. 특히 수력발전은 그 무렵 일본 산업의 원동력으로 중요시되었기 때문에 더더욱 그러한 감상이 받아들여질 리 없었다.

1883년부터 시작된 일본의 전기 개발 사업은 화력 발전부터 진행되었다. 전기 수요가 늘면서 송전 기술도 발달하였고 소비 지역과 인접해야 하는 수력발전의 문제점도 해결되었다. 생산비가 낮은 수력발전이 주목을 받게 되면서 1912년에는 수력발전이 화력 발전을 제치고 점차 높은 비율을 차지하게 된다. 정부도 1910년부터 수력 개발의 기본 자료인 제1차 수력 조사를 실시하고, 이듬해에는 전기사업법을 제정하는 등 보호 육성에 앞장섰다.

그리고 일본은 제1차 대전의 승리로 산업이 계속 발전하고 경기가 좋아지면서 전력의 수요도 점차 증가하였다. 특히 세계대전 이후 석탄 가격이 폭등하면서 수력발전 개발은 활발하게 진행되었다.

1898년에 설립된 도야마 전등 주식회사가 진즈강에서 물을 끌어와 오쿠보 용수를 이용해서 오쿠보 발전소를 건설했고 다음 해 도야마 시내에 전기를 공급한 것이 도야마현 전기 사업의 시작이었다. 이후 러일전쟁이 끝난 뒤 전력 수요가 급증함에 따라 전등 회사가 연달아 설립되어

1912년에는 8개가 되었다. 1910년에 시모니가와군 미치시타 마을에 카바이트 공장의 동력원으로 전력이 이용되면서 공업용 전력을 공급하게 되었다. 그리고 제1차 세계대전으로 인한 공업 촉진과 석탄 가격의 폭등으로 도야마현의 수력발전 개발은 더욱 박차를 가하게 된 것이다. 전력이 풍부해지자 육지와 해상의 교통이 발달한 도야마현의 후시키항 주변으로 공장들이 들어서게 되었다.

메이지 시대가 끝나고 다이쇼 시대로 접어들자 도야마의 풍부한 수력발전 개발을 위해 중앙으로부터 자본이 들어오기 시작했다. 5대 전력 회사 중 대동전력과 일본전력이 도야마현에 발전소를 건설하였다.

다이쇼 시대부터 자본 유치를 통한 활발한 전원 개발에 자극을 받아 도야마현도 치수와 재정 그리고 산업을 강화할 목적으로 1920년에 직접 운영하는 전기 사업을 개시했다. 조간지강의 줄기를 따라 6개 발전소와 구로베의 아이모토 발전소까지 7개의 발전소를 개발 경영하였고 사업은 순조롭게 진행되었다.

이렇게 도야마현의 수력 개발이 진행되면서 1935년 통계에서 도야마현은 전국 최대의 전력 생산량을 자랑하게 된다. 현의 연혁이 인용되어 있는 다카세 노부다카 씨가 작성한 '도야마현 내의 수력발전소 개발 순서 일람표'를 보면 오쿠보 발전소가 건설된 1899년부터 전쟁이 끝날 때까지 건설된 발전소의 숫자는 전부 81개로, 〈구로3〉은 그중에서도 최대의 출력이라고 한다.

구로베강은 다이쇼 시대 초기부터 전력 회사들의 사업권 쟁탈이 심한 곳이었다. 오쿠다 준지의 '구로베강 수역의 발전 사업'에 의하면 20개 이상의 회사가 사업권을 따내려고 격전을 벌였다고 한다. 구로베강이 얼마나 주목을 받았는지 알 수 있는 대목이다. 결국 사업권을 따낸 곳은 알루미늄 정련에 구로베강 전력을 이용하려고 한 동양알루미늄 주식회사이다. 하지만 구로베강에서 5개 지점의 사업권을 얻은 동양알루미늄은 제휴하고 있던 미국 알루미늄 회사의 생산 과잉으로 더 이상 투자를 받을 수 없게 되자 1922년 일본전력 주식회사로 주식을 양도했다. 이렇게 구로베강 개발권을 획득한 일본전력은 4개 발전소에 총 320,000kW의 전력을 개발하기로 한다(『일본전력 주식회사 10년사』).

야나가와라 발전소를 견학한 오카 마사오 도야마현 지사 일행
(1939년, 도야마신문사 『엣추의 군상』에서)

유구치 야스오의 「동양알루미늄과 일본전력」에는 두 회사의 구로베 발전 계획에 대해 기록되어 있다. 이에 따르면 구로베호 외에 야쿠시자와 데아이 하류 약 200m 구로베 원류 부근에도 댐이 계획되어 있었고 동양

알루미늄이 25개, 일본전력이 12개의 발전소를 세울 계획이었다. 강의 주요 지류에 발전소 건설 계획이 있었다는 것인데 구로베강을 전부 개발하고자 하는 거대 기업의 엄청난 자본과 의지를 확인할 수 있다.

일본전력이 처음 건설한 것은 야나가와라 발전소였다. 도로코 열차로 우나즈키를 출발해서 첫 번째 역에 내리면 볼 수 있는 발전소이다. 이른바 구로베 제1발전소로 1924년부터 1928년에 걸쳐 건설되었고 1927년에 일부 발전을 시작했다. 제2발전소는 네코마타 계곡과 구로베 강의 합류점에 야나가와라 발전소 완공 후 곧바로 착공할 예정이었다. 하지만 세계 공황과 불황으로 전력은 남아돌았고 구로베 협곡의 아름다운 자연을 보호하려는 자연 보호 운동과 1931년 제정된 국립공원법 등으로 인해 실제 건설은 1933년에 개시되었다. 완공은 〈구로3〉이 착공되는 1936년이었다.

착공이 순조롭지 않았던 〈구로2〉 건설이 추진된 것은 1931년 만주사변으로 인한 경기 회복과 전력 수요의 증가 때문이었다. 이후 만주 점령에 대한 비난의 목소리가 높아지자 일본은 국제 연맹에서 탈퇴하고 침략 정책을 추진했다. 그리고 1936년에는 히틀러가 정권을 잡은 독일과 협정을 맺는 등 '독재주의' 노선을 취했다. 만주사변 이후 엔화가 폭락하고 저임금으로 생산한 저가 상품을 대량으로 수출하던 일본의 기세에 위협을 느낀 열강들에 의해 해외 진출이 막혔고 결국 중국으로의 진출을 꾀한다. 그리고 1937년 중일전쟁에 돌입했다. 만주사변에서 중일전쟁에 이르기까지 군사비가 증대되었고 군수 산업도 활기를 띠게 되는 시기에 〈구로2〉가 착공되었다. 〈구로3〉은 점점 수요가 증가하는 전력 공급을 위해서, 즉 군사력 증강이라는 임무를 띠고 착공했다고 해도 과언이 아니다. 이렇게 1936년 9월 전쟁의 부산물인 〈구로3〉이 착공되었다.

전원 개발과 지역의 변천사

산골 마을은 전원 개발과 함께 많은 변화를 겪었다. 우나즈키는 당시 우치야마, 아이모토, 오리타테, 우라야먀 등으로 나뉘어 있었다.

구로베 전원 개발의 거점이 된 우나즈키는 일찍이 사람은 살지 않고 복숭아꽃이 가득한 지역이었다. 현재는 연간 백만 명이 넘는 관광객이 방문하는 일본 유수의 관광지이지만 1920년 동양알루미늄 사무소가 생기기 전에는 작업용 오두막이 하나 있었을 뿐이다. 통행로도 산길밖에 없었고 겨울이 되면 교통수단이 전혀 없는 변방 지역이었다. 이와 같은 땅을 지금과 같은 관광지로 탈바꿈한 사람이 동양알루미늄의 사원 야마다 유타카이다. 원래 일본의 통신 업무를 담당하는 체신부의 엔지니어였던 그는 1917년에 구로나기까지 답사하면서 조사했다. 우나즈키 탄생의 공로자로 일컬어지는 야마다 유타카는 저서 『우나즈키 온천의 유래』에서 우나즈키에 대해 다음과 같이 기술하고 있다.

"구로베 개발을 위해서는 우나즈키에서 한동안 꼼짝없이 지내야 했다. 겨울철 식량 보급과 의료 출산 등 응급 시의 대처 방안을 강구한 다음 겨울을 보내기로 했다. 이러한 상황이기 때문에 이곳을 더 안전하고 살기 좋은 곳으로 만들어야만 했다. 더구나 구로베 개발은 앞으로도 십 수 년은 더 걸릴 것이다. 우나즈키는 공사가 끝난 뒤에도 상류에 있는 많은 발전소

의 보급지가 될 거라서 복지와 오락 시설 등 많은 설비가 필요
했다. 이곳을 온천지로 발전시키면 자연스럽게 살기 좋은 곳
이 될 것이다."

야마다 유타카는 당초 계획대로 우나즈키에 온천을 끌어올리고 자재
운반을 위해 미카이치까지 깔려 있던 철도를 1923년 우나즈키로 연장시
키는 등 구로베강의 개발과 관광지 우나즈키 지역 조성에 힘써 왔다.

발전소 건설 보급지 역할을 담당하기 위해 우나즈키가 새롭게 탄생한
것처럼 이 지역의 마을도 개발이 진행되면서 전력 회사와 밀접한 관계를
유지할 수밖에 없었다. 예를 들면 처음에는 자연을 보호한다는 입장에서
이웃 마을 주민들과 함께 구로베강 제2발전소 건설에 반대 서명을 한 우
치야마 지역도 전 세계적인 공황과 불황으로 발전소 건설의 필요성을 느
끼게 되었다. 따라서 1929년에는 다음과 같은 공사 시행 촉진을 위한 진
정서를 제출했다.

"귀사가 사루토비 계곡 보호 문제로 공사의 일부 지역인 가
네쓰리 수로 공사를 중지하고 히다 마쓰다강의 공사로 대체할
계획이라는 말을 듣고 우리 지역 주민들은 경악을 금치 못하는
바이다. 정말 그렇게 계획대로 된다면 우리 마을은 치명상을 입
고 구제 불가능한 상황에 이를 것이다. 만일 공사 저해의 행동
에 나서는 운동이 일어난다면 우리 마을 사람들 모두가 이를 방
지하는데 전력을 다할 것이다. 이번 공사는 우리 마을뿐만 아니
라 도야마현의 실업자를 구제하는 의미에서도 예정된 장소에

서 공사를 진행하도록 마을 회의에서 결의하여 이와 같이 진정
서를 제출하는 바이다."

또한 1937년 우치야마 지역의 촌장으로 뽑힌 도쿠센 가오루에 대해서
도 1937년 9월 28일 《호쿠리쿠타임스》에서는 다음과 같이 보도하였다.

"아무래도 일본전력 관계자가 아니면 마을의 열악한 힘으로
어찌할 수 없기에 여론을 하나로 모아 마을 회의에서 도쿠센 가
오루 씨를 적임자로 뽑았다."

전력 회사와의 관계를 고려해서 우치야마 의회에서 일본전력의 도쿠
센 씨를 촌장으로 임명했다는 신문 보도이다. 〈구로3〉 건설 당시 사토구
미의 함바 반장 김태경 씨의 아들 김석준 씨와 그 누나 나카모토 하루코
씨도 다음과 같이 말했다.

"도쿠센 촌장님은 매우 좋은 사람이었습니다."

그런 말을 하는 것을 보면 도쿠센 촌장이 일본전력과 우치야마 지역
그리고 노동자와의 관계를 원만하게 조정하면서 공사의 진척을 도모했
다고 말할 수 있을 것이다. 또한, 전원 개발로 구로베 오쿠야마 국유림을
개방함에 따라 그에 따른 교부금을 받게 되었는데 이를 계기로 1935년
부터 인근 마을 간의 경계 분쟁이 시작되었다. 개발로 인해 지역사회는
전력회사와 이해 문제를 통해서 공존 관계를 유지하지 않을 수 없게 되었

다. 하지만 실제로 전원 개발에 종사하는 노동자들을 어떠한 시선으로 바라봤을까? 아이모토 마을사무소의 보고서(1927년)에는 다음과 같은 기술이 있다.

"수력 전기 사업 공사에 여러 지역 노동자들의 출입이 빈번하다. 이로 인해 도시의 나쁜 영향에 현혹되어 건실한 농촌의 좋은 습관이 파괴되고 사치와 방탕에 빠져 생활면에서나 사상적으로 커다란 변화를 불러일으키고 있다."

결코 바람직한 시선으로 바라보지 않았다는 사실을 짐작할 수 있다. 그리고 노동자에 대한 경계와 범죄 방지를 위해 청원 파출소가 설치되었다. 1925년 2월 20일 《호쿠리쿠타임스》의 다음과 같은 보도를 보면 조선인 노동자에 대한 경계심이 심각했다는 걸 알 수 있다.

"발전 공사장에 조선인 과잉, 언제 뜻밖의 사고가 발생할지 경계(가니데라 발전소)"

우나즈키에서도 "무서워서 접근하지 않았어요.", "그들은 인간 이하로 취급받고 있었습니다."라는 증언을 들을 수 있었다.

조선인에 대한 편견과 경계심은 다른 지역도 마찬가지였다. 1923년에 일어난 관동대지진으로 약 6,000명의 조선인이 일본인에게 학살당하는 참사가 일어났는데 그 원인이 편견과 경계심에서 시작되었다고 한다. 그런 편견과 경계심은 구로베에서도 마찬가지였다. 그런 구로베에 조선인들이 찾아온 것이다. 그리고 거기에는 가혹한 노동이 기다리고 있었다.

조선인 노동자들은 왜 구로베로 왔는가?

1925년의 아이모토 마을 사무소의 보고서에는 다음과 같은 기술이 있다.

> "일본전력 주식회사의 구로베 발전소 공사에 다수의 조선인
> 이 포함된 인부들이 들어왔다."

또한 《호쿠리쿠타임스》에는 '구로베 철도 제2기 선로 공사에 다수의 조선인 취로'와 같이 조선인 노동자의 유입 기사가 있다. 구로베 개발에 필요한 자재 운송을 위한 미카이치시와 우나즈키를 연결하는 구로베 철도 건설에 조선인 노동자들이 종사했다는 내용도 나온다.

군 수요의 인플레에 따른 노동력 부족으로 후시키와 히가시이와세 지역에서는 농한기의 농부들을 임시로 동원했다는 기사도 있었다. 우나즈키 지역에서도 조선인이 트럭에 가득 실려 가는 것을 봤다는 사람들이 있어 상당수의 조선인 노동자들이 있었던 것으로 추측된다.

조선에서 일본으로 건너온 사람들의 수는 제1차 세계 대전에서 승리를 거둔 1917년에 급증했다. 조선인 노동자들은 경기 호황으로 노동력이 필요한 일본으로 일자리를 찾아온 것이다. 도야마현에서는 다이쇼 (1912~1926) 말기부터 조선인이 급증했는데 그 시기는 구로베에서 전원

개발이 시작된 시기와 겹치고 있다.

그렇다면 그때까지 일본으로 돈벌이하러 올 필요가 없었던 조선인 노동자들이 왜 조국을 떠나 우나즈키와 도야마로 그리고 일본으로 와야만 했을까?

자세한 내용은 3장을 참고하기 바라며 여기에서는 그 개요만 간단하게 기술하고자 한다.

일본과 조선의 관계가 험악해진 것은 메이지 시대(1868년~1912년)에 들어와서부터이다. 그때까지 두 나라는 비교적 우호적인 관계를 유지하고 있었다. 하지만 일본은 개국 정책을 시행하면서 구미 열강의 치열한 식민지 쟁탈전을 눈앞에서 목격할 수밖에 없었다. 국력 증강의 필요성을 실감했던 것이다. 그리고 나날이 발전해가는 근대 산업은 시장 확대의 필요성을 요구했다. 이 같은 문제점들을 타개하고자 일본은 조선 진출을 획책했고 그 무렵부터 두 나라의 관계는 무너지기 시작했다. 조선을 지배하려는 일본은 조선에서 청국의 세력을 배제하기 위해 1894년 청일전쟁을 일으켰다. 전쟁의 승리로 일본이라는 국가의 위세를 열강에 보여줌과 동시에 조선에 점점 더 강한 압력을 행사했다. 이후 조선을 둘러싸고 러시아와도 전쟁을 일으켜 승리한 일본은 이해관계로 맺어진 미국과 영국의 지원 아래 공공연하게 조선에 진출하여 보호국으로 만들었다. 1906년에는 통감부를 두고 내정 간섭을 하면서 식민지 정책을 추진해 나가던 일본은 마침내 1910년 조선을 완전히 식민지화했다.

그 후 1910년부터 1918년에 걸쳐 실시한 '토지 조사 사업'으로 토지 소유권을 총독부에 신고하지 않은 사람들은 토지를 잃게 되었다. 1918년에는 조선의 90%를 차지하는 농민 가운데 토지를 소유하지 못한 소작농과 토지가 있어도 소작농과 다름없는 사람이 77%에 이르렀다. 수확량 대부분을 바치는 소작농의 생활은 궁핍했고 농사 외에는 아무것도 할 수 없었던 이들은 지주 밑에서 혹사당할 수밖에 없었다. 그리고 그것조차 할 수 없었던 사람들은 먹고 살기 위해 도시로 이동하거나 해외로 떠나야만 했다. 또한 일본의 식량 문제 해결을 위해 1920년부터 실시한 '산미 증식 계획'으로 쌀 수출이 증가했다. 1929년 세계 공황으로 인한 경제 불황을 타개하기 위해 조선을 아시아 침략의 병참기지로 만들면서 조선인의 상황은 점점 더 악화되었다. 이러한 상황에서 그들은 조선보다 임금이 높은 일본으로 건너온 것이다.

중일전쟁이 장기화하면서 전쟁 지역은 점점 확대되었고 일본인 노동자들은 전선으로 동원되었다. 그래서 일본 국내 노동력이 현저히 부족했기 때문에 그 부족한 노동력을 조선인으로 채운 것이다. 〈구로3〉의 징병으로 인한 노동력 감소 현상은 우에노 기쿠이치 씨의 『다이쇼, 쇼와시대의 추억기』라는 일기에서도 찾아볼 수 있다.

"1937년 8월 26일. 구로베의 게야키다이라 사무소에는 오늘까지 60여 명의 소집 명령이 있었다. 출발을 알리는 환호성과 나부끼는 일장기. 전운이 감도는 장병들의 모습은 늠름했다."

3. 구로베강 제3발전소 건설에 대해서

〈구로3〉 건설의 인가 배경

구로베강 제3발전소는 1931년에 국립 공원법이 제정되고 1934년 구로베가 중부 산악 국립공원으로 지정되면서 자연 미관을 해친다는 이유로 좀처럼 건설 인가가 나지 않았다. 그럼에도 건설이 가능했던 이유는 앞서 언급했듯이 전시 체제여서 군수 산업에 필요한 전력 수요가 증가했기 때문이다.

결국 1936년 4월에 체신성, 5월에는 도야마현 그리고 9월에는 도야마 산림청으로부터 국유림 사용 인가를 받아 드디어 〈구로3〉 발전소 공사가 착공하게 되었다.

1937년 『전기연보』에 의하면 체신성은 전기 위원회의 발전 및 송전 계획안에 근거하여 일본전력의 발전소 건설 인가 신청에 몇 가지 부대조건을 내걸었다.

(1) 1939년까지 공사를 완료할 것.
(2) 출력한 전기는 전부 관서지역에서 사용할 것.

(3) 22만 볼트 송전선의 건설을 계획할 것.

(4) 기타

당초 일본전력은 관동지역 전력 공급의 자급자족을 계획하고 있었다. 하지만 전력을 통제하는 국가의 방침에 어긋난다고 해서 기각되었다. 결국 관서 지역으로 전력을 공급하는 대동맥 역할을 해야 한다는 기대를 한 몸에 받으면서 인가받았다.

당시 중앙 정부는 국방이라는 명목으로 전력을 국영화하는 움직임이 보였다. 일본전력은 인가받은 다음 해 1937년에 '전력의 국책 요강'이 내각의 승인을 받았다. 1938년에는 전력 관리법, 일본 발전 송전 주식회사법 등이 공포되었다. 전력 회사들이 반대했음에도 불구하고, 국민 생활의 전반이 총동원법에 속박되었듯 1939년에는 전력을 국가가 관리할 목적으로 민간 국영 회사인 일본 발송전 주식회사가 설립되었다. 이로써 전력도 국가의 통제 하에 놓이게 되었다.

〈구로3〉과 〈구로4〉는 일심동체이다

세계적인 아치형 댐으로 알려진 〈구로4〉 댐은 관광지로 유명한 곳이다. 〈구로3〉에 대해서는 사람들이 잘 몰라도 〈구로4〉를 모르는 사람은 아마 없을 것이다.

〈구로4〉는 1956년부터 7년간에 걸쳐서 완공되었는데 그 수리권水利權은 〈구로3〉과 마찬가지로 1926년에 허가를 받았다. 앞에서 언급한 것처럼 구로베강 상류의 수리권 쟁탈전은 치열했고 그 권리를 일본전력이 차지하게 되자 경쟁에서 밀려난 나가토미전력주식회사와 에쓰토미전력주식회사가 행정소송을 제기할 정도였다. 결국 일본전력은 제3호, 제4호 수로의 수리권을 허가받은 것이다.

전력 회사들이 경쟁한 구로베강 제3호와 제4호의 수로는 물론 같은 계획 선상에 있었다. 일본전력의 구로베강 주요 4개 발전소 개발 계획은 1926년에 확립되었다. 최종 발전 계획에도 〈구로4〉가 포함되어 있었다. 즉 〈구로4〉의 조사는 상당히 이른 시기부터 행해졌고 수리권의 획득 이전부터 조사를 진행한 것이다. 우에노 키쿠이치 씨의 일기 『다이쇼, 쇼와 시대의 추억기』 1924년 5월 12일자에 다테야마에서 다이라의 오두막을 향해 조사하러 출발했다는 기록이 있다. 또한, 발전 수력 협회의 『발전 수력』 '〈구로4〉 특집호'에 의하면, 일본전력도 1928년에 수리권을 받은 후 5억 엔에 달하는 비용을 투자해서 조사했고 시공 인가 신청서를 제출했다는 내용이 나온다. 1938년 3월 26일자 《호쿠리쿠타임스》에는 일본전력의 〈구로4〉 건설 계획에 대해 다음과 같이 기술하고 있다.

> "전체 방수량을 그대로 제3발전소로 보내어 경제적으로 이 수리水할 계획이며 제3호, 제4호 발전소가 일심동체로 이수 출력을 정교하게 조정할 수 있도록 한 것이 특색이다."

즉, 〈구로4〉는 겨울 갈수기에도 댐 방류를 하면 하류에 있는 발전소가 충분히 발전 가능할 수 있도록 하는 중요한 임무를 맡고 있었다. 구로베강을 전체적으로 다 활용하기 위한 최종 목표를 위해 제1호, 제2호, 제3호 발전소는 필수적인 과정이었다고 할 수 있다.

당초의 계획에서는 〈구로3〉이 1939년에 완공되고 나서 〈구로4〉는 1940년에 착공될 예정이었다. 제2차 세계 대전의 혼란 속에서 〈구로4〉의 계획은 중단되었지만, 일본전력은 '세계적인 난공사'로 불리는 〈구로3〉의 공사를 전쟁 중에도 강행하여 최종 목표인 〈구로4〉를 완공할 수 있도록 지침을 마련해 주었다.

〈구로3〉 발전소 건설의 개요와 건설 과정

구로베강 제3발전소는 전쟁 이전에 행해진 공사라는 이유로 관서전력, 사토구미 등 관련 회사로부터 자료를 제공받을 수 없었다. 그래서 일반 자료와 기록영화, 증언 그리고 당시 발표된 일본전력 관계자들의 논문이나 신문 등을 참고해서 그 개요와 과정을 재구성해 보고자 한다.

이 공사는 도로코 열차의 종점인 게야키다이라에 발전소를 건설하고 6km 상류에 있는 센닝다니댐에서 물을 끌어와서 물길을 만드는 작업이었다. 공사용 자재를 운반하는 궤도는 험한 지형과 많은 적설량 그리고 자연을 보호하기 위해 터널을 만들어 작업을 진행해야만 했다. 또한 게야키다이라와 센닝다니는 약 200m의 높이의 차가 나는데 그 높이를 극복하기 위해 산속에 안쪽 지름 5.5m, 수직 222m의 수직갱 엘리베이터를 만들기로 했다.

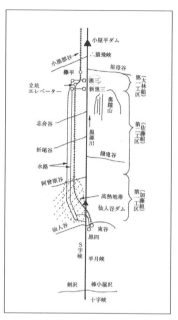

자재 등을 운반하는 노동자들
(〈구로베를 열다〉에서)

공사는 센닝다니에서 게야키다이라 사이를 세 공구로 나눠서 착공되었다. 제1공구는 센닝다니댐 건설과 센닝다니에서 아조하라로 자재를 운반하기 위한 궤도 터널 그리고 물길을 만들기 위한 수압 터널을 만드는 작업인데 이는 가토구미가 담당했다. 제2공구는 아조하라에서 하류까지 궤도 터널과 수압 터널을 만드는 작업으로 사토구미가 담당했다. 제3공구는 하류의 궤도 터널과 수압 터널 그리고 수직갱 및 발전소 건설로 오바야시구미가 담당했다. 1936년 9월에 착공해서 1940년 11월에 완공하기까지 4년이 걸린 셈이다.

요시무라 아키라의 소설 『고열수도』가 발표된 이후, 관서전력의 창고에서 〈구로3〉 건설 기록영화인 〈구로베를 열다〉가 발견되었다. 이 기록영화를 중심으로 다른 자료도 참고하며 공사의 개요를 살펴보겠다.

우선 터널 공사에 필요한 자재와 함바집의 식재료를 운반하는 일부터 시작되었다. 터널을 만들지 않으면 댐 공사에 필요한 자재 등을 운반할 수 없었다. 60cm의 암벽을 도려내서 만든 수평보도를 통해 '보카(짐꾼)'라고 불리는 사람들이 자재를 운반했다. 공사 현장에 전력을 공급하기 위해 100m나 되는 케이블선도 60여명이 한 줄로 서서 차례로 운반했다. NHK의 쇼와 회고록 〈구로베를 열다〉에서 당시 공사의 주임이었던 미야지마 오사무는 다음과 같이 말했다.

"목숨을 걸어야 하는 일이여서 인부들이 기피했기 때문에 일당을 두 세배로 올렸다."

수평보도는 지금은 비교적 걷기 편해졌지만 당시는 한 명이 겨우 통과할 정도여서 목숨을 걸어야만 했다는 이야기를 여러 사람으로부터 들었다. 그리고 실제로 눈앞에서 사람이 떨어지는 장면을 목격했다고 말하는 사람도 있었다.

제1공구의 센닝다니댐 공사에서는 먼저 강의 흐름을 돌리기 위한 임시 배수로를 만들어야 했다. 그리고 센닝다니까지는 케이블선이 없었기 때문에 배수로 공사를 전부 사람의 손으로 직접 해야 했고 1938년의 5월에 완성되었다. 6월부터 본격적인 댐 공사가 시작되었는데 이 무렵에는 케이블도 설치되어 비로소 동력 착암기를 사용할 수 있었다.

제3공구의 발전소 공사인 게야키다이라에서는 배후의 산에 철관을 설치하는 공사부터 시작되었다. 그 후 발전기를 돌리고 물을 퍼내는 방수관을 설치했고 거기에다 발전소 본관을 세웠다. 절벽 사이라서 폭이 좁고 눈사태가 일어날 우려가 있어서 변압기와 송전 시설을 모두 실내에 설치했다. 건물은 폭을 좁게 하여 8층짜리로 세웠는데 중일전쟁으로 철재가 부족해서 지붕만 철골로 만들었다. 본관은 1939년 7월에 준공되었다. 그리고 나서 발전기를 설치하는 공사가 개시되었다. 발전소 설비는 모두 일본 국내산으로 8,100kW의 대출력 발전소가 드디어 완공된 것이다.

터널 공사는 1937년 5월부터 일제히 시작되었고 하루에 2m씩 파나가기 시작했다. 가을까지 수직갱, 즉 게야키다이라에서 시아이다니까지 터널이 완성되어 공사는 순조롭게 진행되는 것처럼 보였다. 하지만 아조하라에서 센닝다니 루트는 온천 용출 지대와 부딪쳤기 때문에 갱내의 온도가 높이 상승했고 공사는 점점 더디게 진행되었다.

후지이 유노스케의 「구로베강 제3호 발전소 공사 아조하라 온천지대의 고열수도 공사에 대해서」에 나오는 '1937년 아조하라의 수로 횡갱 내 온도 조사표'를 보면 100도에 가까운 온천이 나와 갱내 온도는 항상 30도에서 50도 사이를 오르내렸으며 암반 온도는 100도에 가까울 때도 있었다고 한다. 하루에 0.3에서 0.4m 굴진하는 상황에 몰린 가토구미는 결국 공사를 포기하고 1938년 4월에 사토구미가 제1공구를 이어받았다.

이대로 진행하면 공사 기간이 더 지연되기 때문에 새로운 대책을 마련해야 했다. 그 대책으로 환기가 가능한 수직갱을 굴삭하고 횡갱을 증설하기로 했다. 그리고 수로를 변경하고 암모니아식 냉각기로 냉풍을 불어넣는 작업과 구로베강 물을 끌어와 식히는 방법 등의 대책을 세웠다. 암반온도가 상승해서 다이너마이트가 자연적으로 폭발하는 사고가 빈발했기 때문이다. 결국 다이너마이트 자체를 개량해서 마분지에 다이너마이트를 넣고 열을 차단하거나 다이너마이트 넣는 구멍에 다시 얼음 막대기를 넣어 냉각하는 등의 방법을 시도했다.

1939년 8월에 드디어 궤도 터널이 관통되었다. 하지만 너무 고열이었기에 한동안 터널을 이용할 수 없다는 신문 보도가 나왔다. 그 뒤 실제로 화물차를 타고 터널을 통과한 사람들의 이야기에 의하면 천막을 뒤집어쓰지 않으면 통과할 수 없었고, 천막을 준비하지 못한 사람들은 화상을 입었다고 한다. 구경하러 와서 화상을 입거나 사망한 사람들도 있었다.

그 무렵 게야키다이라에서 아조하라까지 수로가 관통되었고 남은 구간은 아조하라에서 센닝다니 사이의 수로 공사였는데 다음 해 1940년 6월에 그 수로도 관통되었다. 아조하라에서 센닝다니 사이의 약 1km의 수로 터널을 공사하는 데만 3년이라는 시간이 걸린 셈이다. 센닝다니에서 엔지니어로 일한 요모기사와 사쿠로 씨는 다음과 같이 말했다.

"보통 하루에 2m 페이스로 진행합니다. 양쪽에서 파야 했기

때문에 단순히 계산해도 250일이 걸리는 겁니다. 하루에 1m

를 판다고 하면 500일이 돼요. 두 배 이상의 시간이 소요된 셈

이죠."

상당히 힘든 공사였음을 잘 알 수 있는 대목이다.

댐 완공 보도(《호쿠리쿠타임스》, 1940.11.8.)

고열수도 공사는 더디게 진행되었고 공중 케이블을 통해 아조하라에

서 댐 공사에 필요한 시멘트, 기계, 철골 등의 자재를 운반했다. 하지만

모래나 자갈 운반은 어려운 작업이어서 센닝다니 부근의 히토미다이라

에서 가져오거나 굴삭 공사에서 나온 토사를 이용했다. 전쟁으로 시멘트

가 부족했는데 1939년 9월 7일 《호쿠리쿠타임스》에 따르면 '도야마현

에서 시멘트 약 40만 자루 부족'이라는 기사가 나왔다. 그리고 1939년

9월 7일 《호쿠리쿠타임스》에는 '아리미네 발전소의 고바야가와 국장의

당시의 구로베 제3발전소(『호쿠리쿠
지방 수력 전기 개관』)

시멘트 진정서'라는 보도가 나왔는데, 시멘트 부족을 보충하려고 옥석을 섞는 등의 방법도 행해진 것이다. 1940년 9월에 댐은 완공되었고 10월에 임시 배수로를 봉쇄하고 11월에는 수로로 물이 통과했으며 11월 22일에 드디어 발전소의 송전이 개시되었다.

〈구로베를 열다〉에는 다음과 같은 내용이 나온다.

"일본인 **우리의 힘만**으로 만들어낸 대출력 발전소 구로베 제3댐이 4년이라는 공사 끝에 드디어 완성되었다."

체신성이 내건 조건이었던 1939년도 완성을 1년 이상 넘겼고 공사비용도 1940년 3월의 변경 계획서에는 당초 예산의 3배 정도 되는 3,925만 엔의 예산이 소요되었다. 동원된 연인원도 관서전력의 기록영화 〈구로베를 열다〉에서는 280만 명이라고 한다. 신문 보도도 제각기 달랐지만, 정리를 해보면 당초 2천 수백만 엔이 5천만 엔이 되었고 연인원은 250만 명이나 되었다. 희생자 수는 두 번의 눈사태만으로 100명 이상이 사망했고, 다이너마이트 폭발과 수평보도에서 추락, 암석 낙하, 작업 중 사고 등 필자가 신문에서 확인한 것만 해도 이미 145명이었다. 관서전력의 기록영화 〈구로베를 열다〉에서는 희생자 수가 212명이라고 했다. 또한 미야지마 오사무는 관서전력의 기록영화와 동일한 명칭인 NHK 쇼와 회고록 〈구로베를 열다〉에서 다음과 같이 언급했다.

> "제1공구와 제2공구에서는 156명이었고 전체 300명 이상
> 의 희생자가 나왔다."

1940년 11월 20일 《호쿠리쿠타임스》에는 희생자가 156명이 아니라 165명이라고 되어 있다. 공사가 난항이었다는 사실을 상상할 수 있을 것이다. 공사가 난항을 겪은 가장 큰 원인 중 하나는 고열 지대라는 점일 것이다. 그리고 동절기 작업 중에 일어난 눈사태나 구로베 협곡의 험준한 지형도 무시할 수 없었다.

《호쿠리쿠타임스》 233호에서 마쓰오카 히데나가 씨는 중일전쟁으로 물자가 부족했지만 〈구로3〉 공사는 최우선 순위여서 물자 공급에 어려움은 없었다고 한다.

이렇게 〈구로3〉은 많은 난관을 극복하고 태평양 전쟁이 일어나기 바로 1년 전에 완공되었다.

조선인 노동자 수

사토구미의 미야지마 오사무 씨는 구로베의 노동자가 몇 명이었는지 정확하게 파악할 수 없었다고 말한다. 왜냐하면 구로베 공사에서 돈을 꽤 벌 수 있다는 소문을 듣고 공식적인 절차도 없이 들락거리는 사람들이 많았기 때문이다.

당시 노동 통계 조사에 따른 〈구로3〉 건설에 종사하고 있던 노동자의 수이다.

- 1936년~1938년은 사료 없음
- 1939년 3,455명중 (아조하라 2,300명) 기술자 88명
- 1940년 2,300명 중 (아조하라 1,600명) 기술자 84명

또한 1940년 7월에 우치야마 마을에서 도야마현으로 보낸 설탕 배급에 관한 서류에는 다음과 같이 기록되어 있다.

- 일본 전력주식회사 숙소　12개소　　634명
- 사토공업주식회사 함바　47개소　　2,452명
- 오바야시구미의 함바　　23개소　　459명
　　　　　　　　　　통합　82개소　　3,545명

일반적으로 배급을 요구하는 경우 실제보다 조금 넉넉하게 청구했기 때문에 정확한 인원을 파악할 수 없었다. 그리고 전부 〈구로3〉의 노동자라고 단언할 수 없지만, 4년이라는 공사 기간 동안 전체 노동자 수가 280만 명이었다고 하니, 노동자는 2,000명에서 3,000명 정도 일하고 있던 것으로 보인다.

대부분 조선인 노동자였다는 증언이 많았는데 그중 조선인이 몇 명이었는지 정확하게는 파악할 수 없었다. 사토구미의 아조하라 함바집의 세대주로 김석준 씨의 아버지 가네모토 마사이치, 즉 김태경이라는 함바감

독의 이름이 나온다. 그리고 아버지가 우나즈키의 조선인 함바에 식료품 등을 공급했다는 손수영 씨의 기록에는 조선인 함바 감독에 '하야시林', '오카다岡田'라는 이름이 나오는데, '하야시'라는 이름은 나중에 여러 사람으로부터 다시 들을 수 있었다. '하야시'라는 함바 세대주의 이름이 몇 명 있었던 것으로 보아 그중 한 명은 조선인이었을 것으로 추정된다. 하지만 누구한테 물어봐도 '하야시'라는 조선인이 있었다고만 이야기할 뿐 자세한 이름까지는 알 수 없었다. 그들 밑에서 일하는 사람들은 물론 조선인 노동자들이었지만 정확한 숫자는 파악할 수 없었다.

하지만 1938년 6월 27일 《호쿠리쿠타임스》에는 다음과 같은 기사가 나온다.

"약 1,000명의 반도인 토목공이 공사에 종사"

1989년 관서전력의 무라카미 효의 저서 『구로베강』에도 다음과 같은 기술이 있다.

"현장의 노동자 1/3을 차지하는 조선 출신자들"

그는 증언과 자료에서 파악했다고 한다. 또한, 사상범을 검거하는 특별 고등 경찰에서 발행하는 특고월보(1937. 9.)에 사회민중당과 전국노농대중당이 설립한 무산 정당인 조선인 사회대중당의 가입 선언 결의문이 나온다. 그 내용을 소개하겠다.

"구로베강 상류 발전 공사의 2,000명의 우리 토목건축 노동자들. 매일 부상을 당하면서도 일하고 있다. 그들의 희생으로 문명의 빛인 전기가 생산되고 있다."

요모기 사쿠지로 씨는 당시 센닝다니에는 800여 명의 인부가 있었고 사무직 책임자 이외에는 전부 조선인이었다고 했다. 사료에 나온 센닝다니의 각 함바집 수용 인원만 단순히 계산해도 935명인데 센닝다니에서만 1,000명 정도였으니 실제로는 그 이상이었을 것이다. 공사 시기에 따라 달라질 수 있지만 어쨌든 1,000명 이상의 조선인 노동자가 있었다는 것만은 틀림없는 사실이다.

그들은 조선으로부터 어떻게 왔는가?

당시 조선 사람들이 일본에 도항하려면 경찰에 신고하고 도항 증명서를 받아야만 했다. 그 허가를 받는 것도 거주지의 경찰 주재소에서 부산 수상경찰서로 보내는 '초대장'을 지참해야 하므로 도항하는 일이 쉽지만은 않았다. 그래서 먼저 일본으로 건너간 사람들에게 의지하거나 혹은 알선인을 통해 증명서를 입수하는 방법밖에 없었다. 「일본 및 도야마현의 조선인 수」에서 살펴볼 수 있는 인구 증가의 추세는 필사적으로 도항을 감행했다는 사실을 의미하고 있다.

구로베의 시아이다니에서 사토구미 소속 함바 감독이었던 김명석 씨는 1938년 눈사태로 사망했다. 그의 아들 김종욱 씨가 시미즈 히로무 교수에게 보낸 편지에서 다음과 같이 말하고 있다.

"저희 아버지를 믿고 친척들을 비롯한 많은 사람들이 구로베
로 일하러 왔습니다."

실제로 친척 백재명 씨는 1992년 당시 78세로 경상북도 거창군 주상
면 도평리에 살고 있었는데 21세 때에 김명석 씨를 따라 도야마현의 구
로베로 갔다고 한다. 미카이치에서 3개월 동안 도로 건설 공사장에서 일
하다가 구로베의 김명석 씨 함바집에서 한 달 동안 일했다. 백재명 씨의
이야기다.

"함바집이 터널 안에 있었습니다. 저는 굴에서 판 흙을 도로
코 열차로 운반하는 일을 했는데, 가을에 산에서 내려오고 말았
습니다. 터널 밖에 집을 지을 테니까 기다리라는 말을 들었지만
터널 안에서 일하는 게 무서웠습니다."

그해 겨울 눈사태가 새로 지은 숙소를 덮쳤고 김명석 씨는 목숨을 잃
었다. 백재명 씨는 김명석 씨가 미카이치 경찰서의 도항 허가증을 조선으
로 보내줘서 도항할 수 있었고, 경상도 주상면에 사는 친척 스무여 명도
도야마로 건너갔다고 한다. 마찬가지로 친척 백영희 씨(1992년 74세)도 김
명석 씨가 증명서를 줘서 1939년 11월에 도항할 수 있었다. 파낸 흙을
운반하거나 레일을 연장하는 일을 했던 그는 그 후 아키타현의 고사카 동
광銅山에서 일하다가 전쟁이 끝난 해 12월에 한국으로 돌아갔다.
하지만 이런 도항도 전시 체제가 본격화되고 노동력 부족 현상이 심각
해지자 예전처럼 개별적이고 비교적 자유로운 도항은 더 이상 할 수 없게

되었다. 1938년에는 국가 총동원법이 공포되었고 다음 해 1939년에는 국민 징용령이 내려졌다. 국가 전체가 전쟁에 매진하는 사태에 이르자 조선인까지 동원했다. 통상 세 단계를 거쳐서 동원되는데 첫 번째가 1939년부터 1942년까지 행해진 '모집'이라고 불리는 단계이다. 일본 기업이 조선인 노동자들을 동원하도록 허가를 받는 것이다. 그리고 두 번째가 1942년부터 1944년까지 행해진 관의 알선에 의한 모집이었고 세 번째는 1944년부터 종전까지 징용령에 의한 강제 연행이다.

〈구로3〉을 건설할 때는 사람들이 자유롭게 일하러 오던 시기였는데, 1939년부터 1940년이 1단계 모집 시기와 겹쳐진다. 일제 강점기 시기에 재일조선인을 통제하기 위해 설립된 기관인 중앙협화회의 1942년 「이입 조선인 노동자 현황 조사」에 의하면 1940년도에 사토구미의 우나즈키 출장소가 승인한 조선인 노동자 수는 300명이었고 실제로 고용된 인원은 149명이라고 한다.

왼쪽이 백영희 씨, 오른쪽이 백재명 씨

도야마시에 사는 박경호(79) 씨는 구로베에서 함바 감독이었던 아버지 밑에서 경리 업무와 장부 정리를 하며 아버지를 도왔다. 간혹 현장에 나가 일을 하기도 했다고 한다. 박경호 씨는 아버지와 아리미네댐의 담당자 그리고 센닝댐의 담당자인 하야시(조선인) 씨와 함께 사토구미의 명령으로 1940년 4월 노동자를 모집하러 조선으로 갔다. 모집 인원이 450명에서 600명 정도였는데, 마침 농번기라서 150명 정도밖에 허가를 받지 못했다고 한다. 가능하면 많이 데려오고 싶어서 약 한 달 정도 기다렸고 결국 200명 정도 모집할 수 있었다. 그 중 구로베로 온 사람이 70~80명 정도였는데, 터널 공사는 숙련되지 않으면 할 수 없는 일이라서 주로 댐 공사에 배치되었다. 협화회의 조사와 모집 시기 등은 일치했지만 인원수가 일치되지 않아서 단정할 수는 없다. 앞서 말한 1940년 사토구미의 설탕 배급 신청서에 기록된 '직영 조선인' 80명과 박경호 씨의 기억은 일치했다. 〈구로3〉이 완성된 후 박경호(79세) 씨는 그중 30명을 데리고 이와세의 운하 공사장에서 일했다. 이와세는 숙소를 지키는 사람이 따로 있었고 공사 현장의 입구에는 파출소도 있어서 항상 감시를 당했으며 외출 시에는 허가가 필요했다고 한다. 그리고 도망치다가 잡힌 사람은 모두가 보는 앞에서 본보기로 반죽음을 당했다고 한다.

"그 뒤 여러 가지 문제가 생겨 그곳을 떠났는데 사토구미의 모집으로 구로베에서 온 사람들은 강제 연행은 아니라서 1~2년 뒤에 돌아갔습니다. 저는 병에 걸린 환자를 데리고 시모노세키까지 간 적이 있었습니다. 구로베에서 반죽음을 당하거나 한 적은 없었고 비교적 자유로웠지만, 그렇다고 우리처럼 자유롭게 우나즈키로 나올 수는 없었습니다."

〈구로3〉 건설 시기는 아직 자신의 의지로 일하러 올 수 있었지만, 모집이라는 형태로 일본으로 동원된 사람들의 모습도 보이기 시작한 때였다.

조선인 노동자들의 임금과 노동 조건

일본에 도항해온 조선인들은 악조건 속에서 노동을 했다고 할 수 있다. 그것은 많은 데이터와 증언을 통해서도 알 수 있는 사실이다. 박경식의 『조선인 강제 연행 기록』에는 조선인 노동자들의 임금은 일본인의 50~70%에 불과했고 직종은 대부분 토목공이었다고 한다. 일용직 인부의 경우, 고용주나 인부 감독으로부터 평균 30~40%의 중간착취를 당했기 때문에 생활수준은 최하위였다고 기록되어 있다.

> "1935년 도쿄의 토목 노동자 및 인부의 세대 당 월 평균 수입은 각각 20엔 78전과 19엔 60전으로 최저 생활을 유지할 정도였다."

제3장의 신문 기사에서도 볼 수 있듯이 도야마현 토목 작업장의 조선인 노동자 일당은 이 지역 사람들보다 20~30전 낮은 1엔 20~90전이었다. 거기에서 공제액과 식대를 빼고 나면 실제로 손에 들어오는 돈은 60~70전으로 일본의 일용직 조선인 노동자의 평균 임금과 크게 다르지 않았다.

그렇다면 〈구로3〉의 경우는 어땠을까? 1939년 1월 15일《호쿠리쿠타임스》에는 동절기 공사 기간에 일했던 노동자에 대해서 다음과 같이 기술하고 있다.

> "약 700명의 인부는 노동 시간이 극히 짧고 식비는 회사 부담으로 하루 임금 2원 50전. 한 달에 75엔 벌 수 있음. 하산하는 사람 한 명 없이 공사는 예정대로 순조롭게 진행."

이 기사에 조선인 노동자들도 마찬가지였다고 적혀 있지는 않았지만 1938년 가을 시아이다니에서 한 달간 일했다는 백재명 씨는 당시 일당이 2엔 50전이었고 식사도 포함되어 있다고 했다. 앞서 말했듯이 함바 감독이었던 김명석 씨의 친척이라 대우가 좋았던 것으로 보인다. 일의 내용이나 함바집에 따라 일당이 달랐던 것이지 백재명 씨가 특별한 경우라서 그런 것 같지는 않았다. 당시 사토구미는 토목 임금으로 2엔 50전에서 2엔 80전을 지불했다. 요모기사와 사쿠지로 씨는 "인부는 월급으로 75엔 받았다."고 증언했다.

식사에 대해서 박경호 씨는 다음과 같이 말했다.

> "당시는 아무튼 돈보다 식사가 잘 나오면 되었는데, 구로베는 그런 조건이 좋았기 때문에 사람들이 자연스럽게 모여들었습니다."

앞서 말한 도야마현의 다른 조선인 일용직 노동자들에 비해 구로베는 상당히 조건이 양호했던 것으로 보인다. 함바 감독이었던 김종욱 씨의 아버지는 "인부들 급여의 10%를 별도로 받았다."고 한다. 이러한 중간착취는 일본에서 평균 30%~40%였고 도야마현에서도 20%~30%였던 것에 비하면 그렇게 높은 비율은 아니었다고 할 수 있다. 박경호 씨의 아버지도 함바 감독이었는데 '감독이라고 해도 밥을 먹고 이윤을 올릴 정도'였다고 하니 감독에 따라 차이가 있었던 것 같다.

당시 구로베에서 일한 사람들에게 물었더니 한결같이 "조선인들의 임금도 괜찮았다."고 대답했다. 일본전력의 사원이었던 요모기사와 씨의 일당이 1엔 5전이고 하루 수당이 50전이었다. 가라후토(사할린) 토목공의 하루 임금이 4엔이었으니까 구로베의 2엔 50전이 특별히 높았다고는 할 수 없겠지만 식사 등의 조건이나 저금할 수 있었다는 점을 고려하면 당시 그들에게는 조건이 좋은 편이었을 것이다.

〈표 1〉의 1939년 도야마시의 임금과 물가를 살펴보면 조선인 노동자들은 일본인과 비슷한 수준, 혹은 그보다 높은 임금을 받았다는 것을 알 수 있다. 하지만 전쟁 중에 물가가 상승했기 때문에 실제 임금은 매우 낮았다는 사실도 잊어서는 안 된다. 술 한 되에 1엔 50전, 쌀 한 되에 38전, 두부 한 모에 20전이었으니 박경호 씨 말대로 식사가 지급되는 것이 노동자에게는 매우 중요한 문제였다.

뜨거운 열기 속에서 이루어진 노동에 대한 임금은 다음과 같다.

- 흙 파내는 일 일당이 15엔, 채굴 작업 20엔~25엔(오쿠다 준지 「구로베강 수역의 발전 사업」)
- 채굴작업 6엔, 30분 교대 3번에 일당 6엔(시미즈 히로무 「직설·고열수도」)

- 고열수도에서는 2시간에 5엔이고 일당으로 10엔은 벌었다(필자의 인터뷰).

자료에 따라 차이가 있지만, 금액만 보면 상당히 높은 금액이었음을 알 수 있다.

NHK의 쇼와 회고록 〈구로베를 열다〉에서 미야지마 오사무 씨는 수평보도를 통과하는 케이블선 운반 작업이 너무 위험해서 노동자들이 좀처럼 나서지 않았기 때문에 일당을 두세 배로 올려 겨우 운반했다고 한다. 결국 조선인 노동자들의 임금이 좋았던 이유는 목숨을 건 작업이었기 때문이고 목숨을 내걸고 하는 만큼 표면적으로는 임금조건도 꽤 괜찮았던 것 같다.

한편 박경호 씨는 모집해서 데리고 온 조선인 노동자들의 임금에 대해 정확하게 말할 수 없겠지만 상당히 낮았다고 말한다. 그리고 이와세에서는 필요 이외의 현금을 받을 수 없었다고 한다. 모집 노동자와 자유 노동자에 대한 대우는 임금 외에는 별로 차이가 없었다. 하지만 그들은 박경호 씨처럼 자유롭게 우나즈키로 나갈 수 없었다고 한다.

「조선인 노동자의 모집요강」에는 다음과 같은 사실이 적혀있었다.

- 시국 산업에 종사함으로써 국가에 공헌한다는 사실을 자각할 것.
- 직장 변경은 하지 말 것.
- 일본의 생활 습관을 따르고 일본인이 혐오하는 행위를 하지 말 것.
- 그 밖에 협화 사업단체 간부, 경찰관 및 직업 소개인의 지시에 따를 것(일부 생략).

그 내용을 보면 상당히 속박당하고 있었고 임금 말고도 대우가 달랐을 거라고 생각한다.

〈표 1〉 1939년 도야마 시의 임금(일당)과 물가

물가		임금	
백미 1석石(100승升)	38.56엔	1일 고용인부(남)	2.05엔
청주 1승升	1.67	1일 고용인부(여)	1.02
간장 1승升	0.46	목수	2.40
된장 1관貫	0.66	대장장이	2.50
계란 100개	5.08	활판인쇄공	1.57
두부 10정丁	2.00	양복재단	2.00
돼지고기 100문匁(375g)	0.73	기계공(여)	0.69
석유 2드럼缶 1상자	7.25	하인(남)(식비포함 월급)	16.75
목탄 10관貫(37.5kg)	4.50	하녀(식비포함 월급)	11.91

『도야마현 통계서 1939년판』

감시하의 노동

백재명 씨는 "항상 경찰한테 감시를 당했다."고 말했는데 이는 전원 개발에 따라 유입되는 노동자들을 감시하기 위해 설치된 청원 파출소의 감시를 말하는 것이다.

『도야마현 통계서 쇼와 14년 판』에 의하면, 1939년에는 일본전력의 우나즈키 온천가에 있는 청원 순사부장 파출소와 일본전력의 게야키다이라 청원 순사파출소 두 군데가 있었다.

"산에서 내려온 조선인들이 술집에서 싸울 때 순사가 말리는 광경을 목격한 적이 있습니다. 파출소가 있어서 사상적으로 그들이 무언가를 할 수 있는 환경은 아니었습니다."

"오봉(추석) 때 내려오면 경찰이 소지품 검사를 했어요. 다이너마이트나 쇠붙이 등을 산에서 훔쳐서 내려오지는 않았는지 감시했습니다. 얻어맞으면서 소지품을 빼앗긴 자도 있었습니다."

이 같은 증언으로 보아 노동자들이 일본전력의 감시 하에 있었다는 것을 알 수 있다. 또한 실제로 공사장에서 다이너마이트를 훔친 일본인 노동자들을 검거했다는 1939년 5월 10일 《호쿠리쿠타임스》의 기사도 보였다.

함바 감독이었던 아버지 김태경 씨에 대해 김석준 씨와 나가모토 하루코 씨는 다음과 같이 말했다.

"산에서 뭔가를 훔쳐서 내려오면 동포들한테도 혼이 났기 때문에 그런 짓은 하지 않았습니다."

"아버지는 경관과 친하게 지내서 경관이 놀러 오기도 했어요. 그때 아버지가 하얀 봉투를 건네는 것을 본 적이 있습니다."

함바 감독들도 파출소와 협력하여 노동자들을 엄격하게 관리하고 있었던 것으로 보인다.

4. 혹독한 공사를 하게 된 조선인 노동자들

"조선인들이 있었기에 〈구로3〉을 완공할 수 있었다."

많은 관계자로부터 들은 말이다. 혹독한 공사를 했던 조선인 노동자들의 발자취를 따라 〈구로3〉 건설에 대해 다시 살펴보기로 하겠다.

다이너마이트 폭발 사고

노동자들이 다이너마이트를 사용하는 작업을 얼마나 기피했는지 광산 인부 모집 광고를 살펴보면 알 수 있을 것이다.

"다이너마이트를 사용하지 않고 터널이 아닌 곳에서 작업함. 광석은 부드럽기 때문에 삽이나 곡괭이로 작업 가능. 공사는 절대로 위험하지 않고 과거 5년간 이 작업으로 사망한 사람이 한 건도 없음."

《호쿠리쿠타임스》, 1937.8.18.

이 글귀는 고열수도에서 다이너마이트 작업이 상당히 위험했음을 반증하는 것이기도 하다. 일본 산업 화약회의 『일본산업 화약사』에 따르면 실제로 1902년부터 1962년까지 60년 동안 담당 관청에 신고된 화약류 사고 가운데 작업하다가 일어난 사고가 2,068건이다. 사고의 원인은 '불발 및 잔류에 의한 사고가 503건', '대피가 늦어서 일어난 사고가 402건'이다. '크게 폭파하거나 그 밖의 원인으로 발생한 사고가 352건'이고 '암석 낙하 및 돌 파편에 의한 사고가 266건'이지만 실제로는 그 이상이었을 것이다.

터널공사 다이너마이트 사고 보도(《호쿠리쿠타임스》, 1937.7.23.)

불발한 다이너마이트 사고로 업무상 과실 치사죄의 재판 보도
(《호쿠리쿠타임스》, 1938.11.10.)

〈구로3〉 건설이 순조롭게 진행되지 않았던 이유는 다이너마이트 폭발 사고 때문이었다.

1937년 5월부터 터널공사가 시작되었는데 처음 다이너마이트 폭발 사고가 일어난 것은 그해 7월 20일이었다.

> "또 공사장에서 참변. 조선인 토목공 즉사. 이외에도 중경상
> 자 발생."
>
> 《호쿠리쿠타임스》, 1937.7.23.

기사 내용은 20일 오후 3시경 시아이다니의 수로 건설을 위해 횡갱에서 굴삭하던 기쿠모토 함바의 조선인 토목공, 다카야마 후미키치(정만수 24)는 전날 폭파한 약 90개의 다이너마이트 중 불발탄이 폭발해 얼굴이 아스러져 즉사. 뒤쪽에서 작업 중이던 우에다 다케오(손무술 34), 마쓰모토 겐지로(고산석 32), 나카무라 지로(정태문 29) 등 3명이 중경상을 입었다.

암반 굴삭은 두 명이 한 조가 되어 작업하는데 삭암기로 구멍을 뚫고 그 안에 다이너마이트를 넣어 도화선에 불을 붙인 다음 대피한다. 보통 다이너마이트가 완전히 폭발했는지 소리를 듣고 확인한다. 불발 다이너마이트가 남아있는 경우 다음 작업 때 접촉하면서 폭발 사고가 일어난다고 한다. 처음에는 주로 이러한 원인으로 사고가 발생했다. 다이너마이트를 넣고 마지막에 규렌을 사용해서 구멍 깊숙이 밀어 넣는데 그때 뇌관을 너무 강하게 누르면 발화하는 경우도 종종 있었다고 한다.

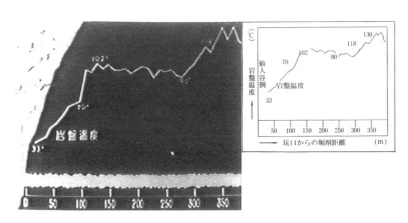

〈그림 3〉 암반 온도 상승 그래프(《구로베를 열다》에서)

18일 뒤인 8월 7일에도 불발 다이너마이트에 접촉한 인부가 중상을 입었고 대피하던 인부는 절벽에서 추락, 사망했다. 다이너마이트 불발탄 사고는 그 뒤에도 빈번하게 발생했다. 1938년 11월 10일 《호쿠리쿠타임스》에 의하면, 처음 이러한 사고가 일어났을 때만 해도 함바 감독인 기쿠모토 다이조에게 업무상 과실 치사죄의 책임을 물어 재판까지 갔다고 한다. 결국 무죄 판결을 받았는데, 이건 아마 그 후에도 비슷한 사고가 빈발했기 때문일 거라고 생각된다.

또한 〈구로3〉에서는 이상하리만치 상승한 암반의 고온으로 인해 다이너마이트가 자연 발화되어 폭발 사고를 일으켰다는 점이 특이했다.

〈구로베를 열다〉에 의하면 센닝다니는 처음에는 33도였지만 130m 지점을 파나가면서 102도 그리고 130도로 올라갔고 어느 지점에서는 180도까지 기록했다. 그리고 1991년 요모기자와 사쿠지로의 『고향 산천에 살다』에 나오는 센닝다니의 암반 온도에 관한 내용이다.

"1m 50cm의 구멍을 파 온도계를 5분간 넣었을 뿐인데도 갱내의 암반 온도가 200도 이상이나 상승했다."

쉽사리 믿기지 않을 정도로 높은 온도이다. 아조하라의 경우도 마찬가지여서 당시 일본전력의 토목부 설계 과장이었던 후지이 유노스케 씨가 1938년에 발표한 논문 「구로베강 제3호 발전소 공사 중 아조하라 온천지대의 고열수도 공사에 관하여」에는 다음과 같은 기술이 나온다.

"아조하라 계곡의 수로 횡갱 공사는 30~40m 부근에서 갱내 온도가 40도 내외였고 암반 온도는 70도에 달해 고온 다습한 환경으로 굉장히 작업하기 힘든 상황이었다. 공사 개시 후 3개월이 지난 1937년 8월에는 60m 정도 팠을 때 갱내 온도가 44도였고 암반 온도는 무려 90도까지 올라 작업하기가 점점 더 곤란해졌다."

공사가 지연되는 사태에 처하게 되자 이 상황을 타개하기 위해 앞서 말한 대책을 내놓은 것이다. 상승하는 암반 온도를 견디지 못한 다이너마이트가 인부들의 손에서 점화되기도 전에 폭발하여 희생자가 나온 것이다.

동양알루미늄 무렵부터 구로베 공사에 관여해온 우에노 기쿠이치 씨는 대담 「구로베 비경의 개발 역사를 말하다」에서 다음과 같이 말한다.

"당시, 발파할 때 두세 명씩 부상자가 계속 발생했다."

"발파는 한 번에 하지 않았다. 심 없이 가운데를 빼고 5분 간격, 3분 간격으로 바닥과 위쪽에 시간을 두고 폭발시켰는데 작업하는 도중에 폭발해 버리면 사망자가 발생한다."

1938년 8월 30일 《호쿠리쿠타임스》는 "다이너마이트 폭발로 13명 참사"라는 헤드라인으로 28일 한밤중 아조하라의 터널 안에서 다이너마이트가 자연 발화로 폭발했다는 내용의 기사를 실었다.

"미나미 토키치(남경술 35)외 다섯 명의 반도에서 온 토목공이

머리와 안면에 손상을 입고 무참한 모습으로 즉사"

"야마모토 세이조 외 두 명의 일본인 토목공은 빈사 상태의
중상을 입었다."

한편 같은 시각에 센닝다니의 히토미다이라 터널 공사에서도 다음과
같은 보도가 나왔다.

"쓰치다 다케오(손무술 38)외 세 명의 반도인 토목공들이 중상
을 입는 대형 참사가 발생했다."

히토미다이라에서도 다이너마이트 폭발로 일곱 명의 중상자가 나왔
다고 덧붙였다.

관서전력의 호쿠리쿠 지사 사보인 『호쿠리쿠』나 요시무라 아키라의
『고열수도』 그리고 무라카미 효에이의 『구로베강』, 사토공업 110년사
편찬 위원회에서 발행한 『110년의 발자취』에도 같은 내용이 기술되어
있다. 사고 직후 도야마현과 경찰 측에서 공사 중지 명령을 내리고 여러
가지 대책을 강구한 결과 에보나이트를 단열재로 사용하는 방법을 고안
하여 공사 재개를 요청했다. 시국의 요청이라는 명목으로 명령이 해제된
것이다. 그리고 점차 에보나이트를 박스 종이로 바꿔 장전한 다음 작업했
더니 폭발 사고가 한 건도 나오지 않았다고 적혀 있었다.

하지만 자연 폭발 사고가 어느 날 갑자기 그렇게 쉽게 사라졌다는 사
실에는 의문이 남는다. 폭발 사고가 일어난 지 두 달 뒤인 1938년 10월
23일에 토목학회에서 발표된 일본전력의 후지이 유노스케의 논문에 의

《호쿠리쿠타임스》,
1938.8.30.

하면 다이너마이트의 자연 폭발로 보이는 사고가 두세 차례 더 있었다고 한다. 다이너마이트 자체 개량을 연구함과 동시에 박스 종이로 열을 차단하고 화약 장전 시간을 단축한다든가 다이너마이트를 넣는 구멍에 얼음 막대기를 넣어 암반을 식히고 나서 장전하게 했다고만 언급할 뿐 폭발이 사라졌다는 말은 없었다.

다음 해 1939년 5월 10일 《호쿠리쿠타임스》에는 전년도 폭발 사고가 다이너마이트의 자연 발화에 의한 것으로 판명되었다는 기사가 나왔다. 그 뒤에도 같은 사고가 예닐곱 건 연속적으로 발생하여 일본전력은 다이너마이트 사용을 금지하고 내열 폭약 칼릿을 사용하게 된다. 칼릿은 과염소산암모니움을 베이스로 한 폭발약으로 스웨덴의 칼슨이 발명하였고 아사노 소이치로가 제조 판매권을 얻어 독점으로 제조했다. 2일에는 도야마현의 보안과 순사 부장의 입회하에 암반 온도 147도의 아조하라에서 업자들이 직접 시험한 결과 칼릿의 자연 폭발 온도는 200도 정도로 확인되었다. 유독가스가 나오는 문제에 대응하기 위해 칼릿을 사용했다는 보도였다. 즉 궤도 터널이 완성된 1939년 7월까지 시행착오가 반복되었고 고열에 의한 폭발 사고도 계속 일어났다는 것이다.

고열수도의 노동자들이 궤도 터널을 완성하기까지 다이너마이트의 자연 폭발이라는 공포에서 완전히 해방되지는 못했다. 온도가 100도를 넘었고 때로는 200도 이상 올라가는 암반을 식히기 위해 구로베의 강물을 사용했다. 하얀 증기로 가득한 갱내에서 땀과 물에 젖은 노동자들은 삶과 죽음의 경계를 넘나들며 고열의 암반에 다이너마이트를 장전하고 있었다.

1938년 폭발 사고 이후에도 다이너마이트 사고가 있었던 것으로 보이지만, 자연 폭발 사고에 대한 기사는 없었다. 눈사태나 추락 사고 등의 기사는 있었지만, 자연 폭발 사고에 대해서는 조사해도 찾을 수 없었다. 1937년 불발 다이너마이트에 의한 폭발 사고에 함바 감독의 과실을 묻는 기사도 없었다는 것은 결국 시국 때문이라고 봐도 무방할 것이다.

실제로 자연 발화에 의한 폭발 사고로 10명 가까운 사상자가 발생해서 경찰이 와서 진상 조사를 하고 검사檢死까지 했다고 한다. 사망자가 나오면 일반적으로 공사를 중지해야 하는데 사망을 부상이라고 속여 공사를 속행시켰다는 증언을 들었다. 사람의 목숨보다 공사를 우선시했다는 이야기다.

또한, 다이너마이트가 폭발한 다음 발생하는 대량의 가스도 문제가 되었다. 대부분 무해한 성분이라고 하지만, 간혹 유해한 일산화탄소를 배출하기도 했다. 1932년 12월 7일 《호쿠리쿠타임스》는 다테야마 쇼묘강 발전소 공사에서 다이너마이트 폭발 후 발생한 가스로 인한 터널 공사 사고를 다음과 같은 헤드라인 기사로 보도했다.

"악惡가스로 인해 조선인 인부 2명 사망"

특히 앞서 언급한 칼럿은 발화점이 높고 유독성이 있다는 것은 주지의 사실이다. 〈구로3〉에서는 폭발 후 나오는 가스 사고에 대해서 증언을 듣지는 못했지만 피해가 있었을 가능성이 높다.

1940년 9월 19일 《호쿠리쿠타임스》에 의하면, 〈구로3〉에서 터널 공사를 끝내고 네이군의 히사후 스기강 제2발전소에서 일하던 두 명의 조선인 인부(가네모토 함바)가 불발 다이너마이트 접촉 사고로 사망 및 중상을 입었다는 기사가 나온다. 구로베에서 힘들게 살아남았지만 이후에도 그들의 노동은 많은 위험에 노출되어 있었음을 시사하는 사례가 아닐까 싶다.

다이너마이트 자연 폭발 사고로부터 약 두 달 후 공사 상황을 조사하기 위해 방문한 후생성의 와카바야시는 다음과 같이 말했다.

> "험한 자연을 극복해야 하는 어려운 공사였기 때문에 다소의 희생은 어쩔 수 없었다."
>
> 《호쿠리쿠타임스》, 1938.10.22.

고열은 피할 수 있었는가?

사람을 인적 자재로만 취급하는 전쟁 상황에서 노동자의 인권 따위는 안중에도 없었다. 이 공사는 출발 시점부터 다음과 같은 말이 나돌았다.

> "올해는 도야마현이 운영하는 와다강 발전소와 일본전력의 제3기 발전 공사가 본격적으로 개시된다. 둘 다 힘든 공사라서

만약 재해가 일어나면 최악의 사태가 발생하게 되고 사상자가
나올 지도 모른다."

《호쿠리쿠타임스》, 1937.2.6.

하지만 아무리 어려운 공사라고 해도 원인 중 하나였던 지열의 이상
고온을 과연 처음부터 예상하지 못했던 것일까?

궤도와 수로의 루트가 고열 지대라는 것은 다음과 같은 기록을 보면
알 수 있다.

"착공 이전부터 지열의 영향에 대해 상당한 각오를 하고 있
었다."

「구로베강 제3호 발전공사 여담」

"지열이 높은 지층이라는 사실은 이전부터 알고 있었다. 하지
만 공사에 지장을 줄 정도라고는 생각하지 않았다."

〈구로베를 열다〉

이와 같은 기록에서도 알 수 있듯이 높은 지열은 발전소 개발 당시부
터 어느 정도 예상했던 사실이다. 가는 곳마다 온천이 나오고 땅을 파면
열탕이 솟았다는 얘기도 들었다. 처음부터 고열 지대라는 사실은 알고 있
었다는 것이다.

하지만 실제로 그 온도가 상상을 초월하는 것이어서 여러 가지 대책을
세웠다는 점은 앞에서도 언급했다.

온도의 상승 상황은 학자들의 예측을 벗어났다는 말을 여러 번 들었다. 『혼마 후지오 선생님의 추억』(1964)에 의하면, 일본전력으로부터 지질 고문의 의뢰를 받아 혼마 후지오가 구로베강 줄기의 지질 조사서를 작성했다는 기술이 있다. 혼마 교수가 1939년 1월에 저술한 『구로베강 연안 지질 조사 보고』에 의하면, 학자들의 예측을 벗어난 온도의 상승이라고 단정할 수 없는 대목이 나온다. 혼마 교수만 지질 조사를 한 것은 아니지만 그 자료밖에 없어서 여기서는 그의 보고서를 살펴보면서 상황을 유추해 보고자 한다.

"1936년 여름부터 일본전력의 위촉으로 구로베강 연안을 수차례 조사했고, 1937년 여름 정밀 조사를 위해 무카이 센쥬와 이마무라 타다시를 파견했다. 그리고 1938년 여름에 다시 이마무라 타다시를 파견해서 지질 조사를 실시."

즉 지질 조사는 〈구로3〉 공사가 개시된 9월 이전부터 시작되었다. 고열 지대에 부딪히는 것을 학자들이 예상할 수 없었다는 게 통설이지만 공사 개시와 거의 동시에 조사도 시작되었으니 예상할 수 없었던 것도 당연하다. 이에 대해 혼마 교수는 다음과 같이 말했다.

"예측할 수 있는 자료도 전혀 없었습니다. 더구나 100도 이상의 수증기로 된 가스가 지표 아래의 얕은 곳까지 상승한다는 현실적인 문제는 전혀 예상하지 못했기에 당황했습니다. 그저 낙관적으로 바라보고 공사에 매진하는 수밖에 방법이 없었습니다.”

　“지금 돌이켜보면 시공에 앞서 지질 조사에 더 많은 시간을
　할애했어야 합니다.”

　시공에 필요한 지질 조사의 순서를 기록해서 적절하게 조사를 했다면
예상할 수 있었을지도 모르겠다고 말했다. 그리고 계획을 세워서 제대로
했다면 그곳을 수로 장소로 선택하지 않았을 거라고 조심스럽게 덧붙였다.
결국 ‘정밀 조사를 할 용기가 없었기 때문에’ 난관에 봉착했다고 말했다.

　“조사는 공사 시공에 앞서 몇 년 전에 행했어야 한다. 그리고
　전문 기술자가 계속 담당해서 일해야만 하는 것이다. 현지답사
　는 조수에게 시키더라도 시간을 가능하면 많이 할애해야 가능
　한 일이다.”

　하지만 〈구로3〉의 경우 공사를 개시하기 바로 직전에 조사했다는 것
에 대해서는 앞서 언급했다.

　“다행이도 이번에는 담당자가 배려해줘서 현재 공사 중인 지
　역은 물론이고 공사가 끝난 지역에도 무카이와 이마무라 두 사
　람을 파견해서 수십 일 동안 상세하게 조사할 기회를 얻었다.”

　라고 논문에 기술되어 있었다. 조사가 불완전했다는 사실이 일목요연
하게 나타나 있다.

혼마 교수는 1937년 9월에 일본전력의 토목부장과 함께 〈구로4〉 조사를 위해 방문했다. 이 무렵 아조하라의 암반 온도가 90도까지 상승했는데도 불구하고 〈구로4〉의 조사가 행해진 것이다.

지질 조사가 충분하지 못했다는 말은, 회사 측이 공사하는데 지열의 영향에 대해서 심각하게 생각하지 않았다는 것이다.

마쓰이 쇼지와 요시다 미노루가 발표한 「신구로3 고열 터널 시공」에는 다음과 같은 내용이 나온다.

> "결국 이 지대는 어느 곳을 통과해도 고열을 피할 수 없기 때문에 〈구로3〉의 기존의 수로와 평행으로 신구로베강 제3발전소의 도수로導水路 위치를 정했다."

신구로베강 제3발전소는 〈구로4〉의 사용 수량을 유효하게 이용하기 위해 방수한 물을 직접 끌어오는 방법을 취했고 구로베강 제3발전소의 약 200m 상류에 위치하고 있다. 1960년 10월 착공해서 1963년 10월에 완공했다. 〈구로3〉과 같은 상황이었지만 기술의 발달로 다소의 화상을 제외하고는 사고 없이 고열 지대를 관통하고 있다. 면밀한 조사와 노동 상황이 〈구로3〉하고는 천지 차이가 나는 것이다.

처음부터 전력 사업을 우선시했던 시국의 요청으로 착공된 것이 〈구로3〉이다. 어떻게든 공사를 개시해서 완공해야 했기에 지질 조사에는 큰 의미를 두지 않았을지도 모른다. 그렇다면 노동자를 괴롭혔던 게 고열과 자연적인 현상이라고 단언할 수 없게 된다. 오히려 노동자는 일본의 전시 체제를 지탱하기 위해 고열이라는 상황에 내몰렸다고 해도 과언이 아니다. 그리고 돈 때문이었다고는 해도 목숨을 걸고 고열 속에서 일하던 노동자의 대부분은 조선인이었다.

고열수도의 노동자들

고열수도 내의 노동자의 모습. 삭암(좌)과 배후에서 물을 뿌림(우)
(《구로베를 열다》에서)

암반 온도 100도가 넘는 터널 안에서 뜨거운 열기를 견디며 노동자들은 삭암기로 암반에 구멍을 뚫었다. 그리고 구멍에 다이너마이트를 장전하고 점화, 폭발시키면서 바위를 깼다. 마지막으로 돌덩어리를 도로코로 실어 나르는 작업을 반복해야만 했다.

갱내 온도를 낮추기 위해 횡갱을 증설하고 암모니아 냉각기로 바람을 불어넣거나 구로베 강물을 퍼서 암반을 식히는 등 대책을 취했다. '가케야'라고 부르는 인부가 뒤에서 물을 끼얹으며 작업을 했다.

"고열 때문에 호흡하기 힘들었고 체력 소모도 심해서 인부들은 교대로 작업을 진행했습니다. 갱 입구에서 쉬면서 염분 보충을 위해 우메보시(매실장아찌)를 먹다가 순서가 되면 갱내로 들어갔어요. 뜨거운 공기 때문에 속옷만 입고 있었습니다. 바위나 갱부에게 냉수를 펌프로 끼얹게 했습니다. 갱내는 뜨거운 열기와 자욱한 수증기로 아무것도 보이지 않아서 손으로 더듬어가며 작업을 할 수밖에 없었습니다."

『고향의 산천에 살다』

"작업원 네 명이 작업하는데 그중 두 명이 물을 끼얹는 인부이고 두 명은 보조원으로 함께 일했습니다. 물을 끼얹은 인부는 후방 10m 지점에서 호수로 작업원들에게 물을 끼얹었고, 물을 끼얹는 인부들에게도 또 다른 보조원들이 물을 끼얹도록 했습니다."

"보조원들은 샤워처럼 물이 흘러나오도록 만든 장치를 달았습니다. 일정 시간이 지나면 보조원과 물 끼얹는 인부는 작업원들과 교대를 합니다. 여덟 명이 한 조를 이루어 끊임없이 굴진 작업을 했습니다."

『110년의 발자취』

당시 아조하라에서 함바 감독이었던 아버지 밑에서 경리 일을 담당했던 박경호 씨는 일손이 부족하면 고열수도로 들어가서 일했다고 한다.

"물을 굉장히 많이 맞으면서 작업합니다. 물 한 방울만 맞아도 화상을 입을 정도로 뜨거웠어요. 30분 정도 일하면 교대해야 했습니다. 몸에 끼얹은 물이 뜨거워지면서 밑으로 흘렀는데 그 물에 달걀을 담가두면 10분 만에 익을 정도였습니다."

참고로 계란은 12분 정도 끓이면 완숙이 된다. 마치 열탕에 몸을 담그고 작업했다고 할 수 있다. 고온의 암반은 물을 곧바로 증발시켜 갱내는 뿌연 증기가 자욱했다. 게다가 유황 냄새까지 가득했으니 어떤 상황이었는지 상상할 수 있을 것이다. 갱내를 들여다봤지만 10m 앞도 보이지 않았다거나 유황 냄새와 열기, 수증기로 숨이 막혀서 들어갈 수 없었다는 현지 사람의 이야기도 들을 수 있었다.

그러한 상황이었기 때문에 10분에서 30분마다 작업 교대를 한 것이다. 실제 노동 시간도 자료와 증언에 따라 1시간에서 4시간의 격차가 있었지만, 다른 곳에서처럼 장시간 노동하는 것은 무리였다.

아조하라의 진료소에서 일하던 사람의 이야기에 따르면 진료소에는 조선인이 많이 찾아왔는데 그 대부분은 화상이나 부상 환자였다고 한다. 피부가 물에 불어 하얗게 변하고 벗겨졌다. 참혹한 발파사고로 인해 "아이고, 아이고" 하면서 부상자에게 매달리던 동료들의 모습을 아직도 기억한다고 했다. 다이너마이트 폭발로 사망한 노동자의 사체가 갱내에서 도로코로 실려 나오는 것을 본 사람도 있었고 사방으로 날아간 신체의 일부를 목격한 사람도 있었다.

회사 측이 부상당한 노동자들을 보러 진료소에 매일 찾아왔기 때문에 대우가 좋았다고 느낀 사람도 있었다. 물론 다른 문헌에서 보이는 것처럼 혹사당하고 버려지는 일은 없었을지도 모른다. 또한 체력의 소모를 막기 위해 물 대신에 죽을 주고 삶은 달걀과 우유도 제공되었다. 갱내에서 흘러나오는 뜨거운 물로 바구니 한가득 달걀을 삶았다는 이야기도 들었다. 당시 달걀 한 개는 약 5전, 노동자의 일당은 남성이 2엔 5전이었기 때문에, 달걀은 굉장히 귀중한 양식이었다. 그리고 몸 상태가 좋지 않다고 호소하는 사람들에게는 칼슘 주사를 놔주기도 했다. 이런 파격적인 조건 때문에 대우가 좋았다고 믿게 된 것인지도 모른다. 아조하라의 진료소를 방문하는 노동자들은 웃으면서 농담도 자주 했다고 한다.

> "굉장히 힘든 일이었을 텐데. 그동안 더 힘든 곳을 옮겨 다녔던 건지 도망치는 사람도 없이 즐겁게 일하는 것처럼 보였습니다."

인간적인 여유를 느끼게 해주는 말이다. 어쨌든 노동자들에 대한 회사 측의 배려는 있었던 것 같다. 지역 사람들은 다음과 같은 말을 했다.

> "고열수도에서의 작업은 조선인이었기에 가능했다."

그들의 뛰어난 체력을 칭찬하고 또한 그들의 수준 높은 터널 기술에 감탄하기도 했다. 하지만 그들이 뛰어났다면 그렇게 될 수밖에 없는 상황이 있었다는 것을 잊어서는 안 된다. 그들은 항상 죽음과 마주하는 상황에서 일했던 것이다.

> "목숨을 걸어야 했기에 아무리 높은 임금이라도 일본인은 터

널에서 일하려고 하지 않았다."

이런 말은 당시 일본인과 조선인의 관계를 보여주는 것이다. 고열 속에서도 공사를 완수하게 된 이유를 설명해주는 대목이기도 하다.

땀을 닦으며 쉬는 고열수도 안의 노동자(《구로베를 열다》에서)

계란, 우유, 죽 그리고 파격적인 임금이라는 좋은 조건도 결국 조선인 노동자가 없었다면 공사를 포기할 수밖에 없었던 상황에서 비롯되었다고 할 수 있다. 그리고 그들 역시 목숨을 걸고 그러한 조건을 받아들일지 말지 선택하면서 살았던 것이다.

눈사태 재해

〈구로3〉건설 공사는 가파르고 험준한 지형과 고열 지대 그리고 1년의 반 이상 대설로 인해 생각만큼 진척되지 못하는 상황이었다. 발전소를 건설하는 게야키다이라 부근과 댐이 있는 센닝다니에서는 1943년부터 1947년 사이 눈이 많이 내리는 달은 5~6m의 적설량을 기록했다.

공사를 진척시키기 위해서는 겨울철에도 작업할 필요가 있었다. 특히 고열수도로 인해 공정이 지체되어 동계 작업도 해야만 했다. 그리고 우려했던 겨울 산에서 흔히 발생하는 눈사태가 재해로 닥친 것이다.

『도야마현 경찰사』에서는 구로베 전원 개발 당시의 대형 눈사태로 인한 사고를 언급하고 있다. 1927년 1월에 일어난 오타니의 눈사태, 1938년 12월 시아이다니의 눈사태 그리고 1940년 1월의 아조하라의 눈사태 등이다. 1927년 오타니의 눈사태에서는 33명의 희생자 가운데 5명이 조선인이었다.

시아이다니의 눈사태

1937년 사토구미는 시아이다니에 임시 오두막을 설치해서 겨울철 안전을 확인하고 나서 그 이듬해 겨울에 숙소를 지었다. 숙소는 횡갱으로 연결되는 산 중턱의 암반 위에 움푹 들어가게 만들었다. 목조 4층짜리 건물이었고 이어서 산속 터널 안에 숙소가 세워졌다. 11월에 준공한 숙소로 이주한 사람들 가운데 다수가 12월 27일 새벽에 일어난 눈사태로 희생되었다.

"위험하고 자유롭지 못한 건 참아도 겨울 작업은 정말 참기 힘들었습니다."

"겨울 작업에 들어가면 합숙 함바 사무소 창고와 그 밖의 임시 건물, 컴프레서 등의 설비와 동력선 등의 안전을 기해야 한다. 무엇보다 눈사태가 없는 곳을 선택해야 하는데 이게 쉬워 보이지만 구로베처럼 평지가 거의 없는 곳에서는 상당히 어려운 일이었다."

「구로베 제3호 발전공사 여담」

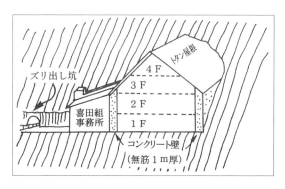

〈그림 4〉 시아이다니 숙소 상상도(「눈사태」)

위의 내용으로 보아 처음부터 눈사태의 위험은 고려하고 있었다. 그해 겨울 시아이다니에서는 동굴 생활이었고 그렇지 않은 곳에서는 방벽을 설치한다는 계획대로 숙소 1층과 2층에 콘크리트로 방호벽을 세웠다.

사고 상황과 희생자 수는 자료에 따라 다르게 나타났다. 예를 들면 『도야마현 경찰 연혁사』에는 다음과 같이 기술되어 있다.

"최초의 눈사태로 지붕이 날아가고 뒤이어 일어난 눈사태로 공사 운반용 엘리베이터가 쓰러지면서 건물의 윗부분인 3, 4층이 계곡으로 날아갔다."

엘리베이터에 대한 기록은 경찰 연혁사에서만 볼 수 있었다. 숙소의 일부가 바람에 휩쓸려 그대로 산 하나를 넘어 600m 떨어진 오쿠가네야마의 암벽에 부딪혔다는 내용이 소설 『고열수도』에도 나온다. 홋카이도대학의 시미즈 히로무 교수는 『전력 토목』에서 이 부분이 잘못되었다고 지적했다. 소설에는 이듬해 1939년 2월 하순 행방불명 된 사체가 처음 고야다이라에 표착했다고 나오지만, 『호쿠리쿠』에서 언급한 내용이나 신문 기사에 따르면 3월에 들어서 발견된 게 확실하기 때문에 이 부분도 오류라고 할 수 있을 것이다.

이처럼 소설의 기술을 그대로 인용하는 자료가 있는데 본서에서는 눈사태를 연구하는 관점에서 그 원인을 추적한 시미즈 히로무 교수의 자료 및 체험자의 증언을 중심으로 살펴보겠다.

"시아이다니에 눈사태가"

1938년 12월 27일 새벽, 게야키다이라 일본전력의 공사용 변전소에 전화가 걸려왔다. 시아이다니에서 눈사태가 났다는 전화였다.

시아이다니 숙소와 인접한 기다구미 사무소가 붕괴되었고 거기서 겨우 탈출한 두 명의 노동자가 터널 안의 지장당 자리였던 곳에서 전화로 연락한 것이다. 연락을 받고 이미 관통된 터널을 통해 게야키다이라와 아조하라의 사람들이 시아이다니로 향했다. 야근하던 사람들도 뛰어갔지만 눈사태로 정전이 되어 구조하기는 힘든 상황이었다.

눈사태는 4층 건물 숙소의 지붕을 날려 버렸고 3층과 4층도 다 날아갔다. 1층과 2층은 그 자리에서 붕괴되었고, 당일 저녁까지 숙소가 있던 자리에서 30명이 넘는 사체를 거두었다. '이불과 함석판으로 싼 시신 한 구에 7명이 붙어 새끼줄로 묶은 후 다음 날 아침(28일)에 하산하기 시작했다. 네코마타에서 하룻밤을 보내고 중간에 검시관이 검시를 했다고 한다. 그리고 29일에 우나즈키에 도착하여 30일에 합동 장례식을 치른 것이다. 함석으로 감싼 사체는 우나즈키 터널에서 관으로 옮겨졌다.

『진설·고열수도』에서

사고의 희생자 수는 자료에 따라 다르기 때문에 명확하지는 않지만, 관할 구로베 경찰서의 연혁사에는 사망자가 47명이라고 되어 있다.

《도야마일보》와 《호쿠리쿠타임스》에서 조선인 사망자는 37명, 행방불명자가 47명으로 확인되어 전체 희생자는 84명으로 보도되었다. 1938년 12월 29일자 《도야마일보》를 근거로 작성한 희생자 수는 〈표 2〉와 같다. 이에 따르면 28일 오전 6시 현재 판명된 조선인 희생자는 37명이지만 조선인 희생자에게 내려진 천왕 하사금의 수령증은 39장이었다. 도야마현 공문서 자료에서 확인한 바 실제 희생자가 많았다는 사실을 증명하고 있다.

<表 2> 시아이다니 눈사태 조난자 내역표

	생존자	사망자	행방불명자	부상자	계
일본전력사원	0	3[3]	0	1[1]	4[4]
사토구미원	0	5[5]	0	0	5[5]
기다구미방	5[5]	1[1]	1[1]	0	7[7]
기다구미 기쿠모토 함바	14[13(7)]	7[7(5)]	17[18(12)]	4[4]	42[42(24)]
기다구미 가나이 함바	18[13(8)]	13[13(13)]	18[16(7)]	2[1]	51[43(28)]
기계직공	4[6]	4[4]	10[9]	1[1]	19[20]
마쓰모토 구미	2	2	0	0	4
취사 담당	4[4]	1[1]	1[1]	1[1(1)]	7[7(1)]
합계	47(23) [41(15)]	36(16) [34(18)]	47(16) [45(19)]	9(2) [8(1)]	139(57) [128(53)]

※ 숫자는 전화로 보고된 인원수. [ ]는 28일 오전 6시 현재 판명된 인원수. ( )는 조선인의 수(사망자, 행방불명자 가운데 조선인으로 판명된 숫자가 많은 것은 조선인 노동자 수가 정확하게 파악되지 않았기 때문) 1938년 12월 29일 작성된 《도야마일보》.
※ 1938년 12월 31일 《호쿠리쿠타임스》에 따르면 부상자 중 최운해(25세)가 하산하는 도중 사망했기 때문에 사망자는 37명이다.

당시 희생자의 이름을 전화로 듣고 메모했다는 사람은 "사망자가 48명, 행방불명자가 48명이었다."고 증언하는데 정확한 숫자는 파악할 수 없었다.

그해 겨울 시아이다니에는 백 명 이상이 겨울 작업을 했고 그중 백 명 정도가 숙소에 거주했다.

『구로베 경찰서의 연혁사』에는 김종욱 씨의 아버지 김명석 씨가 운영한 가나이 함바에 44명이 있었다고 한다. 신문에는 그중 13명이 사망하고 16명(조선인 7명, 일본인 9명)이 행방불명이라고 되어 있다. 물론 김종욱 씨의 부모님과 남동생도 희생자에 포함된다.

시아이다니 눈사태 보도(《도야마일보》, 1938.12.29.)

김명석 씨를 의지해서 찾아온 친척들도 상당수 희생되었기 때문에 그 유족들은,

"너희 아버지 때문에 우리 형하고 삼촌이 죽었는데 이제 어떻게 할 거냐? 다시 살려내라! 그렇지 않으면 너도 죽여 버리겠다."

라며 눈에 핏발을 세우고 마구 몰아세웠다고 한다. 김종석 씨도 기댈 곳을 잃고 망연자실한 상태였다.

사체는 우나즈키에서 가장 가까운 제1호 터널에 옮겨두었는데 김종욱 씨는 거기서 부모님의 사체를 찾으려고 했지만 찾지 못했다고 한다. 그리고 다음 해 1939년 여름 눈 속에서 어머니의 사체를 발견했다.

'호우'라고 불리는 눈사태는 강력한 폭풍을 동반하는 것으로 알려져 있다.

> "이 눈사태로 행방불명된 사람들은 숙소의 파편이나 짐들과 함께 시아이다니에서 건너편 산등성이로 날아가 구로베강 본류에 이르는 수평거리 600m까지 흩어졌다."
>
> – 시미즈 히로무 「눈사태」

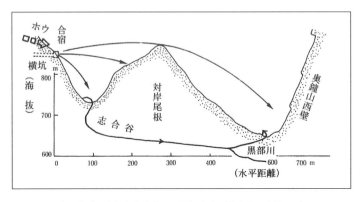

〈그림 5〉 시아이다니 숙소 비행 상상도(「진설·고열수도」)

김종욱 씨의 친척들이 많이 희생된 이유는 비교적 편한 낮 시간대에 일을 했기 때문이었다.

이 사고로 형 김삼복 씨를 잃은 김덕연 씨는 형이 사망했다는 연락만

받았고 하사금에 대해서는 들은 바가 없다고 한다. 이번 기회를 통해 새삼 형님이 얼마나 고생을 했는지 실감하게 되었다고 회상했다.

나카모토 하루코 씨는 눈사태를 겪은 사람들이 집 현관으로 운반되어 왔는데 아직 숨을 쉬고 있었고 피를 토하기도 했다고 한다. 그리고 방치되어 있던 인부의 장례 문제로 함바 감독이었던 아버지(김태경)가 회사로 담판을 지으러 가서 일을 처리했다고 말했다.

김태경 씨는 꽤 힘이 있는 함바 감독이라고 하는데 그의 일본 이름 '가네모토 마사이치'는 석탄 배급 명단에서도 확인할 수 있었다. 앞서 언급한 대로 설탕이 배급된 함바 세대주에서도 그의 이름이 나왔다. 하지만 구로베 경찰 연혁사와 신문 보도에 의하면 당시 시아이다니의 겨울 작업은 기쿠치 함바와 가나이(김명석) 함바의 인부들이 담당했다고 한다. 김태경 씨의 함바 이름은 나오지 않았는데 이에 대해서는 자세하게 확인할 수 없었다. 아무튼, 겨울 구로베에서 발굴 작업은 난항을 겪으며 계속 진행되었지만 굉장히 힘든 상황이었던 것이다.

사고 후에도 공사를 속행하다

1939년 1월 1일 《호쿠리쿠타임스》는 내무성으로부터 하사금을 전달받았다는 기사를 실었다. 도야마현의 야노 주지사는 다음과 같이 말했다.

"천황폐하의 넓으신 아량에 황공하고 감격스러운 마음 헤아릴 수 없을 따름입니다. 이번 참사는 천재지변이지만 참으로 유감천만입니다. 앞으로 이와 같은 재앙이 다시는 반복되지 않도록 만전의 노력을 다하도록 하겠습니다."

발전소 공사에 대해서는 1월 15일 《호쿠리쿠타임스》에서 다음과 같이 보도했다.

"눈사태에 대한 안전 대책으로 함바를 전부 터널 안으로 옮기고 동굴에서 지내면서 겨울 작업을 계속하고 있다."

결국 사고 후에도 공사는 계속 진행되고 있었다.

소설 『고열수도』에는 경찰이나 도야마현으로부터 작업 중지 명령이 내려져 공사가 잠시 멈췄다가 두 달 뒤 재개되었다고 하는데 이는 잘못된 것이다. 실제로는 다이너마이트 폭발 사고와 마찬가지로 곧바로 공사가 속행되었다.

하사금도 이번 공사에만 특별하게 지급된 것은 아니었다.

"천황폐하께서 신변을 절약하시어 하사금을 늘여주심. 내년도 황실의 예산"

1938년 11월 9일 《도야마일보》의 보도 내용을 보면 비상시국에서 황실의 예산 가운데 하사금이 증가하는 경향이 있었다는 사실을 알 수 있을 것이다.

하사금은 1939년 10월 31일에 현청으로 전달되었는데 일률적으로 8

엔 50전(어린아이는 5엔)이 지급되었다. 김종욱 씨가 받은 3장의 수령증에서도 살펴볼 수 있었다. 금액은 일본인과 크게 차이가 없었다. 하사금으로 불단을 구입한 일본인 유족도 있었는데 불단에 특별히 국화 문장을 넣는 것도 허가받았다고 한다.

다수의 사상자가 나온 뒤에도 발전소 공사는 곧바로 속행되었다. 그리고 행방불명된 사람들의 사체도 조금씩 발견되기 시작했다. 1939년 3월 8일 게야키다이라의 강가에서 사체(시즈오카에 사는 기계 운전수)를 건져 올렸고 15일에는 기쿠치모토 함바 인부였던 이범윤(일본 이름 다케다 센이치)의 사체가 고야다이라 댐에 표착했다는 1939년 3월 18일자 《호쿠리쿠니치니치신문》의 보도가 있었다. 29일에는 부패한 사체가 강의 본류로 흘러가는 것을 발견했다. 눈이 녹으면서 눈 속에 묻혀있던 사체들이 강을 따라 흘러나왔기 때문이다.

"물에 불어 팽창한 벌거벗은 사체가 강으로 흘러가는 모습이 2~3일에 한 구 정도 보였습니다."

라는 증언도 있었다.

"5월 3일까지 47명 중 18명(도야마현외 5명, 도야마현내 7명, 조선인이 6명)이 흘러 내려왔고 그 뒤 8월까지 25명이 발견되었다."

《호쿠리쿠타임스》, 1939. 8. 31.

사체와 건물 잔해가 광범위하게 흩어졌고 일부는 오쿠가네야마의 암벽 아래까지 날아갔다고 한다. 김종욱 씨의 어머니는 앞서 말한 대로 이듬해 눈 속에서 발견되었는데 다이너마이트를 발파해가면서 찾았다고 한다.

몇 년 뒤 인골의 일부가 바위 위에서 발견되어 의사 후지타 요지 씨가 검시하러 직접 가기도 했다. 후지타 요지 씨의 아들 마사야 씨는 당시 인골의 일부를 스케치한 수첩을 봤다고 말했다.

난항을 겪는 사체 탐색(《호쿠리쿠타임스》, 1939.8.31.)

1939년 8월 31일 《호쿠리쿠타임스》에는 행방불명된 22명의 유족 가운데 한 명인 우치야마 지역의 다나카 이시지로 씨가 네코마타 발전소 제방의 물을 빼고 사체를 찾을 수 있게 해 달라는 청원이 있었다는 기사가 나온다. 하지만 일본전력은 "전시하여서 국가 산업에 막대한 손해를 초래한다."고 했고, 도야마현도 "성전聖戰의 목적 달성을 위해서는 잠시도 산업을 멈춰서는 안 된다."고 해서 결국 수사 허가를 받지 못했다는 것이다.

다나카 이시지로 씨와 같은 지역 출신인 야마다 아리모토 씨의 남동생 야마다 곤사쿠 씨도 시아이다니의 눈사태로 사망했다. 야마다 씨는 설날이라 산에서 내려와서 목숨을 구했다. 하지만 남동생 곤사쿠는 눈사태가 있던 날 밤 하산을 준비하며 머리맡에 배낭을 두고 그대로 잠들었다고 한다.

"산속을 찾아 헤매었지만, 사체를 발견하지 못했습니다. 지금도 찾지 못한 상태입니다. 가능하다면 저도 댐의 물을 빼달라고 말하고 싶었지만, 회사에 다니고 있어서 아무 말도 하지 못했습니다."

김종욱 씨와 같은 심정의 유족들이 우나즈키에도 있었던 것이다. 김종욱 씨의 부친처럼 눈사태 이후 아직 발견되지 못한 사체는 20구 가까이 된다고 한다.

숙소의 위치는 정말 안전했는가?

『도야마현 경찰연혁사』에 따르면 눈사태로 날아간 숙소는 일본전력과 사토구미가 동절기 숙소로 사용하기 위해 만든 건물이다. 1937년 10월 시아이다니에 가건물을 짓고 그해 겨울 눈사태 실험을 해서 안전을 확인한 다음 이듬해 4월에 산 중턱의 바위를 깎아 세운 것이다. 하지만 일반적으로 눈사태가 얼마나 심각했는지에만 초점을 맞추고 있었다. 과연 그것만으로 충분하다고 할 수 있을까?

숙소의 위치가 위험하다는 것을 지적한 사람이 당시에도 있었다고 한다. 또한 1938년 12월 30일 《호쿠리쿠니치니치신문》에서는 사토구미 산하의 기다 한사쿠 씨가 다음과 같이 말했다.

"눈사태의 전례는 찾아볼 수 없었기 때문에 연구해서 건물을 지었다."

하지만 1년 정도의 관측만으로 '전례가 없다'고 단정하는 것이 과연 옳은 것인지 모르겠다. 시아이다니에서 눈사태 연구를 해온 도야마 대학의 가와다 쿠니오 교수는 말한다.

"보통 겨울 한파가 닥치면 큰 눈이 많이 내려 '호우'(눈사태)가 일어나는데 두 번에서 네 번은 발생한다."

또한 시아이다니와 아조하라(1년 뒤 눈사태)에 숙소를 세운 것에 대해서도 다음과 같이 말했다,

"당시는 지금처럼 면밀한 조사가 이뤄지는 건 불가능했을 것이다. 눈사태 연구도 없었기 때문이다. 숙소를 세우려면 그저 평평한 곳에 세워야 한다고 생각했을 뿐이다. 특히 구로베 협곡

처럼 좁은 곳에 건물을 세우는 일은 굉장히 어려운 일이었다."

"눈사태는 원래 자연 현상이고 사람들이 억지로 들어가기 때문에 사고가 발생한다."

《호쿠리쿠니치니치신문》에는 현지를 시찰한 후생성 사람의 증언이 실려 있다.

"이런 종류의 참사는 결코 불가항력적인 것이 아님."
"겨울 산의 눈사태 방지책 및 함바 숙소 건설 등에 대한 충분한 연구가 없었다는 약점이 드러난 셈이다. 시국 때문에 수리 자원 개발이 필요하다면 앞으로 이런 참사가 일어나지 않도록 과학적인 대책을 연구할 필요가 있다."

〈구로3〉 건설 자체가 게야키다이라에서 더 깊은 산 쪽으로 진출하는 발판이었기 때문이라고 말하는 사람도 있지만, 앞서 언급한 내용처럼 사고에 대해 불가항력적이라는 식으로 파악하는 것에 의문이 드는 건 사실이다.

아조하라의 눈사태

시아이다니 눈사태 사고 1주기인 1939년 12월 27일 우나즈키에서 위령제가 행해졌다는 뉴스가 《호쿠리쿠타임스》에 보도되었다. 도야마현의 노무과는 이러한 참사가 다시는 반복하지 않도록 눈사태 예방 대책을 세우고 함바를 안전지대로 이전시키라고 지시했다.

하지만 그로부터 13일째 되는 1940년 1월 9일 낮 아조하라에서 눈사태가 발생하여 야간 근무를 마치고 숙소에서 쉬고 있던 사람들은 또 다시 피해를 입었다.

구로베 경찰서 연혁사에는 다음과 같은 기록이 있다.

아조하라의 사토구미 겨울 숙소(5층 건물로 연 평수 530평, 수용 인원 500명)가 강한 돌풍과 세찬 눈보라로 무너졌고 화재가 발생하여 사망자 26명, 중경상자 32명(당시 주거자 390명)으로 23만 엔의 재해 손실 발생

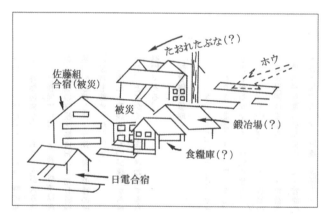

〈그림 6〉 숙소 붕괴의 원인에 대해서 – 〈구로베를 열다〉의 그림(「진설·고열수도」)

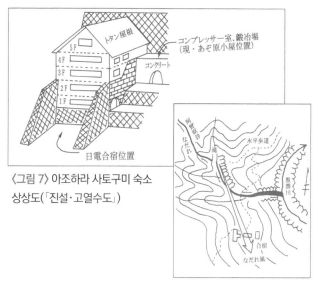

〈그림 7〉 아조하라 사토구미 숙소 상상도(「진설·고열수도」)

〈그림 8〉 아조하라 눈사태 상상도(「눈사태」)

아조하라의 임시 건물

눈사태가 발생한 사토구미 숙소는 5층짜리 목조 건축물이다. 1, 2층 일부와 측면은 돌담으로 되어 있었다(「진설·고열수도」, 그림 7).

'호우' 눈사태 폭풍으로 건물 5층이 날아갔고 아래층도 무너졌다. 건물이 5층이었는지에 대해서는 의견이 분분하다. 자료마다 달랐기 때문에 박경호 씨의 증언과 당시 신문에서 증언한 사람의 이야기를 근거로 5층 건물로 했다. 건물이 무너지면서 2층 취사장에서 불길이 치솟았고 참사로 이어졌다.

소설이나 도야마 경찰연혁사 그리고 사토공업의 연혁 등에는 참사의 원인이 호우 눈사태로 인해 커다란 나무가 날아와 숙소에 떨어졌기 때문에 건물이 파괴되었다고 나와 있다. 하지만 시미즈 교수가 다수의 증언을 토대로 쓴 논문 「진설·고열수도」에는 숙소가 파괴된 원인이 호우 눈사태로 인한 폭풍 때문이라고 밝혀졌다(그림 6, 그림 8).

- 바닥 판자를 부수고 구조하려고 했지만, 너무 단단해서 구조는 난항을 겪음.
- 조선인 17명을 포함한 26명이 행방불명되었고 조선인 21명을 포함한 35명이 중경상을 입음.

신문기사에 나온 수치이지만 박경호 씨는 40명 정도 희생되었다고 보고 있다.

구조에 나선 우에노 키구이치 씨는 다음과 같이 증언했다.

"2층이 무너졌습니다. 부엌에는 밥을 짓던 딸과 어머니가 있었는데 딸이 살려달라고 소리쳤습니다. 2층 판자를 부수려고 했지만 너무 단단해서 깨지지 않았어요. 안에서 불길이 치솟아 더 이상 구조할 수 없었습니다."

실제로 눈사태를 목격한 박경호 씨는 다음과 같이 말했다.

"밤에 주로 작업했기 때문에 낮에는 주로 잠을 잤습니다. 위에서 두 번째 층의 큰 방에 조선인과 일본인이 10명 정도 함께 있었습니다. 눈사태로 위층이 날아가 버린 거죠. 조금 안정된 다음 위쪽의 대피용으로 만들어진 토치카로 빠져나갔습니다."

이 토치카에 대해서는 확인할 수 없었다.

"아래쪽이 납작하게 찌부러졌습니다. 위층에 자고 있다가 방이 날아가 버리자 거기 있던 두세 명이 기어 나오는 게 보였습니다. 토치카에 2시간 정도 있었는데 연기가 위쪽으로 올라와서 위험한 상황이었던 거죠. 다행히도 아래쪽에서 눈 속으로 굴을 파줘서 피신할 수 있었습니다. 터널 안은 따뜻했어요. 사망자가 생긴 건 식당에서 화재가 발생했기 때문일 겁니다. 목재에 깔린 동료들을 구하려고 했지만, 나무는 꿈쩍도 하지 않았고 안에는 연기가 가득 차서 어쩔 수 없이 대피했다는 사람들도 있었어요. 대피했을 때 숙소 위에 있던 커다란 너도밤나무 몇 그루가 쓰러진 흔적이 있습니다. 나무가 날아가 버린 것 같아요. 그 후 우리는 터널 안에 머물면서 공사를 계속했습니다."

1940년 1월 12일 《호쿠리쿠타임스》에 의하면 숙소는 다음날 9시까지 불기둥이 치솟았다고 한다. 더구나 맹렬한 눈보라가 계속되어 꼼짝할수 없었고 3일째 되던 11일 드디어 날씨가 풀렸다. 그래서 발굴이 가능했던 것이다. 26명 중 25구의 사체가 불탄 자리에서 발견되었다. 사체는 검시 후 그 장소에서 바로 화장되었다.

1940년 1월 11일 《도야마일보》에는 도야마현 경찰 부장의 이야기가실렸다.

> "이번 참사로 동절기 공사가 중지되지는 않았습니다. 발전
> 소 공사는 중요한 국책 사업이기 때문입니다.", "더욱 공사에
> 박차를 가할 예정입니다."

시아이다니의 눈사태와 마찬가지로 공사는 중지되지 않고 곧바로 속행되었던 것이다.

눈사태 사고는 피할 수 있었다

다음의 사진(상)은 NHK 쇼와 회고록의 〈구로베를 열다〉에 나온 아조하라 공사장의 모습이다. 눈사태 이전의 숙소와 그 뒤편에 있던 너도밤나무한 그루가 보이지 않는 것으로 보아 신문 사진은 아마 눈사태 이후에 촬영된 것 같다. 눈사태의 강력한 기세와 괴력을 보여주는 사진이다.

숙소는 1939년 봄에 건설되었다. 아조하라에는 〈구로3〉 공사 시작전부터 조사하기 위해 건물을 지었다. 너도밤나무가 즐비했기 때문에 눈

눈사태 이후 아조하라 공사 현장(NHK 쇼와 회고록 〈구로베를 열다〉)

신문 사진에 있는 숙소와 그 뒤편에 있던 한 그루 너도밤나무를 볼 수 있다.

사태의 우려가 없는 안전한 장소라고 인식했던 모양이다.

도야마현 경찰 연혁사에도 다음과 같은 언급이 나와 있다.

"과거 수백 년 동안 한 번도 재해가 일어난 적이 없었던 지점"
"숙소의 위치는 아조하라의 수령 백 년 이상의 너도밤나무
밀림 지대로 정했다."

눈사태가 발생한 것에 대해 "백 년 동안 안전하다는 말이 무의미하다."고 했다. 이에 대해 가와다 구니오 씨는 침엽수는 쓰러지면 오랫동안 복원되지 않기 때문에 수령을 알 수 있어 눈사태가 발생하지 않는다고 한다. 하지만 너도밤나무와 같은 활엽수는 어린나무가 쓰러져도 튼튼해서 그 수령을 알 수 없다는 것이다.

그런데 1940년 1월 11일《도야마일보》에는, 9일 아침부터 눈보라가 심해져 위험한 상태였고 사토구미는 오전 9시 산에 오르는 것을 금지하고 11시경에는 피난을 권고했다고 한다.

1940년 1월 11일《호쿠리쿠타임스》는, 만일의 사태를 대비해서 일본 전력이 오후 2시경 우나즈키 출장소를 통해 대피 명령을 내렸지만 백여 명이 남아있었고 그중 절반 정도는 사고를 당했다고 보도하고 있다. 하지만 눈사태는 피난 명령을 내린 장소에서도 일어났다. 눈사태에서 구출된 야마다 로쿠로 씨는 우나즈키의 미야지마 오사오 씨로부터 횡갱 안으로 이동하라는 지령을 받았지만, 하루쯤이야 하는 마음으로 숙소에 남아있는 바람에 사고를 당했다. 1층 창고에 있던 사사키 요자에몽 씨는 피난 명령을 듣지도 못했다고 하니, 정말 철저하게 명령이 내려졌는지도 의문이다.

아조하라의 눈사태 사고 보도. 왼쪽 구석에 도야마현 경찰 부장 "겨울철 공사는 중지하지 않겠다.'라고 말하는 내용이 있다(《도야마일보》, 1940.1.11.)

1940년 1월 18일 《호쿠리쿠타임스》에는 숙소 아래쪽에 있던 일본전력의 초소에 19명의 일본전력 직원이 있었는데, 신속한 대피로 전원이 무사했다고 보도하고 있다. 내무성과 후생성에 이번 사고를 보고한 하야사카 경찰 부장의 이야기는 다음과 같다.

"이와 같은 참사는 불가항력이라고 주무성主務省에서도 인정했다. 앞으로는 피난 훈련을 시키기로 했다."

만일 대피 명령이 철저하게 이뤄졌다면 희생은 피할 수 있었다고 추정할 수 있는 부분이다.

우치야마에 남아있는 묘표

우나즈키 우치야마에 남아있는 묘표 '呂野用墓'

우나즈키에는 죠쇼지라는 절이 있다. 그 절의 히구치 주지 스님은 자신의 아버지로부터 죠쇼지에 있는 묘비에 대한 이야기를 들었다고 했다. 그는 묘비에 '여야용묘呂野用墓'라고 새겨있는 묘지를 지금까지 돌봐왔다고 한다.

묘지는 도야마 지방 철도 우치야마 역 부근의 수풀 속에 있다. 묘비 옆에는 1937년 10월 9일 사망, 뒷면에는 희미하게 '대구'라는 글자가 쓰여 있다. 히구치 주지 스님은 1937년 구로베에서 인부 일을 하던 나카이 소토지로 씨와 다나카 이시지로 씨가 구로베에서 사망한 사람의 납골 항아리를 절로 가져와서 묘지를 만들었다고 했다. 이 묘지에 약 스무 명의 유골을 거두었다는 이야기를 들었다.

함바 감독 김태경 씨의 따님 나카모토 하루코 씨가 이웃집 남자아이 사진을 보여준 적이 있는데 그 아이의 성이 여呂 씨였다. 어쩌면 이 묘비의 인물과 관계가 있을지도 모른다고 생각했다. 나카모토 씨는 가족이 있는 사람의 경우는 자신들의 고향으로 유골을 가지고 갔을 것이라고 했다. 이 묘지의 유골은 단신으로 이곳에 온 사람들의 것으로 추정된다고 말했다.

나카이 소토지로와 다나카 이시지로라는 사람이 산에서 시멘트 봉지 두 자루를 가지고 와서 그 안에 들어있는 조선인 유골을 히구치 주지 스님의 아버지에게 건네줬다고 한다. 그 후 히구치 주지 스님은 우나즈키의 쥬토쿠지라는 절의 주지 스님과 의논한 다음 당시 우나즈키의 가와우치 이장에게 부탁해서 우나즈키의 화장터에 연고 없는 사람들을 위한 묘지를 만들고 쥬토쿠지에 있던 무연고자의 유골을 거두었다. 이후 화장터는 없어졌기 때문에 무연고자의 유골은 우나즈키의 야쿠시지라는 절의 묘지 안에 만령지탑萬靈之塔을 세워 지금도 봉양하고 있다고 한다.

5. 증언 속의 조선인 노동자들

"구로베에서 학대는 없었다."라는 소리를 자주 들었다. 사실의 여부를 떠나 구로베의 가혹한 노동을 떠올리면 노동 자체가 학대였다고 말할 수 있을 것이다.

수직 갱도 공사로 돌아가신 아버지를 붙들고 "아이고! 아이고!" 하며 울부짖던 사람들의 모습을 잊을 수 없다든가, 터널 공사에서 희생된 동료의 죽음을 슬퍼하던 모습을 기억한다는 이야기를 들었을 때 그거야말로 간접적인 학대가 아닐까 생각한다. 당시 "댐 속에 그들이 파묻혀 있다."는 소문도 전국적으로 퍼져 있었다. 직접 이야기를 들으면 그럴지도 모른다는 생각이 들 것이다.

"그들은 벌레 취급을 받았다."

라는 증언을 들었을 때 조선인 노동자에 대한 차별이 구로베에도 있었다는 사실을 알게 되었다. 대부분의 사람들이 그런 차별 의식을 갖고 있었다고 확신한다. 내가 알지 못했던 충격적인 사실이 구로베에는 아직 많이 존재할 것이다.

하지만 모든 사람들이 조선인 노동자들에게 경멸의 태도를 보인 건 아니었다. 요모기사와 사쿠지로 씨는 다음과 같이 말했다.

> "저만 그런 건지 잘 모르겠는데, 저는 '야, 너'라는 말은 사용하지 않았어요. '당신들, 여러분'이라고 말하면 그들도 좋아하는 것 같았고 제 말도 잘 들어주었습니다. '알았어. 해줄게.'라고 말하며 일을 도와주었어요."

대등하게 대해 주는 게 얼마나 중요한가? 이렇게 말하는 일본 사람은 거의 없었다.

인터뷰 중 A씨의 이야기는 한 줄기 빛과 같았다. 사람과 사람의 소통은 불가능한 게 아니라는 안도감마저 주었다. 아조하라의 진료소에서 견습 간호사로 일하던 A씨는 진료소에 찾아온 사람들 대부분이 조선인이었다고 했다.

> "저는 간호사가 되고 싶어서 이 일을 한 겁니다. 어머니가 보카(짐꾼) 일을 했기 때문에 매일 만날 수 있어서 외롭지 않았어요. 그리고 밤늦게까지 진료소의 선생님으로부터 여러 가지 일을 배웠습니다. 정말 좋은 분이셨어요. 조선인 노동자들은 선생님을 가장 신뢰하고 있었어요. 선생님은 누구에게나 웃으면서 결코 화를 내지 않았거든요. 때로 그들에게 술을 주기도 하셨습니다. 그들도 선생님이 하는 말은 고분고분 잘 듣고 있었

죠. 싸움은 거의 하지 않았고요. 싸움을 하더라도 선생님의 한 마디에 바로 그만두었지요. 대부분 조선인이었기 때문에 집에 돌아가면 무섭지 않았냐고 다들 물었는데 저는 조금도 무섭지 않았습니다. 오히려 친절했어요.

처음 아조하라에 왔을 때 오는 길에 현수교가 있었는데 '아가씨, 무섭지 않아요.'하며 조선인 노동자들이 손을 내밀어 주었습니다. 진료소에 매일같이 찾아왔기 때문에 붕대 매는 것을 도와주었습니다. 진료소는 뭔가 휴게소 같은 곳이었습니다. 함바 감독님도 매일 찾아왔는데 한가해 보였어요. 그래서 '한가한 것 같네요?'하고 물으면 '중요한 일만 처리하면 되는 거야. 내가 가면 다들 일하기 어려우니까, 가지 않는 편이 낫지.'라고 했어요. 인상이 조금 무서워 보였지만 아주 다정하셨어요. 덩치가 큰 사람도 조금만 다치면 찾아와서 울었습니다. '별거 아니에요.'라고 말하면 빙긋 웃었습니다. 아무튼, 다들 좋은 분들이라서 제가 농담을 건넬 정도였어요. 한국말 농담을 따라하면 '아가씨가 어느새 배웠네.'라고 말했어요.

진료소 분위기는 정말 따뜻했어요. 조선인 노동자 대부분은 집으로 돈을 보냈습니다. 급료가 지급되면 함바집 감독이 우나즈키까지 내려가 우체국에서 송금해 주었어요. 가족들을 많이 생각하고 있었습니다. 저한테도 부모님이나 형제 그리고 아이들 이야기도 했어요. 저는 아버지가 없다고 했더니, '저런, 안됐네.'라고 말했어요. 제가 산에서 내려갈 때 우체국에 들르겠다고 하면 기뻐하면서 엽서를 썼습니다. 답장은 2, 3개월에 한

번 정도 왔고 돈을 잘 받았다는 등의 소식이 적혀 있었던 것 같아요. 다들 성격이 밝았지만 일은 상당히 고된 것 같았어요. 대부분 화상이나 부상을 입고 있었습니다. 물에 불어 피부가 하얘지고 껍질이 벗겨지는 일도 많았습니다.

터널에서 사고가 났을 때는 도로코로 토사를 버리는 넓은 대피 장소에서 응급조치를 했습니다. 노동자들은 고무로 된 겉옷을 걸치고 있어서 땀이 비 오듯 쏟아졌어요. 작은 상처에도 겁을 먹었지만 정말 열심히 일했습니다. 발파 사고 때는 정말 참혹했어요. 다들 '아이고, 아이고' 하며 부상자에게 매달려 일도 하지 않고 곁에서 떠나지 않았어요.

부상자들이 없을 때는 선생님과 둘이서 터널까지 가곤 했습니다. 우비를 입고 들어가는데 유황 냄새가 확 나서 구역질이 났습니다. 뜨거운 김이 자욱하고 너무 어둡고 뜨거워서 저는 도저히 들어갈 수 없었습니다. 아무튼, 굉장히 힘든 일이었는데도 도망치는 사람도 없었고 즐겁게 일했습니다."

구로베의 조선인 노동자들이 전부 이와 같다고 말할 수 없다. A씨의 이야기 속에 나오는 노동자들은 믿을 수 없을 정도로 밝았는데 사실 이런 사람들을 만나는 게 더 드물었을 것이다.

박경호 씨는 다음과 같이 증언한다.

"다들 그날그날 힘들게 살아가는 게 고작이에요. 무슨 생각을 하고 있는지 서로 묻지도 않았습니다. 다들 똑같은 고민을 하면서 살았기 때문에 서로 대화를 나눠도 뾰족한 방법이 없었던 거죠."

　대다수의 조선인 노동자들이 이런 상황 속에서 살았다고 해도 과언이 아닐 것이다. 하지만 그렇다고 해도 구로베로 온 조선인 노동자 중에서 얼마 안 되는 사람들이 일본인 의사와 간호사를 만나 인간적인 정을 느꼈다는 사실은 커다란 의미를 갖는다고 할 수 있다. 그리고 이런 이야기는 우리에게도 다소나마 위안이 되었다. 어떠한 상황에서도 서로 소통할 수 있다는 사실을 보여주었기 때문이다.

6. 희생자들에 대한 추도

많은 사람들의 목숨을 앗아간 전원 개발이었지만 희생자들을 완전히 무시한 것은 아니었다.

1940년 11월에 완공된 구로베 제3발전소 건설은 난공사여서 300명 이상 사망했고 그 중 눈사태와 고열수도로 난항을 겪은 제1공구와 제2공구에서 165명이 희생되었다. 사토구미는 이들 희생자의 영혼을 달래기 위해 눈사태 사고가 난 시아이다니에 목조 불상과 불당을 건립하고 11월 18일 공사 관계자와 유족 250명이 참석한 가운데 추도 법회를 열었다.

제2장에 나오는 김종욱 씨의 편지에도 1987년 8월에는 시아이다니 눈사태 희생자 50주기 법회가 열렸다고 했다. 필자가 시아이다니를 방문했을 때 지조당에는 꽃과 과자가 공양되어 있었다. 그리고 아조하라에도 '아조하라 순난殉難 기념비'가 있다.

앞서 말한 것처럼 우나즈키의 야쿠시데라 묘지의 '만령지탑'에는 무연고의 구로베 희생자들이 묻혀있다. 오봉(추석), 봄, 여름, 가을, 겨울의 피안(彼岸, 춘분이나 추분 전후 각 3일간을 합한 7일간)에는 정성껏 불공을 드린다고 한다. 탑 건설의 유래를 기록한 '구로베 개발, 온천 개발 만령지탑 기원'의 전문을 옮겨본다.

만령지탑

다이쇼 중엽까지 모모하라다이(우나즈키 온천의 옛 이름)에는 오두막이 두 채뿐으로 이곳은 사람이 한 명도 살지 않는 황무지였습니다. 눈이 녹아 흐르는 풍부한 수량과 급류에 처음 주목한 다카미네 죠키치 박사에 의하면 동양알루미늄의 전원 개발과 이를 계승한 일본전력, 관서전력의 구로베 개발 역사 그 자체가 우나즈키 온천 개발사라고 합니다.

개발 과정에서 목숨을 잃은 수많은 사람들 가운데 유골을 수습하지 못한 무연고의 사람들이 꽤 있었습니다. 다이쇼 말기 야나기가와하라 발전소 공사의 '다시다이라' 눈사태로 35명의 희생자가 발생했습니다. 그리고 1938년 12월 27일 시아이다니 눈사태로 84명이, 1940년 1월 9일 아조하라 눈사태로 26명의 희생자가 나온 것입니다. 1936년부터 1940년까지 고열수도 공사에서 조선인 노동자를 포함한 수많은 희생자가 나왔습니다.

"아이고, 아이고" 하며 울부짖는 흰옷 입은 사람들의 이국적인 장례식이 지금도 눈앞에 선합니다. 이들도 물론 이름 없는 부처가 되어 버렸습니다.

쇼와 초기의 세계적인 불황 속에서 온천 마을인 이곳으로 많은 노동자들이 돈을 벌기 위해 찾아왔습니다. 가정부, 지배인, 게이샤 등으로 일하다가 이곳에서 무연고로 세상을 떠난 분들이 많이 계셨습니다. 계명戒名도 없고 피안 때 참배하러 오는 일가친지 하나 없이 홀로 잠들어 있습니다.

우나즈키 온천 입구 구로베강 연안의 화장터 땅속에 영원히 잠들어 있을 거라 생각됩니다만, 1987년 8월 화장터가 폐지되면서 이장하기 위해 발굴했을 때는 이미 많은 유골들이 흙으로 돌아가셨습니다. 그래서 다시 41명의 무연고 유골을 야쿠시데라 묘지에 새롭게 납골하게 되었습니다.

새로운 묘지 건립에 기부해 주신 우나즈키 마을, 관서전력, 자치진흥회 여러분께 진심으로 감사의 말씀을 드립니다.

현재 활기차고 번창한 우나즈키 온천의 기원이 된 댐공사에서 희생하신 분들을 위해 앞으로도 매년 8월 7일 오봉에 접어들 무렵이면 참배를 드리고자 하는데 지역 여러분의 변함없는 공양 부탁드리는 바입니다.

1987년 7월 27일 모모야마 야쿠시데라 주지 館全鏡
찬조 회장 사토 기이치

그 밖에 〈구로4〉 건설의 희생자 171명을 위한 순난비, 온천 마을에 있는 야쿠시데라 입구의 구로베 개척 순난자 공양탑 그리고 오오하라다이에서 구로베강이 내려다보이는 평화의 동상이 있다. 그곳에는 전원 개발 중 목숨을 잃은 사람들에 대한 진혼의 마음이 담겨 있다. 그리고 이러한 기념비는 과거 속에 묻힌 사람들에게 대한 추도이면서 동시에 과거를 받아들여 완성해 나가는 우리 우나즈키 지역과 일본의 모습을 그대로 보여주고 있다.

우리가 할 수 있는 추도는 전원 개발의 그늘 속에 일본인뿐 아니라 많은 조선인들의 희생도 있었다는 사실을 이해하는 것이다. 구로베까지 찾아온 힘들었던 그들의 사정에 대해 알고자 노력하는 일 그리고 구로베의 과거와 현재를 기억하며 일본의 발자취를 제대로 인식해서 우리들의 일로 여기는 것이 중요하다고 생각한다.

7. 마치며

 "무슨 일이 있어도 강행해야 한다. 중앙에서 내려온 지령에
 따라 우리는 일했다."

 NHK의 쇼와 회고록 〈구로베를 열다〉의 미야지마 씨의 증언이다. 전
쟁의 부산물인 〈구로3〉은 어떤 상황에서도 속행되었고 결국 완공되었
다. 그 과정에서 어떤 공포를 느낀 것은 분명하다. 거기에 있는 것은 소설
가 요시다 아키라 씨가 『고열수도』에서 그려내고자 했던 방황과 괴로움
을 동반한 인간의 감동적인 광기가 아니라 방황조차 할 수 없었던 무기력
한 광기였다고 할 수 있을 것이다. 만일 〈구로3〉이 예정대로 1939년에
완공되고 1940년에 〈구로4〉가 착공되었다면 아마 더 심한 난관에 부딪
쳐도 공사는 지속되었을 것이다. 그렇다면 희생자 수는 〈구로3〉의 300
명보다 더 많았을지도 모른다. 그리고 그 희생자의 대다수는 이전과는 달
리 강제 연행되어 온 조선인 노동자가 대부분이었을 것이다. 그런 생각을
할 때마다 〈구로4〉가 전쟁 이전에 착공되지 않았다는 사실이 다행스럽
게 여겨진다.

또한, 1964년 기모토 마사지 씨의 『구로베의 태양』이라는 소설이 《매일신문사》에서 출판되었다. 〈구로4〉 댐 건설 내용을 다룬 내용으로, 〈구로4〉 건설의 전임 안전 관리자로서 〈구로3〉에 종사한 사토구미의 하야시 쇼지라는 인물이 등장한다. 실제로 고열수도 공사에 종사한 하야시는 〈구로3〉의 난공사 모습을 다음과 같이 회상한다.

> "아시다시피 성전聖戰 목적 완수를 위해서 라는 말이 맞는 거 겠죠. 전력은 전투력 증강의 기본이 됩니다. 두려워하거나 태만하거나 하는 것은 매국 행위였던 거죠. 100도가 넘는 고열 지대의 암반에서 언제 폭발할지 모르는 다이너마이트를 안고 우리는 자폭할 각오로 계속 파나갔던 겁니다."

〈구로3〉 당시 하야시林라는 인물에 대해 증언이나 자료를 통해서는 알고 있었다. 하야시는 조선인의 성으로도 쓰여서 혹시나 했지만 아무래도 일본인으로 추정된다. 기모토 씨는 픽션이라고 했는데, 실제 하야시라는 인물을 만난 것 같았다. 그가 정말로 위와 같은 말을 했다면 〈구로3〉건설에 대한 평가를 사토구미의 직원이 언급했다는 점에서 시사하는 바가 크다.

> "〈구로4〉 댐의 발판이 된 〈구로3〉 댐 공사를 완수할 수 있었던 것은 전쟁 때문이다."

이런 말은 관계자 누구나 다 하는 말이다. 하지만 그렇다고 해서 모든 것을 전쟁 탓으로 돌리며 외면할 수는 없는 노릇이다. 전쟁을 일으킨 건 일부의 사람들이었지만 국민들이 그런 상황을 받아들이고 함께 진행했다는 사실은 부인할 수 없을 것이다. 그리고 그러한 과거는 분명 현재의 우리와도 관련되어 있다. 설령 전쟁에 대해서 잘 모르더라도 우리가 일본인이라는 사실에서 벗어날 수는 없다. 우리가 사는 지금 이 순간도 과거로부터 시작되었기 때문에 전부 우리가 만들어낸 결과라고 해도 지나치지 않다.

〈구로3〉 건설 공사와 관련하여 조선인 노동자의 실태를 파악하는 것은 어려운 일이었다. 〈구로3〉 건설의 계획서 등을 볼 수 없기 때문에 증언과 신문, 당시의 논문이나 기록영화, 회사의 연혁 등에서 자료를 찾을 수밖에 없어서 완벽하다고 할 수 없을 것이다. 또한 〈구로3〉에 초점을 두었다고 해도 전문적인 지식도 없어서 부족한 점이 많을 것이다. 구로베의 역사, 구로베를 포함한 일본의 전원 개발, 일본과 조선뿐만 아니라 세계 정세까지 총체적으로 파악해야만 했다. 그래서 중요한 논점이 부각되지 않았다는 점도 실감했다.

〈구로3〉 공사가 난항을 겪었다는 내용을 중심으로 이야기했지만 결국 사실을 나열하기에 급급했다는 느낌을 지울 수 없다. 조선인 노동자들의 소리 없는 외침이 이 글을 통해 들려오기를 바라면서 글을 마무리하고 싶다.

인터뷰하는 중에 이런 이야기를 들었다.

"초등학교를 함께 다녔던 조선인 함바 감독의 아이들과 아조하라에서 만났습니다. 머리가 좋고 대담했던 아이였지요. 전쟁

때 그를 한국에서 봤다고 하는 이야기를 들었습니다. 지금 어떻게 지내고 있는 궁금하네요."

꽤 흥미로운 이야기였다. 박경호 씨의 삶도 파란만장했다. 박경호 씨와 함께 조선으로 인부를 모집하러 간 센닝다니댐의 하야시라는 인물도 전쟁 후 일단 고향으로 돌아갔지만 다시 일본으로 건너왔다고 한다. 이후 행방은 알 수 없었다. 그들은 어떻게 시대의 흐름에 휩쓸리면서 살아남을 수 있었을까?

전원 개발을 담당했던 조선인 노동자의 목소리를 들으려고 했다. 앞으로는 시점을 바꿔 한 인간으로서의 그들의 삶에 전원 개발이 의미하는 바는 무엇이었는지 알아보고 싶다.

구로베 저편의 목소리

구로베 협곡에 흐르는

조선인의 피와 땀 그리고 눈물

제2장

조선인 유족들의 반세기
- 〈구로3〉 시아이다니 눈사태

호리에 세쓰코

〈구로3〉의 유족들

　1936년부터 1940년에 걸쳐 건설된 구로베 제3발전소, 통칭 〈구로3〉 공사의 희생자 수는 212명이라고 한다. 이는 발주자인 일본전력의 뒤를 1951년부터 이어받은 관서전력이 제작한 기록영화 〈구로베를 열다〉에서 나온 숫자이다. 같은 명칭으로 제작된 NHK 쇼와 회고록 〈구로베를 열다〉에 의하면 사토구미가 담당한 상류 쪽의 센닝다니댐과 고열수도를 포함한 제1공사 구간과 제2공사 구간에서만 156명의 사상자가 나왔다고 한다. 그리고 1개월 동안 부상자는 6,000명이나 되었다. 출력 81,000kW 당시로서는 최대급 수력발전소였지만, 제1장에서 언급한 대로 전대미문의 가파르고 험준한 계곡이고 사전 조사가 제대로 이루어지지 않았던 루트인데다, 공사 강행으로 인해 희생자 수가 증가했다. 〈구로3〉은 이처럼 많은 희생 위에 완성되었다고 할 수 있다.

　〈구로3〉 건설 당시 일본인과 함께 조선인 노동자들도 그곳에서 일하고 있었다. 약 1/3이 조선인이었다고 한다. 그들은 일에 익숙하지 않았고, 더 많은 임금을 받기 위해 엄청난 위험을 감수해야 했기 때문에 희생자가 더 많았을 것으로 추정된다. 하지만 이에 대한 정확한 내용은 어느 문서에서도 찾을 수 없었다. 다만 제3장의 『도야마현의 조선인 노동자 ―

강제연행 이전사』에 나타난 것처럼 신문을 통해 사고 당시의 상황을 상당 부분을 파악할 수 있었고 공사를 발주한 일본전력과 작업을 맡은 사토구미의 기록에서도 다소나마 확인할 수 있었다.

모든 공사에 위험이 따르겠지만 〈구로3〉 공사에는 다음과 같은 세 가지 특이한 점이 있었다.

첫 번째로 절벽 중턱의 바위를 도려내어 만든 '수평보도'라고 불리는 길이다. 한 사람이 겨우 통과할 수 있는 좁은 벼랑길을 보카(짐꾼)들이 100kg 이상의 짐을 지고 올라간다. 백 미터 이상 되는 절벽을 끼고 발밑 수십 미터 아래는 계곡물이 흐르는 길을 걸어가야 했다. 거기서 떨어지면 생명을 보장받을 수 없다. 긴 케이블 선을 수십 명이 들고서 지네처럼 운반하기도 했다고 한다.

두 번째는 말로 표현할 수 없을 만큼 환경이 좋지 않았던 고열수도 안에서의 공사이다. 원래 위험을 감수하고 시작한 터널 공사이기는 했지만, 터널은 다이너마이트의 자연 발화를 유발하는 고온 지대와 맞닿아 있었다. 게다가 유황을 포함한 뜨거운 온천물이 흐르고 있어서 기온을 내리기 위해 차가운 계곡물을 대량으로 끌어올려 암반과 사람의 몸에 끼얹으면서 작업을 해야 했다. 뜨거운 물에 몸이 잠긴 상태로 작업을 할 수밖에 없었던 것이다. 조금이라도 안전하게 공사를 하기 위해 다양한 기술적인 연구나 노동 환경의 열악함을 해소하는 방안을 강구했다고는 하지만 인명 피해는 막을 수 없었다.

마지막으로 구로베는 대설로 유명한 지역이라 협곡의 이름처럼 계곡 전체가 항상 눈사태에 노출되어 있었다. 하지만 눈이 녹는 5월까지 기다리지 않고 공사는 재개되었고, 경우에 따라서는 겨울에도 공사를 진행했기 때문에 눈사태로 인한 사고가 끊이지 않았다. 특히 엄동설한 한파가 찾아오면 '호우(거품)'라고 불리는 폭풍을 동반하는 눈사태로 많은 사람들이 목숨을 잃었다. 1938년 12월 시아이다니 눈사태에서 84명의 사상자와 행방불명자가 발생했고, 약 1년 후인 1940년 1월 아조하라에서는 눈사태로 인한 화재로 26명의 사상자가 나왔다.

이처럼 많은 희생자가 나왔지만 전시 체제하의 국책 사업이었기 때문에 무슨 일이 벌어져도 댐 공사는 완성해야만 했다. 그리고 그 희생자의 대다수가 당시 식민지 조선에서 돈을 벌기 위해 온 노동자였다는 사실은 결코 되풀이돼서는 안 되는 역사적인 교훈이라고 할 수 있다. 예를 들면 그들은 평범하게 일해서는 혼자서 겨우 먹고 살 정도였기 때문에 고향에 조금이라도 더 많은 돈을 송금하기 위해서는 일본인이 할 수 없었던 혹독한 일까지 할 수밖에 없었다. 또한, 시아이다니에서 조선인 노동자의 비율이 다른 계절에 비해 겨울에 높았던 것도 거주할 곳이나 모아둔 돈이 없었기 때문이다. 그들이 식민지 출신자였다는 것을 하나의 요인으로 고려해볼 필요가 있다.

하지만 죽은 자는 말이 없는 법이다. 이국땅의 터널이나 계곡 깊은 곳에서 죽음을 맞이하는 심정을 상상이나 할 수 있을까? 돈을 벌어 가족들과 함께 사는 꿈을 이루지도 못하고 그 유골조차 고국의 가족 품으로 돌아가지 못한 그들의 허망한 삶을 과연 누가 알 수 있을까? 〈구로3〉 댐 건설로부터 50년(1992년 당시)이나 지나버린 지금, 반세기 전의 일이지만 유족들의 심정을 살펴보고자 한다.

1. 김종욱 씨의 편지

김종욱 씨의 아버지 김명석 씨는 구로베 제3발전소 건설 당시 시아이다니 눈사태로 사망했다. 김명석 씨는 현장의 함바 감독으로 공사 일에 관여하고 있었다. 김종욱 씨의 아버지와 어머니, 젖먹이였던 막내 동생까지 구로베의 오쿠야마 국유림 시아이다니 숙소에서 사고를 당했다. 당시 도야마 중학교 4학년에 재학 중이던 김종욱 씨는 친할머니와 다섯 명의 형제들과 함께 도야마시에 거주하고 있어서 무사할 수 있었다.

김종욱 씨의 편지를 처음 본 것은 1986년 8월 25일 《기타니혼신문》의 미니코미광장이라는 칼럼의 짧은 기사에서였다.

"희생자 대다수는 한국인. 시아이다니 호우 눈사태 사고의
유족들이 보낸 편지"

발췌한 부분이었지만, 이국땅에서 부모님과 한 살배기 남동생을 한순간에 잃고 여섯 형제의 장남으로서 전쟁이라는 시기를 살아온 김종욱 씨의 슬픔과 고통을 느낄 수 있었다. 예전부터 구로베 전원 개발 사업에 관

여한 조선인 노동자의 실태에 대해 알고 싶었지만 관계자를 만나지 못한 채 시간만 흐르고 있었다. 그래서 김종욱 씨한테 직접 편지를 보내기로 마음을 먹었다.

칼럼은 김종욱 씨가 눈사태 연구자인 시미즈 교수한테 보낸 편지였다. 당시 홋카이도 대학 저온연구소의 시미즈 교수는 1971년부터 1980년까지 시아이다니를 중심으로 구로베 협곡의 눈사태를 도야마 대학과 공동으로 연구하고 있었다. 구로베의 호우 눈사태에 대한 논문으로 「구로베의 호우 눈사태」, 「진설·고열수도」 등이 있다. 특히 후자는 요시무라 아키라의 소설 『고열수도』가 기록 문학으로서 높은 평가를 받고 있었음에도 시미즈 교수는 다음과 같이 지적하고 있다.

> "소설은 구로베 협곡의 정경 묘사나 사실 관련 기술에서 현장이나 현실과는 동떨어진 면이 있다. 특히, 호우 눈사태와 그 재해 상황에 대해서 전설처럼 전해지고 있는 이야기를 그대로 사용한 부분도 있어 독자들에게 눈사태에 대한 올바른 정보를 전하고 있지 않다."

시미즈 교수는 관계자의 증언 등을 바탕으로 눈사태에 대해 재고하는 취지의 논문을 발표했다. 1985년 10월 오랜만에 구로베 협곡을 방문한 시미즈 교수는 유족인 김종욱 씨가 먼저 이곳을 다녀갔다는 사실을 나중에 알게 되었다. 40년 만에 성묘하러 간 김종욱 씨와 간발의 차이로 만날 수 없었던 것이다. 연구자와 유족이라는 사실이 결코 우연만은 아닐 거라고 생각한 시미즈 교수는 김종욱 씨에게 편지를 보냈다. 시미즈 교수는 유족이라면 사고의 상황에 대해서 정확하게 알아야 한다고 생각했다. 그는 호우 눈사태 연구를 위해서 30명의 관계자로부터 사고 당시의 상황을 인터뷰하고 자연 과학적인 관점에서 설명할 수 있는 정보들을 희생자들과 공유하고자 했다. 이를 계기로 두 사람은 30통 정도의 서신을 주고받았다고 한다. 필자는 시미즈 교수에게 김종욱 씨의 주소를 물어보면서 소개해 달라고 부탁했고 쾌히 승낙을 받았다.

하지만 필자가 김종욱 씨한테 편지를 보낸 것은 그로부터 반년 뒤였다. 유족들에게 사고와 관련된 기억을 떠올리게 하는 게 마음에 걸렸다. 또 전쟁을 위한 국책 산업으로 상식을 뛰어넘는 가혹한 상황 속에서 공사를 계속했다는 건, 일어날 만한 사고였기 때문이다. 그것을 편지로 쓰는 게 마음에 걸렸다. 일제 강점기와 전쟁 책임에 대해서도 말씀드리지 못한 채, 필자가 필요한 것만 추려서 김종욱 씨에게 질문할 수도 없는 노릇이었다. 게다가 일본어로 편지를 쓰는 것도 미안했다. 한국어를 모르는 필자가 일본어로 편지를 쓴다는 사실이 불행하게 일본어를 배우게 된 사람들한테 진실에 접근하기 어렵게 만드는 것은 아닐까 생각했다. 망설이고 있는 사이에, 시미즈 교수로부터 김종욱 씨가 편지를 기다리고 있다는 연락을 받고 서둘러 한 통의 편지를 보냈다.

두 통째 편지를 쓰려던 시기에 시미즈 교수와 김종욱 씨가 주고받은 편지를 복사할 수 있었다. 덕분에 필자의 편지는 시미즈 교수가 보낸 편지의 내용을 보충하는 형태로, 구로베의 조선인 노동자들의 작업과 생활, 김종욱 씨의 도야마 생활에 대해 질문할 수 있었다. 하지만 김종욱 씨는 그로부터 5개월도 지나지 않아 지병으로 쓰러졌고, 4통의 편지를 끝으로 필자와의 연락이 끊겼다. 그리고 5개월 뒤인 1988년 3월 13일 세상을 떠나고 말았다.

그로부터 4년 후 김종욱 씨의 다섯 번째 기일 바로 전날(1992년 3월)에 그의 아들 김영남 씨를 서울 자택에서 만날 수 있었다. 김종욱 씨의 부인 문갑두 씨와도 1년 만에 재회했다. 필자는 시미즈 교수의 소개로 두 분을 만날 수 있었다. 1년 전 부인 문갑두 씨는 시미즈 교수와 아들 영남 씨와 함께 구로베에서 시부모님 묘지를 참배하고 돌아가던 중이었다. 오사카행 기차를 기다리던 도야마역에서 30분 정도 함께 시간을 보냈다. 피곤해 보여 이야기를 제대로 나눌 수 없어서 다시 재회를 약속하고 헤어졌다. 1년 뒤 서울에서 다시 만나도 이야기를 할 수 있을지 걱정이 었는데 방문해 보니 전혀 다른 사람처럼 배짱이 두둑한 어머니의 모습이었다. 일본어도 곧잘 해서 놀랐다. 질문을 해보니 문갑두 씨는 일본에서 태어났기 때문에 남편과의 대화는 줄곧 일본어였다고 한다. 제사를 마치고 식사 준비를 하는 동안 남편 김종욱 씨에 대해 이야기를 나눌 수 있었다.

"남편은 세 살 때 부모와 함께 일본으로 건너갔어요. 아버지가 함바 감독이었기 때문에 집은 도야마에 있었고 평범한 일본인들과 마찬가지의 생활하고 있었죠. 머리가 명석해서 도야마 중학교에 진학했습니다. 중학교 4학년 무렵에 시아이다니 눈사태로 부모님이 세상을 떠나자 갑자기 생활이 어려워졌어요. 아이들만 여섯 명이 함께 살았는데 학교를 졸업하고 철공소에서 일하며 가족을 부양했다고 해요. 스무 살 때 열여덟 살인 저하고 결혼했습니다. 우리는 소개疏開하고 있었기에 무사했지만 도야마 대공습으로 집이 다 불타버렸어요. 그리고 전쟁이 끝나고 반년 후 전혀 말이 통하지 않는 고국으로 돌아와 서울에서 지내게 되었지요. 생활이 겨우 안정이 되어가던 중이었는데 한국전쟁이 일어나서 목숨만 부지한 채 부산으로 피난 갔습니다. 고통 속에서 다섯 형제와 우리 아이들 여섯 명 그리고 친척의 아이들 세 명까지 전부 열다섯 명을 키웠어요. 술, 담배도 하지 않고 일만 했습니다. 남편은 열심히 연구하면서 일하는 철공 기술자였기 때문에 실질적으로 제가 집안일과 아이를 키우면서 열심히 살았습니다. 탁구 가게도 차려 가계에 보탬이 되게 하기도 했어요.

막내딸도 결혼시켜서 이제 편안히 지내나 싶었는데 남편이 세상을 떠났네요. 머리를 많이 사용해서 항상 위가 아파 고생했지요. 돌아가신 것도 위가 원인이었어요. 하지만 두 아들도 좋은 대학을 나와 일류 회사에 다니고 있고 서울에서 이렇게 좋은 곳에서(장남의 아파트) 살고 있습니다. 특히 장남은 할아버지와 같은 일을 하고 있어요. 네 명의 딸들도 다들 결혼해서 잘살고 있어요. 저도 열다섯 명의 식구를 돌보며 열심히 살다가 지금은 부산의 아파트에서 여유롭게 살고 있습니다. 혼자서 사는 것도 괜찮아요. 남편은 정말 좋은 사람이었어요."

김종욱 씨의 아버지 김명석 씨는 사토구미 기다 산하의 함바 감독으로 터널 공사에 종사하고 있었다. 장남 영남 씨가 한국 최고의 건설회사 현장 감독을 하고 있는 게 기쁘다고 했다. 4년이라는 세월이 흘러서 그런지

부인은 즐거운 추억을 말하듯이 이야기했다. 부인 문갑두 씨의 이야기를 들으면서 필자는 김종욱 씨가 오래된 친구처럼 여겨졌다. 김종욱 씨와는 한 번도 만난 적이 없었지만, 시미즈 교수를 포함한 우리 셋은 며칠 동안 이야기를 나눈 것 같은 감정을 느꼈다. 김종욱 씨는 유족으로, 시미즈 교수는 눈사태 연구자로 그리고 필자는 화자로서 말이다.

역사의 어둠 속에 파묻힌 조선인 노동자, 수많은 사고의 희생자들과 유족들의 원통함 그리고 이루지 못한 꿈을 구로베 계곡 깊숙한 곳에서 끌어올리고 싶다.

그런데 이런 일은 쉽게 해결되는 게 아니다. 한일병합으로 일본과 한국이 지배자와 피지배자였다는 인식을 가진 일본인은 많지 않다. 상반된 입장의 역사 인식은 같은 말도 다르게 받아들이는 법이다. 우리는 서로 이웃 나라의 문화, 풍속, 습관을 이해하고 존중해야만 한다. 역사를 포함해서 행간의 의미를 읽어내는 작업도 필요할 것이다. 그런 점을 생각하면서 다시 한 번 김종욱 씨의 편지를 읽어보고 싶다.

최초의 편지(1987년 7월 2일)

(전략)

제 소개를 조금 하겠습니다. 이미 시미즈 선생님의 편지를 받으셔서 저에 대해서 대략 알고 계실 거라고 생각됩니다. 저는 한국 나이로 세 살 때 부모님과 함께 일본으로 건너갔습니다. 초등학교 2학년까지는 오사카와 기후현의 공사 현장을 철새처럼 돌아다니며 생활한 것 같습니다. '한 것 같다'고 말할 건 너무도 오래전 일이라 기억이 희미해서 그렇습니다. 예전에 아버지한테 들은 이야기인데 남동생 이름 종판鐘阪은 오사카大阪의 판坂자이고, 셋째 남동생 이름 종부鐘阜는 기후岐阜현의 부阜자입니다.

No. 2

職工(工員)になつたのはおそらくまい一人ではないか
と思われます)
その理由は、私の大多数の同期生はめぐまれて上級学
校に進学しましたが、まいは子車にして両親を失い進学
は経済的に不可能になたので実社会に出なければ
ならない立場になつたからです。堀江さんがおっしゃる
ようにそれ近は当時としてはまいは在日韓国人としては
大変めぐまれたかんきようの中で育ちました。商業学校や
工芸学校ではなく中学校え行つたのは将来高等学校
を経て大学近進学する目的の為だつたからです。
その夢が無惨にも破れ就職する事になりましたが
とたんに差別待遇を受りる事になつたのは前便で書
きました。そして内心、これは並大抵の事では今后
実社会の荒波を越えるのはむつかしいと考え中学
校の学歴で事務職員になつた所で一生はしっくれ
の仕事しか出来す日の目を見る事は出来ないからう・・・・、
それでは出世するにはどうすればよいか？・・・・　よし
同期生や周囲の人がどのような目で見てもよいから
油職工になつて、そのかわり日本一の職工になつて
やるから今にみていろ、と固く心に決心をしました。
そして昼は働き、夜は家で毎晩12時頃近技術関係
(機械工学、電気工学等中学校で習わなかつた工芸学校課程)

김종욱 씨의 편지의 일부. 1987.7.8.

그리고 초등학교 3학년 때 도야마시의 호리카와 진조 고등 소학교로 전학을 가서 전쟁이 끝나고 다음 해까지 호리카와 다로마루에 살았습니다(당시는 도야마시 소토호리가와초 다로마루라고 했습니다). 호리가와 초등학교를 졸업하고 도야마 중학교(현 도야마 고등학교)에 입학했는데 도야마 중학교 4학년 때인 열일곱 살 때 구로베 시아이다니 눈사태로 아버지, 어머니 그리고 막내 동생(당시1살)을 한꺼번에 잃고 우리 여섯 형제는 하룻밤 사이에 고아가 되었습니다. 제가 장남으로 열일곱 살, 막내 여동생은 네 살이었고 남동생 두 명과 여동생 세 명 모두 여섯 형제였습니다. 저희 여섯 형제가 살아남은 것은 당시 아버지의 자식 교육 때문이었습니다. 학교 문제로 부모님과 떨어져서 도야마에 살고 있었습니다. 네 살 여동생이 어머니와 떨어져 산다는 게 상식적으로는 이해하기 어려웠을 겁니다. 하지만 사고가 있던 그해 여름방학 때 부모님이 계시던 시아이다니에 가서 어린 마음에 네 살짜리 여동생이 너무 귀여워서 도야마에 데리고 왔습니다. 여동생은 정말 운이 좋았던 거죠. 그 여동생도 지금은 쉰세 살(1992년)이 되었습니다. 정말로 꿈만 같습니다. 참 잊고 있었는데 집안일은 할머니가 해 주셨습니다. 할머니도 눈사태가 일어난 다음 해 3월에 중풍으로 돌아가셨고 열다섯 살 여동생이 부엌일을 도맡아 했습니다. 정말이지 소꿉장난과 같은 생활이었습니다.

다행하게도 집은 빌린 게 아니었고 1층 15평에 2층 10평 정도로 작았지만, 꽤 쓸 만한 목조 건물이었습니다. 그땐 건물이 거의 목조였어요. 당시 재일 한국인으로 자신의 집을 가지고 있던 사람은 드물었습니다.

> 당시 조선인에게 집을 빌려주는 사람은 매우 드물었고 그게 사회 문제가 되었다. 도야마에 대한 기록은 아니지만 오사카시 사회부 노동과의 '조선인 노동자의 근황(1933)'에 의하면 일용직 노동자가 많았고 수입은 적었기 때문에 조건이 좋지 않은 공터에 오두막을 짓고 사는 사람들이 많았다고 한다. 오사카시와 마찬가지로 도야마에서도 몇 군데 조선인 부락이 있었다. 하지만 김종욱 씨의 집은 시가지에 있었다. 넓은 듯했고 인터뷰 때에도 김명석 씨를 통해 도야마로 건너온 사람들이 이 호리카와의 집에서 휴가를 보냈다는 말을 들었다.

그 집도 전쟁이 끝난 직후 8월 1일 한밤중에 미군의 B29 약 70기(제 기억입니다)의 공습으로 불타버렸습니다.

> 도야마 대공습 8월 2일 오전 0시 15분 B29 170기(70기는 김종욱 씨의 착각)가 도야마 시가지를 2시간에 걸쳐 공습, 시가지의 98%, 피해 세대 24914건, 사상자 2275명, 중경상자 약 8000명에 이르는 피해를 입었다.
> 「도야마현의 쇼와사」

다행하게도 형제들은 모두 무사했습니다. 저희는 7월 25일경 소개疎開로 니이가타현의 니시쿠비키군 오우미라는 곳으로 피난 가 있었기 때문입니다. 공습 1주일 전이라고 기억하고 있습니다.

그리고 8월 15일 전쟁이 끝나고 다음 해 3월에 귀국했습니다. 부끄러운 얘기입니다만, 조국이 독립했다고 하기에 기뻐하면서 귀국했지만, 당시 한국어를 전혀 모르는 상태였기 때문에 외국 생활이나 마찬가지여서 고생을 많이 했습니다. 서울 생활이 조금 익숙해지기 시작했는데 생각만 해도 끔찍한 한국전쟁이 일어나서 또다시 가재도구를 다 버리고 입던 옷만 가지고 부산으로 피난을 떠났습니다. 전쟁 중이나 전쟁이 끝난 다음에도 말로 다 할 수 없을 만큼 힘들게 살면서 지금에 이르렀습니다. 그 사이에 저희 형제자매와 여섯 명(아들 둘, 딸 넷)의 아이들을 공부시키고 결혼까지 시켰습니다. 막내딸이 이번에 결혼해서 저희 노부부만 편안한 여생을 보내게 되었습니다. 그래서 이젠 조금 여유롭게 지낼 수 있을 거라고 생각했는데……이번에 셋째 사위가 작은 철공소를 시작해서 그 준비로 매일 출근하고 있습니다. 덕분에 조금 바쁜 하루하루를 보내고 있습니다. 그래서 답장이 늦어졌습니다. 정말 죄송합니다.

호리에 씨는 전쟁을 직접 경험하지 않으셔서, 전쟁이 얼마나 비참한지 잘 모르실 겁니다. 저는 시아이다니의 눈사태, 제2차 세계 대전 그리고 한국전쟁 등 세 번의 큰 사건을 겪으면서 격동의 삶을 살았습니다. 그러면서 갖은 고생을 했는데 저의 서툰 일본어로는 도저히 다 표현할 수 없습니다. 그러니 상상에 맡기겠습니다.

시아이다니 사고와 제2차 세계 대전 때문에 힘들었는데 그 책임의 일부는 일본인 혹은 일본 정부에 있다고 생각합니다. 이런 말은 결코 나쁜 의도로 하는 것은 아니니까 이해해 주셨으면 좋겠습니다. 사실을 있는 그대로 쓰고 있으니까요.

호리에 씨가 시작하시는 일이 한국인과 일본인의 전쟁 전후의 관계에 대한 연구라고 들었습니다. 우선 저 자신(한국인)의 체험을 있는 그대로 쓰는 것도 의미가 있을 테니 조금 써보겠습니다. 호리에 씨가 하시는 일은 자칫하면 감정 문제로 얽히기 쉬운 문제라 매우 힘드실 거라고 생각됩니다. 이상하게 들릴 수도 있지만 제 경우는 청소년 시기의 힘든 시절을 부모와 떨어져 일본인들 사이에서 일본인과 똑같이 교육을 받았기 때문에 일본 혹은 일본인에 대해서 특별히 나쁜 감정을 갖고 있진 않습니다. 비교적 냉정하게 중립적인 입장에서 쓸 수 있을 겁니다.

> 중립적이라고 하는 말이 의미하는 것은 무엇일까? 전후 일본에서 돌아간 조선인은 반쪽바리라고 불리며 차별을 받았다고 한다. 민족성을 의식하지 않고 일본인으로서 자아 형성을 한 김종욱 씨이기 때문에 그 복잡한 심정을 짐작할 수 있다.

과거 독립 운동을 하다가 희생당하신 분들이나 그 가족 분들과는 입장이 또 다르다고 할 수 있습니다. 하지만 제가 알고 있는 한 대다수의 한국인은 비참한 과거를 잊고 한국을 다시 재건하기 위해 노력하고 있다는 것만은 알아주시길 바랍니다. 호리에 씨가 일본인의 치부를 밝히고 과거를 반성하며 앞으로 한국인과 우호적 교류를 원한다는 취지의 편지를 읽었습니다. 정말 훌륭한 생각입니다. 저희 한국인들의 입장에서 보면 어떤 의미에서는 호리에 씨한테 감사를 드려야 한다고 생각합니다.

너무 추상적인 이야기만 쓴 것 같은데, 이제 구체적인 예를 들어보겠습니다.

저도 시아이다니 눈사태가 난 1938년의 여름방학 때 한 달간 시아이다니의 터널 공사 현장에서 도로코를 밀면서 땀 흘리며 아르바이트를 한 적이 있었습니다. 그 체험담을 조금 이야기해보겠습니다. 시아니다니는 고열수도가 아니어서 열 때문에 힘들지는 않았습니다. 한여름에도 터널 안은 시원하고 꾕장히 좋은 작업 환경이었습니다. 계곡에는 지난해 내린 눈이 녹지 않고 엄청나게 많이 남아있었습니다.

> 구로베 계곡에는 만년설이 있는 눈 계곡이 있다. 이 만년설 덕분에 연간 안정된 수량을 얻을 수 있고 수력발전에도 적합하다고 할 수 있다.

하는 일은 일본인 노동자와 마찬가지였고 식사도 일반 한국인이 먹는 것과 다르지 않았습니다. 그 당시로서는 딱히 나쁜 메뉴는 아니었습니다(오늘날하고 비교할 수는 없지만요.).

> 함바는 일본인 감독 밑에는 일본인이, 조선인 감독 밑에는 조선인 노동자들이 있었다. 식사도 각 나라의 음식을 주로 먹었다. 백재명 씨에 의하

면 밥은 언제나 먹고 싶을 때 먹고 싶은 만큼 먹을 수 있었다고 한다. 주
야 교대로 작업을 하고 있었기 때문이다. 현장이나 함바에 따라 식사 메
뉴가 다르겠지만, 부식으로 국, 생선 달걀 등도 나왔기에 나쁘진 않았다
고 한다.

아버지가 조선인의 함바 감독으로 식량 등을 조달해 주는 상인이었다는
손수영 씨에 의하면 술이나 라무네 등의 음료수, 돼지고기 곱창, 닭고기,
채소, 과일 등을 창고에 저장해 두었다고 했다.

지불은 함바 단위로 감독이 지급했고 기호품도 각각 감독이 구매했다.
그 비용을 임금에서 제하고 지불했다. 조선인 함바에는 조선인 상인이
들어와 있었다.

식사량을 엄격하게 배식하던 때였고, 일반 국민들도 배를 곯
던 시절이었지만 중노동을 견딜 수 있을 정도의 충분한 양이었
습니다. 술, 담배의 양도 공사 현장에서는 그럭저럭 충분했습
니다. 그도 그럴 것이 임의로 인원수를 늘려 등록 장부에 올려
놓고 실제 인원수보다 많은 배급을 받았기 때문입니다. 당국에
서도 공사 수행을 위해(전쟁을 위해) 알고 있으면서도 모르는 척
할 수밖에 없었던 거죠.

전쟁이 장기화되고 1938년 국가 총동원법이 제정되어 모든 것이 통제
되기 시작했다. 군수 산업 우선 정책으로 생활 물자가 부족해지고 식료
품 배급제와 의복 배급제가 시작되었다.

1939년 5월 쌀 배급 통제법이 시행되었고 1941년부터는 통장 제도도
실시했고 쌀을 배급하게 되었다. 마찬가지로 설탕, 술, 담배 등도 배급
품이었다.

임금도 일본인과 크게 다르지 않았습니다. 고향에 보내는 송금은 자유(우체국)였고, 사망하거나 다치거나 하면 수당이나 보상금도 비슷했다고 생각합니다.

임금의 차이: 구로베에서 임금은 국적에 차이를 두지 않았다고 하는 게 일반적이지만 확증은 없다. 지금까지의 조사로는 고열수도와 다른 현장의 차이는 컸고, 같은 현장에서도 굴삭, 발파, 파낸 흙을 갱 밖으로 내보내는 일 등 직종에 따라 임금의 차이가 있었기 때문에, 각각 자신의 기술이나 체력에 맞게 일을 선택할 수 있었다. 때로는 보상금의 액수가 일본인보다도 좋았다는 것은 임금이 높은 일을 하면 산정되는 보상 액수가 높았기 때문이다. 하지만 당시 조선인은 저임금이 당연하다고 생각되었기에 설령 같은 액수였어도 많이 받는다고 생각할 수도 있었을 것이다. 이건 생각해볼 문제이다.

송금: 일반적으로 일본인보다 금액이 적어 간신히 생활을 유지할 수 있었기 때문에 정기적으로 고향에 송금할 수 있었던 조선인은 많지 않았다. 하지만 우나즈키에서는 그게 가능했고, 우나즈키 우체국을 이용할 수 있었지만, 일본어를 몰라 감독이 대행하는 경우가 많았다고 한다. 손수영 씨는 아버지가 함바 감독을 하고 있을 때 자신이 공사 현장에 있는 아버지의 송금 수속을 도와줬다고 한다. 사족이지만 가족한테 보내는 편지도 한국어로 대필했다고 한다.

오락거리가 적은 산속에서 어떻게 시간을 보내는지 질문

그리고 성 문제... 구체적으로 쓰는 것은 조금 그렇습니다만 요즘 문제가 되고 있는 에이즈(AIDS)의 감염 경로의 일부를 참고하시면 될 것 같습니다. 주로 남성 동성애자가 병에 걸리는 경우가 많다고 신문에서 본 적이 있는데, 대장 쪽은 자극에 굉장히 약해서 상처가 나기 쉬웠기 때문에 그 상처로 세균이 침입하고 발병합니다. 어느 정도 이해하셨으리라 생각합니다.

손수영 씨는 아버지의 함바의 모습이나 노동자의 생활, 오락에 대해서 다음과 같이 말하고 있다.

"1942년 중학교 2학년 여름방학에 센닝다니댐 근처 하류에서 수평보도 보수 공사에 종사했을 때의 일이다. 함바집은 지면 위에 통로만 조금 남기고 나머지는 판자를 치고 거적을 깐 다음 그 위에 이불을 깔고 잤다. 입구 쪽 토방을 남겼는데 거기가 부엌이고 식당이 되었다. 노동자들은 하루종일 일하고 밤에는 피곤해서 뭔가를 할 기력도 없었다. 술을 마시고 곧바로 잠자리에 들었다. 즐길 만한 건 도박이었는데, 이것도 판이 커지면 곤란했다. 노름에서 돈을 잃어 송금할 수 없거나, 밤에 몰래 도망친다거나 싸움이 벌어지면 일하는데 구멍이 생기기 때문에 그렇게 되지 않도록 감독들이 신경을 쓰고 있었다."

그리고 월 1회 급여를 받아 돈이 수중에 들어오면 극히 일부였지만 우나즈키나 도야마의 유곽으로 원정 가는 사람들도 있었습니다. 대다수는 우나즈키 우체국에서 고향으로 송금하는 사람들이었습니다.

급여는 월 단위로 계산했다. 임금의 최소 10%가 함바 요금으로 함바 감독에게 지불하고 식비나 이불 사용 비용, 기호품 비용을 제하고 받았다. 다른 곳에서는 돈을 수중에 넣으면 조건이 좋은 곳으로 이동한다고 해서 공구 사용료, 작업복 비용 등도 제하여 결국 수중에 돈이 남지 않도록 하는 경우가 많다고 한다. 하지만 구로베에서는 황색의 골덴 작업복이 따로 지급되었다. 한텐(겨울 외투)도 지급되었고 겨울에는 가지고 있는 옷을 다 껴입고 추위를 견뎠다고 한다.

우나즈키는 전원 개발의 기지 그리고 휴양지로 만들어진 곳이다. 그래서 여관이나 유곽 시설이 있었다. 유곽이 대여섯 채 있었다고 하는데 지금까지의 조사에서는 조선인 노동자를 위한 시설이나 조선인 위안부의 존재는 파악할 수 없었다. 일본인 여성이 조선인을 상대하는 경우는 드물었다고 한다. (오사카시 사회부 노동과 「조선인 노동자의 근황(1933년)」) 조선인 노동자들이 어떻게 성적 욕구를 해소했는지는 알 수 없다. 함바 감독의 아들인 김석준 씨는 우나즈키에서는 여관이 비쌌기 때문에 감독집에서 숙박하고, 술을 사서 우나즈키 공원이나 집 2층에서 마셨다고 했다.

공사 현장이나 생활에서 차별이나 학대를 받지는 않았는지 질문

차별 대우라든지 박해에 대해서는 저 자신은 그런 체험이 많지 않았기에 조금 알아봐야 할 것 같습니다. 저의 고향인 경상북도 거창군 태양면에 가면 고령이신 친척 가운데 당시 공사 현장에서 일했던 분들이 몇 분 계십니다.

하지만 조선인한테서는 마늘 냄새가 난다든지, 매운 것을 좋아해서 힘이 세다고 모욕적인 말을 하는 걸 저도 들은 적이 있습니다. 요즘은 일본인도 마늘의 효능에 대해서 상당히 연구하고 있다고 들었는데...

그리고 제가 처음 차별 대우를 받았다고 느낀 것은 도야마 중학교를 졸업하면서 후지코시에 입사하려고 이력서를 제출했을 때였습니다. 군수 공장이라고 불합격 통지를 받았습니다. 하는 수 없이 도야마 제작소라는 종업원 200명의 작은 공장에 입사했습니다.

도야마 제작소라는 회사는 없었다. 김종욱 씨가 근무했던 곳은 '일본해선거日本海船渠 공업'으로 이곳은 마이즈루舞鶴에 있는 해군 공장(工廠: 육해군에 직접 소속되어 군수품을 제조하던 공장)의 도야마 공장이다. 당시 김종욱 씨의 상사는 "이름은 잊어버렸지만 우수한 한국인 기술자가 있었다."라고 김종욱 씨를 기억하고 있었다. 이 공장에도 강제 연행된 노동자가 있었다.

그 후지코시도 2~3년도 지나지 않아 일손 부족으로 정확한 인원은 잘 모르겠지만 한국에서 많은 사람을 강제 연행해서 노동에 종사시켰고 도야마 제작소도 군수 공장으로 전환되어 저도 현장 징용되었습니다. 여성도 상당수 있었던 것으로 기억합니다. 전쟁이 끝나갈 무렵에는 한 달에 20일 정도 철야 작업도 해야 했습니다. 지금 생각해도 잘 버틴 것 같습니다. 전쟁이 끝나기까지 5년 동안 고생했던 것, 군수 공장에서 한국인으로서 보이지 않는 감시 속에서 작업했던 것 등 자세히 쓰자면 책 한 권은 될 것입니다.

> **후지코시 강제 연행**: 1939년 '조선인 노동자 내지內地 이주에 관한 건'
> 에 의해서 강제 연행이 개시되었다. 1942년 '반도인 노동자 활용에 관
> 한 방책'에 의한 관 알선, 1944년 '국민 징용령'에 의한 징용, 이른바
> '조선인 사냥'이 행해지고 100만 명 이상이 강제 연행되었다. 1943년
> 부터 소개疎開 공장에서 노동자들을 받아들여 조선인 노동자도 이주해
> 왔고 '공장 정신대'로 강제 연행되었다. 도야마현 경찰사에 의하면 도야
> 마현의 인적 자원이 거의 없던 1944년에는 조선에서 많은 청년 정신대
> 가 들어왔는데, 11월에는 처음으로 여자 정신대 800명이 도야마현으
> 로 파견되어 이듬해 1945년 3월까지 조선의 여자 근로대는 2,800명
> 에 이르렀다고 한다. 후지코시의 회사 연혁에 의하면 조선에서 온 여자
> 정신대가 1,090명, 남자 보국대는 540명이 일하고 있었다.

점심시간에는 공장에서 일하고 밤에는 일주일에 한 번 군사
교련을 받았습니다. 이 교련은 경찰이 강제로 만든 한국인 모임
인 협화회가 주관하여 경찰관 입회하에 교육을 받았습니다. 이
때는 제가 대장이 되어 훈련하기도 했습니다. (생략)

일본 최고의 기술자로(1987년 7월 8일)

(전략)

앞서 보낸 편지에서 호리에 씨의 질문에 대해 기억이 나는 대
로 간단하게 적었습니다만, 이번에도 질문의 순서대로 쓰려고
생각하고 있습니다.

제가 사무직원이 되지 않고 사람들이 꺼리는 현장에서 기름

투성이 직공이 된 건 저 나름대로 생각이 있었기 때문입니다. 당시 중학교 졸업의 학력으로 직공이 된 사람은 아마 저 혼자였을 겁니다.

대다수의 제 동기생들은 혜택을 많이 받으며 상급 학교로 진학했는데 저는 불행하게도 부모를 잃고 경제적으로 어려워 사회에 나가야만 했습니다. 호리에 씨가 말씀하신 대로 그전까지만 해도 저는 당시 재일 한국인으로서는 굉장히 많은 혜택을 받으면서 자랐습니다.

도야마의 조선인 아동의 취학률, 진학률의 자료는 없지만 오사카의 1932년 재일 조선인 아동(7~17세)의 취학률은 47.2%이다. 그중에서 중학교 전문학교 진학자는 상당히 적었다고 할 수 있다.

덧붙여서 구 도야마 중학교도 우오즈 중학교도 극소수였다고 한다. 1940년에는 현에서 최초로 여학교에 진학한 조선인 여학생이 신문에 보도될 정도였다. 김종욱 씨와 시미즈 교수의 왕복 편지에는 다음과 같은 말이 쓰여 있었다.

"한국의 일반적인 사회의 풍습과 가정 사정으로 정규 교육을 받을 수 없었던 아버지(김명석)는 22살(제가 2살) 되던 해에 결단을 내려 자신이 받을 수 없었던 교육을 자식들에게만은 꼭 시키겠다는 일념으로 일본으로 돈을 벌러 왔습니다." 아버지는 김종욱 씨가 3살이었을 때부터 밤에 졸린 눈을 비벼가며 천자문을 외우게 했다고 한다.

상업학교와 공업학교가 아니라 중학교에 간 것은 고등학교를 거쳐서 대학교에 진학하려고 했기 때문이었죠. 그 꿈이 무참하게 깨지고 취직하게 되었는데 갑자기 대우가 달라진 거죠.

그래서 저는 그 시절 앞으로 조선인으로 사회생활을 하면 풍파를 견뎌내기 힘들 거라고 느꼈던 겁니다. 중학교 학력으로 사무직원이 되어 평생을 자질구레한 일밖에 하지 못하면서 과연 성공이나 할 수 있을까 생각했습니다. 그렇다면 출세하려면 어떻게 해야 할까? '그래, 동기나 주변 사람들이 어떻게 생각하든 상관없으니까 기술자가 돼야겠다'고 생각한 겁니다. 대신 일본 최고의 기술자가 될 테니까 두고 보라고 마음을 단단히 먹었습니다.

한국인 김종욱 씨가 일본 최고라고 하는 것은 매우 복잡한 감정일 것이다. 베를린 올림픽 마라톤 일본 대표로 우승한 손기정 선수는 "일본을 위해서 달렸다고는 생각하지 않는다. 나 자신을 위해 그리고 (일본의) 압정에 괴로워하는 동포를 위해 달렸다고 하는 것이 본심이다."라고 했다. (1992년 8월 11일 《홋카이도신문》) 당시 우승을 보도한 서울의 《동아일보》가 손 선수의 가슴의 일장기를 삭제해서 커다란 문제가 되었는데 이는 일본과 한국의 불행한 관계를 보여주는 하나의 에피소드이다.

그리고 낮에는 일하고 밤에는 집에서 매일 밤 12시까지 기계공학, 전기공업 등, 중학교에서 배우지 않았던 공업학교 과정의 기술 관련 공부를 했습니다. 기술 분야에 취직했는데 공업학교 졸업자들보다 대우가 안 좋았기 때문입니다. 그리고 약 1년 뒤 공업학교 졸업 학력 검정시험에 합격하고 그제야 제대로 된 대우를 받았습니다.

피나는 노력의 결과 4년 뒤에는 일개의 직공에서 기술 하사관을 거쳐 반장으로까지 진급했습니다. 그리고 공장 기술자에서 사원 대우를 받았습니다(첫 급여는 일당 1엔 20전이었습니다). 회사에 따라 다소 차이가 있지만, 반장이 되면 40명에서 50명 정도 담당하는데 저는 공장장 바로 밑이었습니다. 일본인 반장들과 또 피 터지게 기술 경쟁을 벌여야 했습니다. 보통 반장이 되려면 재능이 있는 사람이라도 적어도 20년 이상의 경험이 필요했습니다. 저는 제 입으로 말하는 게 조금 그렇지만 일반인보다 더 많이 노력하고 연구도 많이 했습니다. 그리고 타고난 우수한(?) 재능으로 보통 사람보다 몇 배는 기술 향상이 빨랐습니다.

그리고 현장에서 징용되어 군수품을 생산하게 되었습니다. 마침 일본의 군부에서 신형 폭뢰(잠수함 공격용)의 연구가 끝나고 신제품을 시험 제작하게 되었습니다. 일본에서 13개 회사에서 동시에 50세트씩 시제품을 발주했습니다. 13개 회사 중 11개 회사가 불합격이었고 2개 회사만 시제품에 합격해서 생산하게 되었는데, 제가 그 회사의 기술 담당 책임자였습니다.

제가 감독해서 만든 제품이 다른 회사보다 우수하다고 해서 가나자와 주재 해군 감독관으로부터 일본 최고의 폭뢰라고 칭찬을 받았습니다.

지난번 편지에도 썼습니다만 한 달에 15일 이상이나 철야 작업을 강행했습니다. 무엇보다도 한밤중에 급식으로 나오는 '조수이(죽)'를 먹는 게 큰 즐거움 중 하나였습니다(다들 배가 고팠거든요).

결국 저는 수많은 일본인 기술자들을 제치고 작업반장이 되어 일본 최고의 폭뢰를 만드는 데 성공했습니다. 그때의 제 기분을 상상해 보세요. 지극히 작은 부분이겠지만, 일본인을 지배하는 지위와 권력을 가진 것 같았습니다. 그러면서 일부 일본인들의 중상모략 속에서 혼자 고군분투하며 싸웠습니다. 공식적으로는 군수품 생산 책임자로 활약했다고 생각했는데 나중에 우연한 기회에 알게 되었습니다. 저도 눈에 보이지 않는 감시 속에서 작업한 거라고 하더군요.

> 구체적으로 어떻게 감시받았는지 알 수 없다. 일본은 조선을 힘으로 지배하고 있었다. 그래서 조선인 병역이라고 해도 적으로 향했던 총이 언제 일본 쪽으로 향해질지 알 수 없다는 불안감이 있었을 것이다. 그래서 작업의 마지막 국면까지는 시키지 않았다. 또한 철저하게 황민화 교육도 실시했다고 한다.

그리고 한국인이 만든 무기라고 해서 '혹시' 하는 우려가 있었겠죠. 마에즈루에 있는 해군 군수품 제조 공장 해군 감독관이 직접 제품을 재검사했다고 합니다. 무기로서 해군에 납품하려면 해군 감독관과 마에즈루 해군 공창 등 두 곳의 각인이 필요했습니다. 그 결과 1,000세트 중 2세트가 불합격품 판정을 받았습니다. 당시 군수품 생산에서 100개에 2개(2%)의 불량품이면 꽤 좋은 성적이었습니다. 그런데 저는 1,000세트 중에 2세트(0.2%)라는 우수한 성적이었습니다. 피나는 노력의 결과로 목적은 이뤘습니다만, 그동안의 고생은 말로 다 표현할 수 없을 정도입니다.

이야기가 너무 딱딱해졌는데 당시 노동력 부족으로 여성 노동자도 상당수(1/3) 있었습니다. 젊은 일본인은 대부분 빨간 종이를 받고 소집되어 전쟁터로 끌려갔고 저처럼 젊은 남성이 적었기 때문에 에피소드도 있었지만 구체적으로 적는 건 생략하겠습니다. 상상에 맡기겠습니다. 지난번 일본에 갔을 때 당시 같이 고생한 몇 명의 부하와 동료들을 오랜만에 만나서 웃으면서 예전 이야기를 나눴습니다. 정말 그리운 시절이었죠.

그때 배운 기술 덕분에 전쟁이 끝나고 귀국해서도 낯선 외국 같은 고국에서 열심히 노력했고 그에 상응하는 대우를 받을 수 있었습니다. 복수심 때문에 배운 기술이 생활의 기반이 되리라고는 생각도 못했습니다.

어떤 의미에서는 일본에서 배운 기술이니까 감사해야 하는 건가요? 저는 그런 판단을 정확하게 할 수 없습니다. 호리에 씨는 어떻게 생각하십니까? 그리고 지금 66세의 고령임에도 불구하고 사위의 공장에서 인생의 마지막 기술 지도를 하고 있습니다.

조선인이기 때문에 차별과 감시를 받았지만, 그저 잠자코 견딜 수밖에 없었다는 것이다. 김종욱 씨는 그 분노를 일본 최고의 기술자가 되고자 하는 노력으로 분출했다. 그의 복잡한 심경을 알 수 있었다.

함바 감독 수입에 대한 질문

아버지가 함바 감독을 하고 있었기에 수입은 보통 인부(노가다)보다는 괜찮은 편이었습니다. 인부 급료의 10%가 별도의 수입이 되었던 것 같습니다. 또한, 인부들에게 유료로 식사를 제공했어요. 식당을 운영하는 셈이어서 일정한 수입이 있었습니다. 이불은 무료로 제공하고 술이나 담배는 원가 그대로 공급했습니다. 저희 아버지의 경제력은 저희 형제들을 대학까지 진학시킬 수 있을 정도였다고 생각합니다.

> 시아이다니 터널 공사의 일당이 2엔 50전이라고 한다면(백재명 씨한테 들은 이야기, 도야마현 직업과 조사에서도 사토구미의 일당은 같은 금액), 25일 일하고 62엔 50전, 1인당 함바 요금이 10%인 6엔으로 약 50명(1938년 12월 29일 《도야마일보》에서는 사토구미 산하 기다구미의 가나이 함바 인원은 모두 51명)으로 300엔이 함바 요금으로 감독의 수입이 된다. 〈구로3〉의 겨울 공사 현장에서는 사토구미가 식비를 댔지만 보통은 식비를 받거나 도구나 이불 등도 빌려주며 수익을 올렸다.

그리고 보상금에 대해서는 『고열수도』를 읽어보면 한 사람당 1,000엔 정도 지급되었다고 하는데 저희는 보상금을 받은 기억이 없습니다.

> 유족에 대한 보상금에 대해서는 『고열수도』에 1,030엔 지불되었다고 나온다. 여기서 말하는 보상금은 노동자 재해 부조법의 적용으로 나라에서 받는 부조금(지금으로 말하면 노동 재해 보험금)과 사토구미에서

나오는 위로금을 합한 것이다. 토목 건설 공사에서 일하는 사람의 부조금 산정기준이 되는 표준 임금은 일당 1엔(여성은 60전)으로 사망한 경우는 400일분이 지급되고 이 400엔에 장례비용 30엔을 더한 430엔이 부조금이다.

1년 뒤 아조하라 눈사태는 신문 보도에 의하면 보상금이 일률적으로 1,000엔이 지급되도록 각 구미가 위로금을 조정했다고 하는데 시아이다니 사고의 보상금액에 대해서는 사토구미의 자료도 적어 확실하지 않다. 그러나 비슷한 대우를 받았을 것이다. 이때도 사토구미로부터 위로금 600엔을 더해 1,030엔 정도라고 추정할 수 있다. 당시의 제도에서는 주계약자가 보험금을 걸고 주계약자에게 지불하는 방식으로 사토구미가 유족에게 전했을 거라고 생각한다.

김종욱 씨의 부모와 동생은 노동자가 아니었기 때문에 이 법률에 적용되지 않는다. 그 때문에 1939년 1월 26일 《호쿠리쿠타임스》는 "일본전력과 사토구미가 희생자들에게 온정을 베풀다. 반도인에게 부조금 부여"라는 제목으로 노동자와 마찬가지로 일본전력과 사토공업의 기사, 함바 감독에게는 1인당 430엔이 특별 지급되었다고 보도했는데 수령자인 김종욱 씨는 나이가 어려서 이 돈을 받지 못했다.

그 밖에는 다음 해 10월 31일 천황(황후)으로부터 일률적으로 8엔 50전(김종욱 씨의 동생 영욱 씨에게는 5엔)의 하사금, 같은 날 일률적으로 2엔 84전의 의연금을 받았는데 이것은 김종욱 씨 본인이 쓴 수령증이 도야마현 공문서관에 남아 있다.

친척분들이 생존해 있어서였는지 아니면 제가 미성년자여서, 아니면 관심이 없어서 그랬는지 잘 모르겠습니다. 어쩌면 그분들이 횡령했을지도 모르고요. 1,000엔이라는 큰돈을 받았으면 기억하지 못할 리가 없습니다.

김종욱 씨와 시미즈 교수의 왕복 편지에 의하면 경상남도에서 많은 지인 (약 30명)이 온 듯하다. 필자가 직접 듣고 조사한 바에 의하면 친척이나 지인들은 낮 시간에 일할 수 있도록 편의를 봐줬기 때문에 야간에 일어난 사고로 가까운 친척 대다수가 희생되었다고 한다.

단지 제가 기억하고 있는 것은 당시 아버지가 간이보험에 가입하고 있어서 당시로서는 꽤 큰 돈인 300엔을 받은 것입니다. 그리고 도야마 중학교와 호리에 초등학교에서 받은 의원금으로 힘든 생활을 보냈습니다. 동생은 신문이나 우유 배달을 하고 여동생은 꽃을 팔았습니다. 꽃을 판다는 게 좋게 들릴지도 모르겠지만 실은 동정을 호소하는 것이었습니다. 작은 여자아이가 "오하나, 오하나"하면서 아침 일찍 꽃을 팔면서 걸어 다녔습니다(열두세 살 전후).

졸업까지 1년을 채우지 못하고 중퇴할 생각이었는데 주위 사람들의 도움과 수업료(5엔)를 면제받아 중학교를 졸업할 수 있었다고 시미즈 교수에게 보낸 편지에 쓰여 있었다.

그래서 졸업과 동시에 저는 취직을 하고 여동생은 집안일을 했습니다. 남동생은 신문 배달을 하고 그 아래 여동생은 꽃을 팔았습니다. 막내 남동생과 여동생은 너무 어려서 집에 있었습니다. 정말 고단한 생활의 연속이었습니다. 제가 반장으로 진급해서 급여가 올라가기까지 힘들게 살았습니다.

제 노력과 기술을 인정한 회사에서는 특별대우를 해주었습니다. 당시(종전 이전)는 20년에서 30년 경력의 숙련공 급여가 월 90엔이었는데 저는 월급 100엔에 사장의 특별 배려로 50엔의 특별 수당을 매달 더 받았습니다. 정말 파격적인 대우였습니다.

부모님과 함께 죽은 막내 남동생에 대해서는 부끄럽지만 아무런 기억도 남아있지 않습니다. 당시 신문에는 제가 죽었다는 기사가 나왔습니다.

> 1939년 1월 26일 《호쿠리쿠마이니치신문》에 의하면 김명석 씨의 아이 김영욱(1살)이라고 되어 있다

호적 등본을 찾아봐도 동생의 이름이 없는 것을 보면 아마 출생 신고도 하지 않았던 것 같습니다.

> 1922년 일본의 호적 제도를 본받아 만든 '조선 호적령'에 의해 '내지(일본)'의 조선인이 일본 호적으로 옮기는 것을 금지하고 조선 호적으로 편입하는 것으로 되어 있다. 거주지를 옮긴 경우 새로 이주한 곳에 신고하는 '기류寄留 제도'를 취하고 있었다. 그 때문에 본적지에 출생 신고를 할 필요가 있었는데 구로베 산속에 있었기 때문에 아직 출생 신고를 하지 않았을 것이다.
> 내지의 조선인의 인구 파악에도 '기류 장부'가 사용되었다. 징병제 실시에 따라 기류 장부를 정비할 필요가 있었기 때문에 1942년 10월 15일부터 일제히 기류 조사를 시행했다. 하지만 토목 노동에 종사하는 사람이 많고 이동할 가능성이 높아 조사를 철저하게 하는 데에는 어려움이 있었다.

한국에서는 여성이 결혼해도 성이 바뀌지 않습니다. 그래서 제 아버지는 김명석, 어머니는 박경술입니다.

김명석 일본명 가나이 도쿠타로金井德太郎

함바 감독의 부인이 하는 일에 대한 질문

함바에서 식사 준비는 어머니가 담당했습니다. 너무 많은 양이었기에[한 끼에 쌀 1두 이상, 1승(18리터)], 여자 혼자 감당하기가 쉽지는 않았을 겁니다. 아침 4시 전에 일어나지 않으면 조식 시간에 맞출 수 없었습니다. 사고 시간이 오전 3시 20분경이라는데, 불과 30분 차이로 두 분이 돌아가셨습니다. 하지만 부부가 함께 천국에 갔다고 생각하면 어쩌면 행복한 부부가 아니었나 생각합니다.

부인은 일상적인 생활을 관리하기 때문에, 함바 감독을 하려면 부인이 필요했다. 아버지가 함바 감독이었기에 고향으로 돌아가서 결혼했다는 손수영 씨의 예도 마찬가지였다. 아이들이 어릴 때는 함바에서 키우고 취학 연령이 되면 마을에서 집을 구해 부인이 함바와 집을 왕복하는 것이다.

한 가지 더 신기한 일일 수도 있는데 당시 아버지는 37살, 어머니는 39살로 젊은 나이였는데, 우리 형제는 죽은 막내 남동생을 포함해서 12명이나 되었습니다. 그것도 남자와 여자가 서로 교대로 12명 태어났고 사고로 세상을 떠난 동생들도 남자와 여자 각각 3명씩 모두 6명, 살아남은 아이도 6명입니다. 지금 남아있는 둘째 여동생이 57세, 남동생이 56세로 연년생입니다. 함바에서 일하면서 아이도 낳고 식사 준비도 하고 눈이 돌아갈 정도로 바빴을 겁니다.

김명석 씨의 함바는 가나이 방이라고 불리었고 1938년 12월 29일 《도야마일보》에 의하면 총 51명이 그곳에 있었다고 한다. 보통 함바의 한구석을 가족용으로 구분해서 생활했다. 함바가 생산과 생활의 공간이었을 뿐 아니라 아이까지 키우는 곳이라는 게 당시에는 당연한 일이었지만 모르는 사람들은 놀랄 것이다. 일본과 조선의 속옷이 바람에 펄럭이고 있었을지도 모른다. 또한, 계곡에 기저귀가 널려 있는 흥미로운 광경이 그려진다. 산속에서는 무엇보다도 아이가 병에 걸리는 것이 가장 무서운 일이라고 한다.

김치는 일반 가정에서 하는 것과는 차원이 달라서 무를 4두(72리터) 통으로 몇 통이나 담갔던 것 같습니다(대량 생산). 일반 가정에서 담그는 김치는 원가가 좀 비쌉니다. 한국에서도 아이를 업는 습관이 있습니다. 하지만 등에 업는 방식이 일본과 조금 다릅니다. 커다란 천에 가는 끈을 달아(포대기라고 한다) 그 천으로 아이의 겨드랑이 밑에서 엄마의 겨드랑이 밑까지 싸고 아이의 다리는 엄마의 양 허리 쪽까지 벌려서 끈으로 고정합니다(안짱다리의 아이가 많았어요). 지금은 이렇게 묶지 않는다고 합니다. 시중에서 더 좋은 제품을 팔고 있어서 그걸 사용합니다.

구로베 협곡의 시아이다니 깊은 곳을 아버지의 무덤으로 여기는 것은 아버지의 유골이 아직 발견되지 않았기 때문입니다. 지난 과거를 언제까지고 슬퍼하고 있기보다는 대자연 시아이다니가 무덤이라고 생각하는 편이 조금이나마 제 마음에 위로가 되고 동시에 아버지의 영혼도 달래줄 수 있다고 생각했기 때문입니다. 그런 생각으로 사고 발생 후 48년 만에 성묘를 한 것입니다.

그리고 제 이야기를 포함해서 조선의 식민지 지배, 전쟁의 확산, 댐 공사의 필요성 등을 책으로 엮어서 후세에 남기고 싶다고 하셨는데, 굉장히 어려운 일이지만 훌륭한 생각입니다. 이러한 일에 제 허락이 필요하지는 않을 것 같아요. 호리에 씨의 생각대로 하시면 되지 않을까요? 단, 훗날 책이 완성되면 꼭 저한테도 한 권 보내주시면 감사하겠습니다. 앞으로도 뭔가 참고하고 싶은 게 있으시면 알려주세요. 제가 할 수 있는 일이라면 뭐든지 협조해 드리겠습니다.

도항 제도와 '고후(갱부)' (1987년 8월 31일)

이번에 관서전력 사보 『호쿠리쿠』의 일부하고 도야마를 소개하는 팸플릿을 보내주셔 정말 감사합니다. (중략) 팸플릿 『도야마』는 예전의 기억이 떠올라서 몇 번이나 읽었습니다. 전쟁이 끝나기 전까지 15년 이상을 도야마에서 살았으니까요. (중략)

> 『호쿠리쿠』는 관서전력 호쿠리쿠 지사의 사보. 제328호에 전 관서전력
> 사원인 스기키 키요 씨가 '김종훈 씨의 편지'를 기고했다. 스기키 씨는
> 김종훈 씨로부터 받은 답장을 시미즈 교수로부터 받아 기고했다. 필자
> 가 신문에서 본 기사는 이 문장에서 발췌한 것이다.
> 도야마현이나 도야마시가 관광 선전용으로 만들고 있는 팸플릿 등을 보
> 냈는데 그중 하나가 『도야마』였다.

시아이다니와 아조하라의 숙소에서 눈사태를 예상해본 적은 없었냐는 질문

그 질문에 대해서 답해드리겠습니다. 저는 아조하라에는 간 적이 없어서 잘 모르겠습니다. 시아이다니에서 눈사태가 일어난 해(1938년) 제가 여름방학 한 달 동안 아르바이트했다는 것은 이미 알고 계실 겁니다. 4층 건물은 그해 말에 완성되었기 때문에 저는 잘 모르겠습니다. 단지 저의 아버지와 어머니 방은 전망이 가장 좋은 4층 계곡 쪽 방으로 정했다는 이야기를 친척한테 들은 적은 있습니다.

〈구로3〉의 건설 노동자가 강제 연행, 강제 노동은 아니었는지 질문

또한 시아니다니 공사 현장(〈구로3〉 전체의 공사 현장)에서 일하고 있던 노동자(조선인)는 강제 징용이라든지 강제 노동은 아니었습니다. 돈을 벌려고 일본에 갔기 때문에 지금의 여권에 해당

하는 도항증명서를 받는 게 상당히 힘이 들었던 모양입니다. 도항증명서는 일본에서 공사 현장 관할 경찰서장이 발행합니다. 경찰서장의 확실한 신분 보증인이 필요했기 때문에 받기가 상당히 어려웠습니다. 저의 아버지는 함바 감독을 하고 있어서 어느 정도 신용이 있었던 거죠. 아버지의 신분 보증으로 도항증명서가 발행되었습니다. 친척들이 많았던 것도 그 때문입니다. 도항증명서를 가지고 일본으로 들어간 사람은 일본 국내에서 자유롭게 직업을 선택할 수 있었습니다. 하지만 말이 통하지 않았기 때문에 아버지의 보증으로 일본에 온 사람들은 대부분 아버지의 함바에서 일했습니다.

그런데 일본에서 한국으로 가서 노동자를 모집한 경우는 그렇지 않았습니다. 도항증명서를 받을 수 없는 희망자가 모집인한테 속아 일본에 와서 이른바 감방 같은 곳에 들어가 완전히 자유를 잃고 급여도 제대로 받지 못하면서 노예 같은 생활을 강요당했다고 합니다. 특히 탄광 등에서 심했습니다. 감옥에서 탈출하는 데 실패하여 희생당한 사람들도 상당수 있었던 것 같습니다. 탈출에 실패하고 고문을 당해 불구가 된 사람들이 고향으로 돌아갔다는 이야기를 친척분들한테 들은 적이 있습니다.

도항증명서: 일본 측은 일본 노동 시장의 필요성에 따라 조선인에 대해 도항 관리와 인원 조정을 하고 있었다. 저임금을 유지하면서 노동력 부족을 보충하고 양질의 노동력을 선택해서 고용을 가능하게 하기 위한 도항 제도였다. 엄격한 도항 제한 때문에 도항할 수 없었던 사람들은 여러

    당시 〈구로3〉 공사에서는 높은 임금을 받기 위해 자유 의지로 노동에 종사했다는 시미즈 선생님의 말씀은 맞습니다. 제가 들은 바로는 〈구로3〉 공사에서는 강제 노동이 아니었습니다. 공사 초기, 일본전력의 수평보도를 통해 공사용 자재를 운반하는 일은 중량에 따라 가격이 달랐습니다. 그래서 체력이 좋은 사람과 그렇지 못한 사람의 수입은 두 배 정도 차이가 났습니다. 50km 정도밖에 운반할 수 없는 사람도 있는가 하면 100km 이상을 운반하는 사람도 있었기 때문입니다. 제가 직접 본 것은 아니지만 아버지의 함바에서 힘이 센 인부들이 자랑하는 이야기를 몇 번이나 들은 적이 있습니다. 너무 무리하다가 추락사한 사람도 상당수 있었다고 합니다.

함바에서의 일본인과 조선인의 관계는 어땠는지 질문

일본인과 한국인의 관계에 대해서 말씀드리자면, 도이데 씨는 나이가 어려서(나이는 저와 같습니다), 귀여움을 받았을지도 모르겠지만, "다루기 어려웠다?"고 하는 편이 맞을 겁니다. 저도 기억하고 있습니다. 뭔지 모르겠지만 눈에 보이지 않는 원망(한)이라든지 증오심이 있었던 것 같습니다. 예를 들면 일본인을 보고 '왜놈'이라고 했습니다. 일본인과 중국인을 '짱고로', 미국인을 '양키', 또는 한국인을 '조센징'이라고 말하는 것과 마찬가지입니다. 조선 사람을 조센징이라고 하는 것은 당연한 일이지만, 당시 '조센징'이라는 말은 모욕과 경멸이 담긴 표현이었습니다. 기분 나쁘게 생각하지 마십시오. 단지 과거의 사실을 있는 그대로 솔직하게 쓰고 있을 뿐 결코 나쁜 의도는 없습니다. (중략)

한국어로 인터뷰해야 했는데 일본어로 하게 된 걸 김종욱 씨한테 사과했다. 그리고 이름은 어떻게 발음하면 되는지 질문

제 이름 '종욱'은 일본인이 정확하게 발음하기 어렵습니다. 조금 설명하자면 한글로는 '김종욱'이라고 쓰는데, 김은 '기무'이라고 해도 되지만 '종'은 '종구'가 아니라 '종'이라고 발음하고 '구'는 입속에서만 말합니다. 어려우면 '종'만 발음하면 됩니다. (중략)

「(공부)工夫」에는 「고후(공사장 인부)」와 「구후(새로운 방법)」의 두 가지 의미가 있다는 것을 깨닫고 김종욱 씨가 「고후」라고 읽었는지 확인한 질문

'고후'라고 읽었는지 확인하시는 질문인데, 저는 '고후'라고 읽었기 때문에 '구후'와 혼동하지 않았습니다. 굳이 말하자면 시아이다니의 경우 갱부라고 하는 편이 더 적절하다고 생각합니다. 광부는 탄광의 노동자를 말하지 않나요? '구후'도 철도 인부 등이라고 사용한 기억이 납니다. 저는 당시, 공부, 갱부, 광부 등 노동자를 다 포함해서 '도카타'라고 말했던 것 기억이 납니다. 한국인은 '도카타'를 '노가다'라고 발음하고 있습니다. '도카다'라고 발음할 수 있는데도 왜 굳이 '노가다'라고 말하는 건지 저도 잘 모르겠습니다. 지금도 한국에서는 '노가다'라고 말합니다. (후략)

한 번 더 성묘하러(1987년 10월 21일)

(전략) 예전 도야마의 도미중학교 동급생인 야마모토 다카시 부부가 부산을 방문했습니다. 호텔에서 약 3시간 정도 재회의 기쁨 속에서 옛이야기를 나누고 아쉬운 이별을 했습니다. 정말 동급생은 소중한 존재입니다. 졸업하고 50년이나 지났는데도 국경을 초월해서 예전 모습 그대로였습니다. 정말 기뻤습니다. 야마모토 군은 호세이 대학교를 졸업하고 관서전력 본사에서 근무하다가 정년퇴직했다고 합니다. 1938년 시아이다니 눈사

태나 저에 대해서도 기억하고 있었습니다.

그래서 이번에 부산에 올 때 관서전력 호쿠리쿠 지사에서 발행한 『호쿠리쿠』 제340호를 가지고 왔습니다. 그 두 번째 페이지에 '시아이다니 눈사태 순난殉難 50주기'라는 제목으로 올해 8월 12일에 50주기 법회가 있었다는 기사를 봤습니다. 그때를 생각하니 감개무량하다고 할까 아무튼 이상한 감정에 휩싸였습니다. 그리고 관서전력 여러분께 유족의 한 사람으로서 감사의 말씀을 드리고 싶습니다. 매년 8월에 시아이다니 현지에서 공양을 한다는 말을 들었습니다. 50주기 행사를 성대하게 치렀다는 소식에 저를 비롯한 유족들은 감사의 말씀을 드리지 않을 수 없습니다. 하지만 동시에 여러 사정으로 법회에 참석할 수 없었던 게 매우 유감입니다.

눈사태 순난 50주기에 대해서는 1987년 '현지에서 고요하게'라는 표제로 지장당 앞과 시아이다니 숙소 자리에서 유족 등 관계자 20명이 참배했다는 내용이 적혀 있었다.

언젠가 기회가 되면 다시 방문해서 시아이다니 현장에 가보고 싶습니다. 그리고 시미즈 선생님과 호리에 씨, 그 밖의 동창들도 꼭 만나보고 싶습니다. 제가 죽기 전에 장남도 데리고 가서 할아버지의 마지막 장소인 시아이다니 사고 현장을 자세히 보여주고 대대로 전하고 싶습니다. 수속 절차나 여러 사정이 여의치 않아 안타까울 따름입니다. (후략)

김종욱 씨의 두 번째 일본 방문은 이루어지지 못했다. 김종욱 씨는 돌아 가셨지만 1991년 5월 아들인 김영남 씨가 어머니 문감두 씨와 함께 도 야마에 찾아왔다. 그리고 시미즈 교수, 사고 생존자인 도이데 기쿠조 씨 와 함께 시아이다니를 방문했다. 이런 모습은 1991년 6월 도야마TV '물의 나라 이야기'에 자세히 나온다.

아들과 다시 참배하러 와서 할아버지의 마지막 장소를 보여주고 싶다는 편지가 김종욱 씨의 마지막 편지였다. 그 후 필자가 두 통의 편지를 보냈지만 답장이 없었다. 홋카이도의 시미즈 교수로부터도 전화가 와서 어떻게 된 사정인지 걱정하던 참에 남동생 김종부 씨로부터 일본어 편지가 왔다.

김종부 씨의 편지(1987년 12월 25일)

제 소개를 하겠습니다. 1932년 10월 29일 기후현 요시키군 사카가미무라 오오아자 105에서 태어난 김종부라고 합니다. 김종욱의 동생입니다. 갑자기 편지를 쓰게 된 건 형님이 11월 7일 입원하셨다가 12월 3일에 퇴원해서 지금은 집에 계시지만 몸 상태가 좋지 않아서 글도 쓸 수 없기 때문입니다. 형님의 부탁을 받고 제가 대신해서 편지를 쓰고 있습니다. 12월 14일에 호리에 씨가 보내주신 편지는 잘 받았습니다.

김종부 씨는 부모를 잃었을 때의 기억은 없고 이야기를 듣고 알게 되었다고 한다. 김종욱 씨와 마찬가지로 철공 관련 일을 하고 있으며 일본에는 몇 번 간 적이 있다고 쓰여 있었다. 이 편지를 받고 얼마 지나 다시 편지를 보냈는데 답장은 없었다.

1991년 9월경 재차 김종부 씨한테 편지를 보냈다. 당시 도야마에서 형제 여섯 명이 같이 지낸 이야기와 일본에 대한 인상과 추억, 그리고 현재의 심경을 듣고 싶다는 내용이었다. 더불어 김종욱 씨의 편지에 적혀 있던 고향 생존자들 중 〈구로3〉 공사 관계자를 소개해 달라는 부탁도 했다. 구로베댐이 완성되고 50년 이상이 지났으니 당시 20세였던 사람은 75세가 되었다. 일본의 조선 지배와 침략 전쟁의 한 단면을 기억하고 있는 증인으로부터 지금이 아니면 이야기를 들을 수 없다고 생각했다. 하지만 김종부 씨로부터 아무런 답장도 받지 못했다.

2. 손수영 씨의 방일

왜 〈구로3〉인 것인가?

필자는 구로베 조선인 노동자들의 일이나 생활에 대해서 그리고 그들이 일본인과 어떠한 관계를 맺고 있었는지 궁금했다. 그런 생각을 하게 된 건 어릴 적 아버지의 영향이 컸다. 필자의 아버지는 〈구로4〉 댐 건설 현장에서 공사용 차량의 타이어 수리를 하셨다. 구로베 루트의 현장에서 집으로 돌아와서 이런 말씀을 들려주셨다. 전쟁 전에 구로베 협곡의 도로코 열차나 〈구로4〉 댐으로 가는 터널을 판 것은 조선인이었고 많은 사람들이 죽었다는 이야기였다. 당시 자연을 정복하는 인간과 기계의 힘은 대단하다고 〈구로4〉 건설에 대해서 선전하던 시기였다. 아버지의 타이어는 필자보다 더 컸기 때문에 어린 필자는 그 말을 믿었다. 그리고 인간의 힘은 정말 대단하다고 생각했다. 하지만 수많은 사람이, 더구나 조선인들이 죽었다는 말은 도대체 무슨 말인지 궁금했고 그게 계속 기억 속에 남아있었다. 얼마 안 있어 재일 교포 문제에 관심을 갖게 되면서 도야마에 사는 사람으로서 구로베 노동자들에게도 관심을 기울였다. 지금도 재일 교포들은 일상생활에서 만날 수 있다. 〈구로3〉의 역사 속에서 조선인 노동자들을 만나기 위해 수 년 전부터 자료를 찾기 시작했다.

그리고 김종욱 씨와 편지를 교환하면서 구로베는 필자에게 특별한 장소가 되었다. 도로코 열차의 종점인 게야키다이라까지는 누구라도 갈 수 있지만 '상부 궤도(수직 갱도)'를 이용해서 깊은 곳으로 들어가려면 허가가 필요했다. 그래서 눈사태가 있었던 시아이다니 현장에 가고 싶었지만 그 소망이 실현된 것은 마지막 편지를 받고 난 1987년 11월 19일이었다. 그 편지가 마지막이었다는 건 시간이 한참 지난 뒤에야 알게 되었다.

드디어 고대했던 장소인 시아이다니를 방문했지만 예상과 달리 감동을 받지는 못했다. 김종욱 씨의 마음을 느낀다든지, 조선인 노동자들이 일본인과 함께 일하는 모습이 떠오른다든지 하는 경험은 하지 못했다. 아마도 필자의 지식이 너무 부족했기 때문일 것이다. 우선 전후 40년이 지나서야 일본을 다시 방문할 수 있었던 김종욱 씨의 마음이나 자유롭게 해외여행을 할 수 없던 당시 한국의 사정에 대해 잘 몰랐다. 당시의 다양한 직업이나 다양한 계층의 조선인의 생활을 일본인은 어떻게 보고 있었는지 파악할 수 없었다. 그런 사실을 모르고서는 김종욱 씨를 이해할 수 없을 것 같았다. 게다가 공사에 종사하고 있던 노동자의 환경이나 상태를 알기는 더욱 어려웠다. 무거운 마음으로 그런 작업을 하면서 몇 년의 시간이 더 흘렀다. 그렇게 모은 자료는 상자 속에 조용히 잠들어 있었다.

1990년 5월, 일본을 방문한 대한민국의 노태우 대통령은 강제 징용 명부를 달라고 일본정부에 요청했다고 한다. 늦게나마 아시아, 특히 식민지였던 한국에 대해 전쟁 책임이나 전후 처리 문제를 논의하게 된 것이다. 국가와 지방 자치 기구의 협력을 얻지 못한 가운데 연구자, 미디어,

시민 단체가 종군 위안부를 비롯한 강제 연행 실태 조사를 드디어 할 수 있게 된 것이다. 새로운 공문서 등이 발견되고 피해자가 직접 나서서 증언하기도 했다. 극소수였지만 가해자의 이름도 밝혀지고 일본의 전쟁 책임을 묻는 소송도 진행되었다. 그 결과 일본 정부는 종군 위안부가 실제로 있었음을 인정하고 1992년 1월에는 일본 수상이 직접 사죄하였다.

그 이전부터 강제 연행을 일본인의 문제로 파악할 필요가 있다고 주장해온 일본인들이 있었다. 그들은 파묻힌 역사적인 사실을 조금씩 발굴하여 문제 제기를 해왔지만, 피해자의 시점에서 전쟁을 증언하는 것이 일반적인 가운데 가해자로서 자국의 행위를 문제 삼는 것도 쉬운 일이 아니었다. 마치 일본인으로서 해서는 안 되는 일처럼 여겨지기도 했다. 오히려 한일병합으로 일본이 조선을 보호하고 발전에 도움을 주었는데 조선인들은 그 호의를 짓밟고 있다는 따위의 '은혜론'이 강조되기도 했다.

하지만 최근에는 일제 강점기 지배나 강제 연행 등이 일본과 한국 사이의 '정치 문제'로 클로즈업되었다. '한일조약'으로 모든 정치적인 해결은 끝났다고 말하기도 하는데, 개인의 청구권이 남은 시점에서 도의적으로 해결하지 못한 문제가 남아있다. 양국이 진정으로 이해하며 우호 관계를 쌓기 위해서는 이런 문제를 해결할 필요가 있다. 그래서 필자는 피해자 개인에게 사죄하고 보상할 필요가 있다고 생각한다. 한국에서는 일본 정부에 대한 책임 추궁이 중심이 되고 있지만, 일본인은 가해자의 입장에서 일본 정부에 그 책임을 물을 필요가 있다. 그리고 그건 역사를 정확하게 인식하는 것부터 시작해서 가해자로서 스스로를 고발하고 국민에게 강요한 국가의 책임을 묻는 것도 가능할 것이다.

강제 연행은 어느 날 갑자기 시작된 게 아니었다. 단계를 거치면서 비인간적인 행위를 정당화하는 시스템과 의식이 만들어졌기 때문에 어떻게 그러한 과정을 거치게 되었는지 살펴볼 필요가 있다. 〈구로3〉 건설 시기는 자유 의지로 일본에 온 경우와 강제 징용이 혼재되어 있는 과도기였다고 할 수 있다. 전원 개발 공사 현장은 그러한 상황을 살펴볼 수 있는 곳이라 대단히 흥미롭다. 자료에서 알려진 대로 일본인과 동등한 노동 조건이 어떻게 가능했는지 알아보고 싶다. 시대의 환경과 상황을 무기로 살아온 사람들 그리고 깨져버린 꿈과 함께 여전히 이국의 계곡에 잠들어 있는 사람들과 그 유족들을 만나고 싶었다. 당시 조선인의 일, 생활, 일본인과의 교류에 대해 살펴보는 작업은 일상에서 자주 만날 수 없는 '재일 교포'의 현주소를 파악하는 것과도 연결될 것이다.

1991년 9월 다시 김종부 씨에게 편지를 보냈다. 김종욱 씨의 편지 속에 언급된 김명석 씨 함바에서 일하고 있던 노동자를 소개해 달라는 내용이었다. 지금까지 파악한 것은 〈구로3〉을 발주한 일본 전력회사와 그 하청업자인 사토구미, 또 그 하청인 조선인 함바 감독 아들의 증언이었다. 일본에 경제적 기반을 두고 가족들과 함께 생활하고 있던 함바 감독들과는 달리 홀로 일본에 온 노동자들은 해방 후 곧바로 고국으로 돌아가는 경우가 많았다. 그래서 현장에서 작업하던 조선인 노동자들의 인터뷰를 진행할 수 없었다. 일제 강점기 지배, 전쟁이나 사회적인 상황 속에서 많은 증언들이 나오고 있지만 정작 그 밑바닥에서 노동을 담당하는 사람들의 증언이 없으면 일본과 조선의 관계를 선명하게 그려낼 수가 없는 것이다. 재일 교포 당사자를 찾지 못한다면 어떻게 해서든 한국까지 가서 이야기를 들어볼 필요가 있었다.

손수영 씨의 방일과 한국 방문의 실현

그해 9월 말부터 10월 초에 한국에서 한 부부가 구로베를 방문했다. 손수영 씨와 그의 부인 김상인 씨였다. 손수영 씨의 아버지도 김명석 씨와 마찬가지로 구로베 협곡에서 사토구미의 하청 함바 감독으로 일하고 있었다. 이번 손수영 씨 여행의 주된 목적은 아이를 다 키운 부인과 함께 자신이 자란 곳을 방문하며 남은 인생의 자양분으로 만드는 거였다. 그리고 지인 한국인 남성이 아버지가 다른 일본 누나를 만나러 가는 것을 돕는 것이었다.

손수영 씨가 지난번 일본에 온 것은 1986년으로 실로 40년 만의 일이었다. 그때 손수영 씨의 학우는 지역 신문 독자란에서 '드디어 친구가 온다'라는 글을 보고 편지를 보냈는데 두세 번 연락하고 소식이 끊겼다고 한다.

이번에는 손수영 씨가 퇴직하고 새로운 일을 시작하면서 시간적인 여유가 생겨서 여행이 가능했다. 1991년 11월 14일 《기타니혼신문》의 독자코너에 한국과 일본의 올바른 길을 더듬어보고 싶다는 취지의 글도 싣고 필자와도 만날 예정이었다.

초면이었지만 편지로 대화를 나눴기 때문에 이야기는 잘 진행되었다. 예전에 살던 우나즈키와 우오즈의 추억을 되돌아보면서 이틀에 걸쳐 총 10시간을 같이 보냈다. 성장 과정과 학교생활 그리고 공장 현장이나 함바의 일들, 아버지가 일한 구로베 오쿠야마의 함바집으로 식료품을 보내는 일들에 관해 이야기했다. 그는 우오즈중학교 때 근로보국대에서 일본 카바이트(우오즈시에 있는 화학 공장, 전쟁 중 군수 공장으로 지정)로 갔는데 강제 연행되어 온 동포들이 제대로 먹지도 못하고 혹사당하는 모습을 보고 어떻게든 도와주고 싶었다고 했다. 그들에게 설날에 떡을 주고 공복을 달랠 수 있도록 콩을 주었더니 점심시간 때 학생들이 광차를 미는 걸 도와주었다는 등 강제 연행 노동에 대해서 그리고 중학생 시절의 교류 등 귀중한 이야기를 들려주셨다. 조선인을 차별하는 선생님도 있었지만 친부모처럼 도와주는 선생님도 있었다고 한다. 진정한 선생님이 누구인지 알 수 있었다고 한다.

필자는 '〈구로3〉 건설 공사와 조선인 노동자'라는 테마로 글을 쓰고 싶은데 책으로 엮으려면 좀 더 자세하게 여러 관점으로 구성해야 했기에 한국으로 조사하러 간다는 말을 전했다. 손수영 씨는 필자의 말을 듣고 자신의 지인을 통해 당시 현장 노동을 했던 사람들을 찾아주겠다고 약속했다. 필자는 반년 뒤인 다음 해 3월 한국을 방문하기로 하고 준비 작업을 진행했다. 결국 손수영 씨의 일본 방문이 한국행을 구체적으로 계획하는 계기가 되었다.

귀국 후 손수영 씨는 자신의 이력을 적어 보내주셨다. 1992년 2월에 당시 구로베 함바 감독이나 노동자들을 추적한 메모와 조선인들의 친목 융화단체 '친애회'의 우나즈키 지부의 활동 그리고 그런 것들이 사상사건(조선신문 도야마지국의 활동)과 연관되어 검거되었다는 등의 내용을 편지로 보내주셨다. 이것은 다른 자료에 의해 증명이 되었다. 정말 귀중한 것들이다. 동시에 김태경 씨라는 통솔력 있는 감독이 회사 측과 직접 교섭하는 등 일본인과 동등한 노동 조건과 보상금을 받을 수 있도록 했다는 사실도 알게 되었다. 나중에 김태경 씨의 따님 나카모토 하루코 씨와 김석준 씨로부터도 그 이야기를 들을 수 있었다.

우리가 한국을 방문했을 때 교통 사정을 전혀 모르는 상황에서 손수영 씨는 스케줄의 세세한 부분까지 신경을 써 주셨다. 실제 차량을 준비해서 시간 조정과 마지막 취재의 재확인까지 도맡아주셨다. 그리고 일주일 동안 일을 쉬면서 안내해 주시고 처음부터 끝까지 도움을 주셨다.

3. 묘지 참배

한국 방문

1991년 말 필자는 서울을 방문하는 지인을 통해 김종욱 씨의 아들 김 영남 씨에게 보내는 편지를 건넸다. 김종욱 씨의 남동생이자 김영남 씨의 삼촌인 김종부 씨가 답장을 주지 않아서 영남 씨한테 연락을 취하기로 했 는데 주소가 적힌 종이를 분실했다. 전화번호만 알고 있었는데 한국어를 몰라서 연락을 하고 싶었지만 못하고 있었다. 서울에 있는 한국어가 가능 한 일본인에게 어떻게든 영남 씨에게 이쪽의 의향을 전해 달라고 부탁했 다. 결국 지인은 영남 씨를 만나서 편지를 전달할 수 있었다. 그리고 종욱 씨가 쓴 편지 속에 등장한 구로베에서 일했던 사람들과 고향에서 만남을 주선하겠다는 약속을 받았다. 그해 7월에 김종부 씨가 이미 사망했다는 사실을 알게 되었다.

1992년 1월 중순, 김영남 씨에게 편지를 썼다. 3월 말에 한국을 방문 할 예정이고 그때 구로베에서 일했던 사람들을 만날 수 있도록 연락을 취 해 달라는 것과 1월 30일 밤 9시에 전화할 거라는 내용이었다. 바쁜 사람을 붙잡아놓고 상대의 상황도 물어보지 못한 채 의뢰를 한 것이다. 나중에 돌이켜 보니 식은땀이 났지만 그때 필자에겐 구로베 노동자를 만나고 싶다는 일념뿐이었다. 연초 도야마대학교 대학원생인 우에다 코지 씨한테 한국에 동행해 통역을 도와달라고 부탁했다. 출발 전에 필요한 편지 번역 및 전화 연락도 의뢰했다. 우에다 씨는 오사카의 교포들이 많이 사는 지역에서 자라서 재일 교포 친구들도 있었고, 초등학교 때부터 한국어에 관심을 갖게 되어 대학생들한테 자연스럽게 배우기 시작했다고 한다. 한국의 역사나 관습에도 지식이 풍부했고 인권 문제에도 관심을 가지고 있었다.

그리고 1월 30일 밤 9시에 우에다 씨의 통역으로 영남 씨에게 전화를 했다. 영남 씨는 부재중이어서 부인이 전화를 받았다. "3월 13일이 4번째 기일이라 12일 한밤에 제사를 지냅니다. 다음 날 경상남도 거창군 주상면으로 성묘하러 갈 예정이니 그 날짜에 맞춰서 같이 성묘하러 가면 구로베에 갔던 아저씨들의 이야기도 들을 수 있을 겁니다."라고 했다. 그 말을 듣고 가겠다고 전했다. 예정보다 2주나 빨랐고 동행하는 고노가와 씨의 의견도 묻지 않고 아무 생각 없이 제사에 맞춰서 방문하겠다고 말해 버렸다.

〈구로3〉의 조선인 노동자에 대해서 1~2년 안에 조사해야 하는데 김종욱 씨의 형제처럼 고령의 증인들은 그 사이에 돌아가실 수도 있는 것이다. 가혹한 노동의 역사가 어둠으로 사라져 버린다고 생각하니 초조해졌다. 하지만 드디어 현장에서 일했던 노동자들을 만나고 싶다는 소망을 이룰 수 있게 되었다. 김영남 씨의 초대로 돌아가신 김종욱 씨의 성묘도 함께할 수 있었다. 그리고 한국의 제사나 참배에 대한 호기심도 충족할 수 있었다. 다시 만나기 어려운 만큼 질문지를 만들면서 준비했다. 늦게나마 한국어 공부도 시작했지만 쉽지 않아서 문자와 인사 정도만 할 수 있는 상태였다.

많은 노동자와 유족들을 만나기 위해서 하사금의 수령증에 있었던 수령인의 주소로 문의 편지 16통을 보냈다. 2월 말 유족에게서 답장이 한 통 왔는데 만나서 이야기하고 싶다는 내용이었다. 필자는 직접 방문하겠다는 답장을 보내고 드디어 출발하는 날을 맞이하게 되었다.

지역 텔레비전 방송인 기타니혼방송에서 취재에 동행하였다. 필자는 그해 1월 뉴스 취재에 응했었는데 방송이 나가고 나서 다양한 입장을 가진 다양한 연령층의 사람들이 방송을 시청한다는 사실을 알게 되었다. 다양한 생각과 감상을 들을 수 있어서 많은 도움이 되었다. 우리 일행의 연구가 사회에 어떻게 받아들여지고 평가받고 있는지, 또한 대상에 몰입하다 보면 한쪽으로 치우치기 쉬운데 시야를 넓힐 필요가 있음을 깨달았다. 물론 카메라가 있어서 긴장도 되고 자연스럽게 말하기도 어려웠다. 하지만 영상 기록으로 남기는 것은 의미 있는 일이다. 보다 많은 사람이 관심을 가지게 될 거라는 생각에 결단하게 되었다. 영상이나 글이라는 매개체를 통해 각각의 방식으로 꾸준히 전달하다보면 좋은 결과가 나올 것이라고 생각했다.

한국에서의 만남

1992년 3월 9일 오사카를 출발해서 서울에 도착했다. 일행은 고노가와 씨, 통역 우에다 씨, 기타니혼방송의 나카지마 마사키 씨와 오자키 요시후미 씨 그리고 필자와 필자의 여동생까지 6명이었다. 손수영 씨가 마중 나와 주셔서 귀국하는 15일까지 7일 동안 한국에 체재했다. 당시 한국은 국회의원 선거 기간이라 서울은 활기찬 모습이었다. 박물관이 된 옛 일본 총독부를 방문하여 일제 강점기의 흔적을 더듬어봤다. 한일병합이나 일제 강점기에 대한 반일 투쟁 자료를 전시하는 독립기념관에서는 한국인들이 일제 강점기 지배를 어떻게 이해하고 있는지 알 수 있었다. 가해자로서 역사를 가르치지 않는 일본과는 너무나 대조적이라는 사실을 알게 되었다.

본래의 목적인 인터뷰 조사에서는 오카야마, 돗토리 주변을 다니며 장사를 했고 구로베에서도 식료품 납품 일을 도왔다는 손치수 씨와, 아버지가 구로베에서 함바 감독으로 일했고 자신은 오우즈중학교 학생이었던 김석준 씨 그리고 김종욱 씨의 아드님과 그 가족, 구로베에서 일했던 백재명 씨과 백영희 씨 그리고 시아이다니 눈사태로 형을 잃은 김덕연 씨 등을 실제로 만날 수 있었다.

우선 손치수 씨와 김석준 씨에 대해서 간단하게 설명하겠다.

손치수 씨는 80세(1992년 당시)로 부인과 함께 서울에 살고 있는데 1932년 오카야마 부근에서 일본인 상대로 일본 옷을 팔았다고 한다. 한때 손수영 씨의 아버지인 손범석 씨를 따라 구로베로 건너가 조선인 함바집에 술이나 고추, 마늘, 젓갈 등을 공급하는 일을 하기도 했다. 총괄자였던 손범석 씨는 일본인 도매상으로부터 물건을 조달해서 조선인 함바를 상대로 거래했다. 예를 들면 아무리 소소한 식사라도 1,000명분이라고 하면 상당히 큰 시장이었고 식료품과 술 등 기호품도 함바 감독이 한꺼번에 사서 노동자에게 파는 방식이었기에 수입은 좋은 편이었다. 조선인 노동자는 3,000명 정도 있었던 것 같은데(실제로는 전체 인원이 3,000명 이상이었고 조선인은 1,000명 정도였다) 팬티 한 장만 걸치고 고열수도에서 작업하는 모습을 지금도 기억하고 있었다.

김석준 씨는 1930년 도야마현에서 태어나 지금은 인천에서 유유자적한 생활을 보내고 있었다. 그가 태어났을 때 아버지 김태경 씨는 다카야마에서 도야마로 가는 기차 히다선 공사에 종사하고 있었다. 구로베 제2발전소 공사 때 우나즈키로 왔고 〈구로3〉 공사에서는 아조하라의 고열수도에 종사했다. 제2장의 마지막 부분에서 자세하게 언급하겠지만 파란만장한 인생을 보낸 사람으로 우나즈키에서는 지금도 '가나모토 아저씨'로 기억하는 사람들이 있다. 김석준 씨 자신도 일본에서 우치야마 초등학교에서 우오즈 중학교로 진학하면서 차별과 이지메를 경험하고 귀국했다고 한다. 하지만 한국어를 전혀 몰라 불우한 소년 시절을 보냈다. 아버지의 고향인 제주도에서는 '4.3 사건' 등에 휘말려 힘든 시기를 보냈다고 한다. 나중에 대한항공에 근무하다가 김포공항에서 일본의 적군파가 납치한 일본 항공기에 식료품을 넣어주는 역할을 하기도 했다. 현재는 병원에서 요양 중이다.

그 밖에도 만나는 사람마다 일본인과의 역사적인 관계나 현재의 생활에 대해서 이야기를 들을 수 있었다. 원하든 원하지 않든 다들 일본과 깊은 관계를 맺고 있었고 그 내용은 우리의 상상을 초월하는 것이었다. 일제 강점기 시대에 일본으로 건너가는 건 드문 일이 아니었고 지금도 그들은 일본과의 무역에 종사하거나, 일본계 기업과 거래하거나, 동남아시아에서 일본 건설회사의 하청 일을 하고 있었다. 대학에서 일본어를 배우기도 했다고 한다. 한국 사람들은 일본이 이웃나라여서 관심이 있는 게 당연하다고 생각하고 있다. 그에 비해 일본인은 한국에 대해 관심이 없었다. 그건 과거 식민지였다는 게 하나의 원인일지도 모른다.

제사

12일 심야, 김영남 씨의 아파트에서 김종구 씨의 다섯 번째(기일) 제사가 있었다. 일본처럼 스님을 부르지 않고 장남이 중심이 되어 의식이 진행된다. 김종욱 씨의 부인 문갑두 씨와 장남과 차남 가족과 지인, 필자 일행이 함께했는데 제사에는 가족들만 참가했다. 병풍 앞에 위패와 제사상을 차리고 절을 한 다음 위패에 붙어있는 '현고학생부군신위顯考學生府君神位'라고 쓰인 종이를 현관에서 태우면 끝난다. 그때 현관문을 열어두는 것은 돌아가신 분이 집안으로 들어오게 하기 위함이라고 했다.

제사상 준비하는 문갑두 씨

그 뒤 제사상을 치우고 음복이라고 해서 다들 그 음식을 먹었다. 매운 음식이 많은 한국이지만 이날만은 싱거웠다. 물어보니 부모님이 일본에서 생활하셔서 그렇다고 한다. 제사상도 약식이라고 했다. 부부가 함께 일본에서 자라고 부모를 일찍 여의어서 한국식 전통을 배울 기회가 적었을 것이다. 전통을 중요시하는 한국으로 돌아가서도 고생했을 것 같았다. 김종욱 씨의 부인과 이야기를 시작한 것은 이때부터였다.

참배

다음 날 아침 서울을 출발해서 고속도로를 4시간 달려 경상남도 거창군 주상면에 도착했다. 이미 부산에서 온 김종욱 씨의 셋째 딸 부부와 친척들이 기다리고 있었다. 인사도 하는 둥 마는 둥 곧바로 마을 주민인 삼촌들 3명과 함께 작은 언덕에 있는 묘지로 갔다. 위쪽부터 김종욱 씨의 할아버지 묘, 어머니 박경술 씨의 유골만 들어있는 명석 씨 부부의 묘 그리고 김종욱 씨의 묘가 단을 이루고 있었다. 가장 밑에는 새로 만든 김종부 씨의 묘지가 있었다. 둥그렇고 볼록한 김종욱 씨의 무덤 앞에는 비석이 푯말처럼 놓여 있었고 높이 20센티 정도의 측면에는 '학생경주김공學生慶州金公'이라고 새겨져 있었다. 부인은 문씨 출신이라고만 되어 있었고 이름은 없었다. 아들과 손자의 이름만 적혀 있는 것으로 보아 이 나라 여성의 지위를 알 수 있었다.

김영남 씨를 비롯해서 친지, 가족들 10명이 산 위쪽에서 선조로부터 순서대로 꽃을 올리며 향을 피웠다. 그리고 절하며 술을 올리는 가운데 우리는 드디어 김종욱 씨를 만났다는 감격에 젖었다. 나라마다 이별과 슬품 그리고 선조에 대한 감사 방법이 다르다는 사실이 놀라웠다.

음복

제사를 지내고 하는 음복은 소풍과 같은 분위기였다. 햇빛이 강하게 비치는 가운데 제사상을 물리고 한국식 김밥과 불고기를 즉석에서 만들어 주셨다. 둘러앉아 일본에서 가져온 정종을 돌리면서 고인들을 생각하며 예전에 시아이다니와 고열수도에서 파편을 운반했다는 노인들로부터 이야기를 들었다. 백재명(78) 씨가 당시의 상황을 들려주었다.

"목욕탕이나 부엌이 있던 터널 속 함바집은 지금도 기억이 납니다. 일하는 곳도 함바집도 터널 안에 있어서 오랜 시간 햇빛을 볼 수 없는 생활이었습니다. 천정이 무너져 내리면 어떡하나 늘 두려웠지요. 이제 곧 터널 밖에 집을 지을 테니까 기다리라는 말을 들었지만, 저는 걱정이 되어서 한 달도 기다릴 수 없었습니다. 밥도 나오고 하루 2엔 50전이라는 큰돈을 받긴 했지만.

> 1939년 1월15일《호쿠리쿠타임스》의 '동굴 생활을 하면서 겨울 공사 진행'에 의하면, 이 해 겨울 구로베 협곡 전체에 700명, 시아이다니에는 약 150명이 야영하고 있었다. 식비는 회사에서 부담하고, 임금은 일당 2엔 50전으로 월 75엔을 받았다는 내용과 백재명 씨의 얘기와 일치하고 있다.

눈이 쌓이면서 전차가 운영되지 않아서 친구이자 매니저 일을 하던 김명석 씨의 동생이 미카이치(현재는 구로베역)까지 가는 길을 안내해 줬고 거기서 도쿄로 갔습니다."

백재명 씨는 걱정이 많았던 덕분에 1개월 차이로 눈사태를 피할 수 있었고 지금은 이 마을의 최고령자로 유유자적한 생활을 하고 있었다.

백영희 씨(74세)는 사고 후 1939년 11월에 구로베에 갔다고 한다. 김명석 씨는 공사에 필요한 인원의 도항 허가증 신청서를 경찰에서 받아 고향으로 보냈다. 그리고 백영희 씨는 자신이 살던 마을 경찰서에서 도항증명서를 받아 일본으로 건너갔지만, 그때 이미 김명석 씨는 사망했다고 한다.

> 시아이다니 눈사태 1938년 12월 27일

백영희 씨처럼 거창군에서 구로베로 간 사람이 20명 정도 있었는데 명석 씨는 그들이 낮에 일하고 밤에 쉴 수 있게 배려해 주었다. 그래서 오히려 밤에 숙소에서 잠을 자다가 죽은 사람들이 많았다고 했다. 백영희 씨는 고열수도에서도 일했는데, 감독은 이누카이 세이치로라는 조선인이었다.

> 그런 이름의 함바 감독은 없었다. 어디서 착오가 생겼는지 모르겠다.

삭암기는 몸집이 크고 힘 있는 사람만 사용할 수 있었기 때문에 백영희 씨는 주로 파편 운반이나 레일 끌기를 했다. 〈구로3〉이 완성된 다음에는 아키타현으로 갔다가 해방 후에 돌아왔다고 했다.

이야기하다가 당시 이가 들끓었다는 말을 했다. '시라미(이)'라는 단어가 나오지 않아 백영희 씨가 열심히 설명해 줘서 겨우 알았는데 50년 지나도 생생하게 기억하는 걸 보면 굉장히 힘들었던 모양이다. 터널 안은 겨울엔 따뜻하고 여름엔 시원했지만 습도가 높고 많은 사람들이 함께 지냈던 탓에 공기도, 위생 상태도 좋지 않았다고 한다.

눈사태 조사를 1년 만에 끝내고 안전하다는 판단 하에 서둘러 숙소를 지었다고 하니, 눈사태 사고는 인재人災였다고 할 수 있다.

작업에 대한 설명을 더 듣고 싶었지만 자신이 맡았던 작업 이외의 전체적인 공사 진행 상황은 잘 모르는 것 같았다. 또 어떤 대우를 받았는지 자세한 얘기를 꺼려해서 듣지 못하고 시간만 지나갔다. 아쉬웠지만 차를 타고 출발해야만 했다.

봄빛이 따스한 가운데 한국어와 일본어로 대화를 나누며 즐거운 한때를 보냈다. 수년 전에 방문한 시아이다니의 눈사태 사고가 문득 떠올랐다. 깊은 계곡 중턱에 자리 잡은 숙소는 점차 희미해지고 차가웠다. 웅대한 구로베 협곡이 아버지의 무덤이라고 생각했던 종욱 씨의 모습이 떠올랐다. 겨울바람의 중압감에 갑자기 슬퍼졌다. 이날 밝은 태양과 선명한 파란 하늘은 기억 속 시아이다니와는 너무나도 대조적이었다. 이곳 김명석 씨의 무덤이 햇빛이 잘 드는 경사지에 있어서 마음이 편해졌다.

김종욱 씨의 마지막 편지에 쓰여 있던, 아들과 함께 다시 구로베를 방문해서 할아버지의 마지막 장소를 알려주고 싶다는 바람은 이제 이루어질 수 없는 꿈이 되었다. 필자는 한국을 방문해서 참배도 하고 김명석 씨와 김종욱 씨의 지인들과 만날 수 있었다. 하지만 반세기가 지나도 희생자나 유족들의 서글픈 심정은 사라지지 않을 것이다. 사고가 일어나지 않았다면 여기 모인 사람들은 다른 삶을 살았을 것이다.

하지만 시간은 다른 새로운 삶을 만들어냈다. 형제들은 서로 도와가며 살았고 결혼해서 아이들을 낳으며 다음 세대를 이어가고 있다. 일본인에게 지지 않으려고 열심히 배운 기술이 한국에서 생활의 기반이 되었고 그 기술이 아들에게도 전해졌다. 김종욱 씨의 아들과 필자는 같은 전후 세대이다. 각각 다른 민족의 역사와 전통, 사고방식과 사회 구조를 이해해 나간다면 새로운 관계가 구축되는 시기가 곧 찾아올 것 같은 기분이 들었다.

4. 한국의 유족들

1938년 12월 27일 미명에 일어난 시아이다니 눈사태로부터 이틀 후인 29일 《도야마일보》에는 겨울 야영자 139명의 이름 전체가 게재되었다. 함바별로 구분해서 생존자 47명, 사망자 36명, 부상자 9명, 행방불명자 47명이 표로 정리되어 있었다. 겨울 야영자 가운데 조선인은 57명으로 도야마현 출신 54명보다도 많았다. 조선인 사망자와 행방불명자는 합해서 32명이었는데 하산 도중에 사망한 사람이나 그 시점에 이름이 나오지 않은 사람도 있어 숫자는 나중에 수정되었다. 겨울 야영한 조선인 노동자 가운데 절반 이상이 사망했다.

정확하지 않은 숫자와 이름은 사고 후의 혼란스러운 상황과 당시 노동자에 대한 낮은 인권 의식을 보여주는 대목이다. 유족들이 사는 곳으로 편지를 보내 3통의 답장을 받았다. 일제 강점기의 조선에서 돈을 벌던 사람이 사라지자 유족들은 슬퍼할 틈도 없이 하루하루 살아가기 위해 이전과 다른 삶을 살 수밖에 없었다.

「천황의 하사금 전달」의 문건 발견

1988년 11월 도야마현 공문서관의 정리되지 않은 자료 속에서 영수증과 수령증 더미가 발견되었다. 이것은 고노가와 준코 씨가 구로베강 전원 개발 자료를 조사하던 중 조선인 노동자에 관한 자료가 분명히 있을 거라고 생각해서 몇 개월 동안 열심히 찾아본 성과였다. 김종욱 씨가 받았다는 수령증을 복사해 달라고 신청했는데 이름을 가린 채로 복사해 준 것이다. 그 뒤 1991년 12월 이름도 나오게 복사해 달라고 신청했다. 그렇게 해서 조선인 이름이 들어간 하사금 수령증 35통과 의원금 영수증 36통을 입수할 수 있었다. 동시에 이들 서류가 '눈사태 이재민 구조 관계, 도야마현지사 앞 하사금 전달 방법의 건'으로 공개되어 있다는 사실을 알게 되었다. 열람해서 조사했더니 실제로는 조선인 이름 39명분의 서류였다. 당시 조선인 여성과 결혼한 일본인 남성이 드물었던 점을 고려하면 《도야마일보》가 보도한 조선인 사망자와 행방불명자 32명과 상당한 차이를 보인다.

수령증拜受証이라고 쓰인 서류는 다음과 같이 되어 있다.

「일금 8엔 50전(어린이 5엔), 1938년 12월 27일 구로베 오쿠
야마 시아이다니 눈사태 재난 구휼 하사금 1939년 10월 31일
○○○○인감 도야마현지사 야베 겐조」

금액이 의외로 적긴 하지만, 훈장과도 같은 천황의 하사금은 공사를 중지하자는 여론을 잠재우고 공사를 속행하여 조기에 완성하려는 의도가 담긴 것이었다.

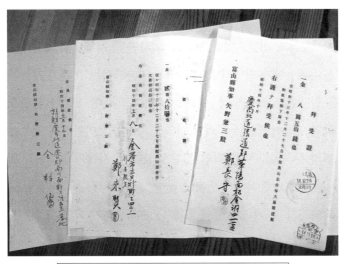

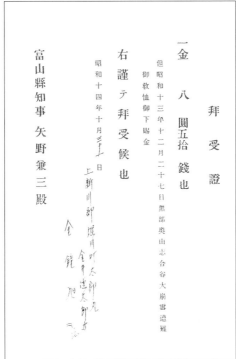

拜　受　證

一金　　八　圓五拾　錢也

但昭和十三年十二月二十七日黑部奧山志合谷大崩雪遭難
御救恤御下賜金

右謹テ拜受候也

昭和十四年十月三十一日

上新川郡廳川町太郎丸
金鐘道太郎方
金　鐘　道

富山縣知事　矢野兼三殿

눈사태 재해 관련 하사금 수령증

영수증은 한 종교 재단에서 지급한 2엔 80전의 의연금으로 같은 날 도야마 지사로부터 전달되었다. 신문에 의하면 각 지역으로 의연금을 전달한 다음 유족들에게 전달되었다고 한다. 일본에서는 각 현의 지사한테 의연금을 전달했고 조선의 경우는 도지사에게 의뢰했다고 한다. 효고현의 수령 확인 도장이 찍힌 문서와 조선의 도지사가 도야마현지사로 보낸 수령인 변경 문서로도 이를 확인할 수 있었다. 증서에는 동일인의 것으로 추정되는 조선 거주 유족의 필적이 몇 개 있었고, 각 도의 관계자 또는 군, 면의 담당자가 쓴 게 있었는데 이게 나중에 문제가 되었다.

하사금이나 보상금이 나온다는 걸 유족들이 모르는 경우, 받지 못해도 다시 청구할 수 없었다. 그래서 수령인이 실제로 보상금을 받았는지 확인할 수가 없는 것이다.

시아이다니 사고는 원청 기업에 지불되는 노동자 재해 부조법에 의한 보험금과 장례비, 일본전력과 사토구미의 위로금을 합쳐서 1,030엔 정도였다.

반세기가 지났기 때문에 수령인과 공무 담당자들 가운데는 이미 사망한 사람들도 꽤 있었다. 사토공업에도 영수증은 남아있지 않다고 했다. 일본인 중 보상금을 받았다는 사람에게 물어봐도 기억나지 않는다고 했다. 당시 돈을 지불했지만 수령인에게 잘 전달되었는지 확인하지 않았을 수도 있다. 돈을 어떻게 지불했는지 그 방법을 조사해야만 했다. 사정을 잘 아는 한국인 관계자에게 물어보니, 다들 사토구미는 지불했을 거라고 믿고 있었는데 그만큼 신뢰 관계가 있었다는 것을 알 수 있었다. "돈이라는 게 사람의 손을 거치면 줄어드는 법이다."라고 말하는 사람도 있었다. 유감스럽게도 더 이상 조사할 수 없었다.

50년 전의 머나먼 편지

증서를 입수하자 수령인 주소가 쓰여 있는 게 많았다. 그중에는 읽기 어려운 글자도 있었지만 16통 정도는 판독할 수 있었다. 한국전쟁으로 피난하는 등 몹시 혼란스러웠다는 말을 들었고 50년 전의 주소라 변경되었을 가능성도 있었다. 시간이 꽤 경과했기 때문에 수령자들은 이미 사망했을 가능성이 높았다. 답장에 큰 기대는 없었지만 별다른 방법이 없었기에 아무튼 편지를 계속 보내기로 했다.

편지에는 필자를 비롯한 일행 소개 그리고 가까운 시일 내에 한국을 방문해서 〈구로3〉의 노동자나 시아이다니 눈사태 피해자와 유족들을 만나 이야기를 듣고 싶다는 내용이었다. 또한 구로베에서 함께 일했던 지인이 있으면 소개해 달라고 썼다. 일본어로 편지를 쓰고 우에다 씨에게 번역을 의뢰했다. 한편 편지를 보낼 주소는 재일 교포 지인의 도움으로 최근 주소로 수정해서 답장용 봉투와 국제 반송용 우표를 동봉했다. 작업을 시작한 게 1991년 12월이었는데 편지를 다 보낸 것은 다음 해 2월 10일이 지나서였다.

김덕연 씨의 답장

편지를 보내고 나서 열흘이 지났을 무렵부터 '수령인 주소 불명'이라는 편지가 하나씩 되돌아왔다. 결국 16통 중 6통이 되돌아왔고 3통은 답장이 없었다. 처음에 답장이 온 것은 2월 27일이었다.

반세기의 시공을 초월해서 도착한 답장의 주인공은 김덕연 씨였다. 편지를 꺼내자 우선 눈에 들어온 것은 '일본 제국주의'라는 글자였다. 편지는 한자가 섞인 한글이어서 읽을 수 없었다. 호적 등본이 함께 들어 있었다. 돌아가신 분이 김삼복 씨이고 그 사유는 다음과 같이 기재되어 있었다.

「경상북도 고령군 우곡면 답곡동 910번지에서 출생 쇼와13
년(1938년) 12월 27일 오전 3시 도야마현 시모니가와군 우치야
마무라 구로베 국유림 오쿠야마 통칭 시아이다니에서 사망. 호
주 김중문 신고. 동 1939년 1월 29일 접수」

수령인은 아버지 김중문 씨고 답장은 여섯 번째 아들인 김덕연 씨가 쓴 것이다. 나중에 알았지만 이 편지는 마을 사람이 대필한 것이었다.
편지는 대략 다음과 같은 내용이었다.

돌아가신 형님은 일본으로 건너가 일본 제국주의라는 이름
하에 도야마현 구로베강 전원 개발의 희생자가 되었습니다. 함
께 있었던 사촌 두 명은 야근했기 때문에 무사했습니다. 사촌의
얘기로는 눈 속에서 아버지의 사체를 찾았다고 합니다. 50년 동
안 일본 당국으로부터 아무런 연락도 받지 못했고 보상금도 받
지 못했습니다. 참을 수 없는 원통함을 누구에게 호소하면 좋을

까요? 형님은 결혼한 후 일본으로 건너갔고 형수님은 오랜 세월
을 혼자 보내셨습니다. 조카 종만을 양자로 삼았습니다.

– 우에다 코지 번역

함께 있었던 사촌으로부터 아버지의 사망 소식을 들었을 뿐 사죄도 없
었고 보상금도 받지 못했다고 한다.

"원통한 마음을 풀 길이 없고 누구에게 호소하면 좋겠는가." 이 문구
는 50년이 지난 이 시점에 갑자기 연락을 받았을 유족의 당혹스러운 심
정과 한국인에게는 반세기 전 일제 강점기가 과거의 일이 아니라는 점을
확인시켜 주었다.

3월 중순 김종욱 씨를 만나러 가기로 했고 그때 김덕연 씨도 만나고 싶
다고 연락했다.

되살아나는 분노

3월 13일 이른 아침, 마이크로버스를 타고 우리 일행은 서울을 출발
했다. 손수영 씨, 김종욱 씨의 장남 부부와 차남 부인 그리고 일본에서 온
6명으로 총 10명이었다. 앞서 말한 대로 경상남도 거창군 주상면 출신으
로 구로베에서 돌아가신 김명석 씨와 그 아들 김종욱 씨의 성묘를 마쳤
다. 거기서 커다란 강을 따라 1시간 이상 달려서 어느새 경상북도에 도착
했다. 부산에서 성묘하러 온 김종욱 씨의 일가친척들이 탄 차량이 앞장서
서 고개를 넘고 산마을을 지나 길을 물어가며 갔다.

초행길이라 언제 도착할지도 모른다고 했다. 차를 타고 상당한 시간이

지났는데도 도착하지 않았다. 논밭, 과수원 길을 달리고 다리를 건너기도 하며 이제 막 다른 지점인가 생각했더니 작은 분지가 펼쳐졌다. 예전 김삼복 씨는 갓 결혼한 신부와 헤어져 구로베로 떠날 때 이 길을 거꾸로 몇 시간이나 걸어서 가장 가까운 역으로 갔을 것이다. 그리고 부산까지 기차를 타고, 부산에서 시모노세키까지는 관부연락선으로 현해탄을 넘어 일본으로 건너갔다. 시모노세키에서 또 기차를 타고 꼬박 하루를 흔들거리면서 도야마에 도착했을 것이고 도야마에서 우나즈키까지는 전차를 탔을 것이고 또 거기서 광차를 타고 시아이다니에 도착한 것이다. 정신이 아득해질 정도의 긴 여정이다. 정확한 정보를 얻기 힘들었던 그 시절, 미지의 장소를 향한 몇 날 며칠 동안의 여정은 무엇을 의미하는 것일까? 남자 형제 여섯 중에 3남이라면 스스로 결혼과 주거지를 마련해야 했을 것이다. 그리고 일제 강점기 조선에서는 살기 힘들어서 일본으로 가서 일해야만 했을 것이다. 조금 위험해도 수입이 좋은 구로베로 가서 일하면 부인과 함께 편히 살만큼 돈을 벌 수 있을 거라고 생각했을 것이다. 어찌됐든 힘든 일이다.

두 시간 정도 걸렸을까? 춘분 바로 직전이었는데도 목적지에 도착했을 때는 이미 날이 저물어 있었다. 토담으로 둘러싸인 마을에 목적지가 보였다. 우곡면 답곡동이라는 지역은 깊은 산골이었는데 천천히 주위를 바라볼 마음의 여유도 시간적인 여유도 없었다. 방으로 들어가자는 말을 듣고도 사양하며 곧바로 툇마루에서 이야기를 시작했다. 답장을 보낸 김덕연 씨에게는 농부의 귀중한 봄날 오후 시간이었는데 필자 일행을 기다리며 시간을 보낸 듯하다. 그는 반세기를 단번에 되돌리려는 듯 이야기를 시작했다.

툇마루에서 김덕연 씨의 이야기를 듣는 일행

"죽었다는 소식과 함께 유골만 돌아왔을 뿐입니다. 당시 저
는 어렸지만 너무하다는 생각이 들었어요. 부모님도 돌아가시
고 세월이 흘러서 과거 일을 전부 잊어버리고 꿈처럼 생각했습
니다. 그런데 이렇게 보내주신 편지를 보고 형님이 돌아가셨다
는 생각에 슬픔이 되살아났습니다."

– 우에다 코지 번역

조금이라도 그 슬픔을 덜어 드리려고 구로베에서 돌아가신 사람들을
추모하는 위령탑 '만령지탑萬靈之塔'의 취지서를 보여드리고 당시 신문 기
사와 수령증 복사본을 보여드렸다. 하지만 지금에 와서 생각해보면 '일
본 당국'으로부터 한마디의 사죄도 없이 하사금이나 보상금이 도착하지

않았다는 말에 대한 변명에 불과했다. 김덕연 씨의 편지에도 쓰여 있었듯이 김삼복 씨가 죽고 나서 방문한 우리는 일본 당국과 마찬가지로 사죄하는 것도 아니었고 보상금을 어떻게든 해줄 수 있는 것도 아니었다. 김덕연 씨는 구로베 조선인 노동자의 존재를 역사적 사실로 기록하여 남기고 싶다는 인터뷰 취지를 이해하기 어려웠던 것 같았다.

사촌의 부인들도 김덕연 씨의 집에서 기다리고 있었다. 그 편지가 도착하고 우리가 한국으로 가는 날짜가 열흘도 남지 않았을 때였다. 손수영 씨를 통해 전화로 물어봤을 때는 사촌들이 생존해 있다고 잘못 들어 가능하면 만나고 싶다고 했던 건데 사촌들은 이미 사망한 상태였다. 하지만 사촌의 부인들은 만날 수 있었다. 그녀들은 이전에 나고야에서 살았다고 한다. "나고야는 어떻게 변했나요?"라고 일본어로 물어보면서 그리워하기도 했다.

당시 김삼복 씨는 나고야에서 사촌들과 세 명이 함께 살고 있었는데 "도야마 쪽에서 돈을 벌 수 있다."는 정보를 듣고 혼자만 구로베로 갔다. 사고로 죽었다는 전보가 나고야로 도착하고 사촌 두 명이 우나즈키까지 가서 본인을 확인한 다음 나고야로 유골을 가지고 왔다. 그리고 그해 음력 12월 4일에 사촌 김춘복 씨와 함께 귀국했다. 김삼복 씨의 부인은 혼자서 살 수 없어서 재혼하였고 3년 전에 78세로 사망했다고 한다. (앞서 편지 내용과 다르기에 귀국 후 재차 확인했다. 이쪽이 정확하다.)

저녁이 다가오고 어두운 툇마루에서 김덕연 씨와 사촌들의 부인들이 함께 이야기하고 이웃 사람들도 합류했다. 통역해준 우에다 씨는 경상도 사투리와 여러 사람들이 한꺼번에 말하는 바람에 동시통역을 할 수 없어서 초조해하고 있었다. 뜻을 알 수 없는 한국어만 귀가에 맴돌고 일본인이라는 사실이 부끄러워지기 시작했다. 그것을 알아차리셨는지 김덕연 씨가 멀리서 와줘서 감사하다며 충분한 대접을 못해서 미안하다고 말씀하셨다.

> "부모님은 20대에 사망한 아들을 안타깝게 생각해서 유골을 안고 통곡하셨습니다."

그게 아직도 마음에 남아있다고 말하는 김덕연 씨의 분노의 감정이 필자에게 고스란히 전달되었다.

한을 풀고 싶다!

1992년 3월 15일 한국에서 돌아오자 두 통의 편지가 도착해 있었다. 한 통은 피해자 서우룡 씨의 조카인 서오규 씨, 또 한 통은 피해자 한인선 씨의 아들 한창근 씨의 편지였다.

서오규 씨는 삼촌과 조카 사이여서 그다지 자세한 내용은 없었고 서우룡 씨의 부인이 재혼해서 자신의 남동생이 양자가 되었다고 쓰여 있었다.

하지만 아버지를 잃은 한창근 씨의 편지는 가슴 아픈 사연이었다. 원문을 살려 요약하면 다음과 같다.

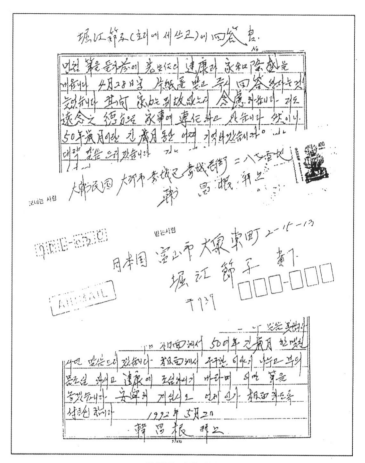

한창근 씨의 편지

"제가 어릴 적 외할머니한테 들은 이야기인데, 아버지가 일본에 징용 가서 눈사태로 돌아가셨다는 것이었습니다. 지금 편지를 보니 구로베 전원 개발 공사장에서 눈사태로 돌아가신 게 분명한 것 같습니다. 제가 만 두 살 때 아버지가 사망하셨고 조위금도 얼마 안 돼서 어머니도 제가 여섯 살 때 재혼했습니다.

생각지도 못하게 고아가 되어 57세인 지금까지 혼자 살아왔습니다. 어머니(김분선)는 74세가 되시는데 아직 살아계십니다.

전보로 연락을 받고 삼촌이 유골을 가지러 갔습니다만 해방 후 돌아와서 유골이 없다는 사실을 알게 되었습니다. 저는 여덟 살 때까지 외조부모가 계신 곳에서 살았고, 아홉 살 때 조부모가 있는 곳으로 갔습니다. 그 후 두 분도 열일곱 살 때 돌아가셨고 큰아버지 밑에서 살았습니다. 큰아버지와 의견이 맞지 않아서 집을 나와 고생도 했지만, 지금은 결혼해서 3남 2녀를 두고 있습니다.

지금까지 조용히 살고 있었는데 아버지의 영혼이 당신을 움직였는지 50년 이상 지나고 나서 이렇게 편지를 받고 굉장히 슬펐습니다. 당신의 주소를 아니까 곧바로 일본에 가서 아버지가 돌아가신 곳의 흙이라도 가져와서 고향의 선조 묘지 밑에 놓아두는 게 아들로서 해야 할 도리인지도 모르겠습니다만 생활이 넉넉하지가 않아 그것도 힘들 것 같습니다. 언제가 제 아이들이 갈 수 있도록 그 장소라도 가르쳐 주시기를 바랍니다.

보상금에 대해서는 당시 어렸기 때문에 잘 모르겠습니다. 제가 어릴 때 굉장히 고생을 많이 해서 그걸 편지로는 다 말할 수 없을 정도입니다. 한국에 오시면 직접 만나서 50년간의 긴 세월의 한이 어린 제 이야기를 들려드리겠습니다."

– 우에다 코지 번역

부모님을 돌보는 건 자식의 의무라고 생각하는 한국에서 아버지가 어디에서 돌아가셨는지 모르는 아들의 슬픔은 일본인의 상상을 초월하는 일일 것이다. 아버지의 마지막 장소를 보고 싶다는 바람과 가고 싶어도 갈 수 없다는 서글픔이 느껴진다. 돌아가신 아버지도 안아 보지도 못한 아들을 그리워하며 구로베에서 잠들어 있을 것이다.

세 통의 편지

세 통의 편지를 보면 그 내용에 몇 가지 공통점이 있다.

우선 젊은 남편이 죽고 부인이 재혼했다는 것. 유교 도덕이 엄격한 한국에서는 재혼은 그다지 추천하지 않는다고 들었다. 그럼에도 한창근 씨의 어머니 김분선 씨를 비롯해서 답장을 주신 세 명의 희생자들의 부인이 모두 재혼했다. 그 밖에도 수령증 더미 속에는 조난당한 사람의 부인이 재혼해서 그 아버지에게 하사금과 의연금을 전달했다는 문서가 있었는데 이 여성도 남편 사후 4개월도 되지 않아 재혼했다고 한다. 김덕연 씨의 말대로 '재혼하지 않으면 먹고 살 수 없었기 때문'이라는 경제적인 이유도 있겠지만 젊은 여성이 남편의 죽음을 슬퍼할 틈도 없이 선택의 여지없이 다른 곳으로 시집가는 것은 남편의 죽음 이상으로 서글픈 이야기다.

아이가 없는 서우룡 씨와 김삼덕 씨는 형제의 아이들을 양자로 삼았다. 일본에서는 '집'이라든지 '가계'가 우선인데 한국에서는 '아버지의 혈육'이 중시된다. 남자아이가 없는 경우, 족보상의 계승과 제사, 노후의 봉양을 위해서 남성 혈연의 아들 세대에 해당하는 아이(보통은 조카)를 양자로 삼는다고 한다. 양자로 삼았다는 편지의 내용에서 사회 제도와 문화의 차이가 느껴졌다.

세 번째는 편지를 번역한 우에다 씨가 한글로 쓰여 있는 편지를 읽으면 복잡한 심경이 든다고 다음과 같이 말한다.

"한국어가 표음 문자로 표기되었다고 해도 철자와 실제 언어와는 약간 차이가 있습니다. 하지만 김덕연 씨의 편지(세 통째 이후는 자필)는 경상도 사투리로 말하는 그대로 쓰여 있는 문장이라서 마치 운문을 읽는 것 같았고 그래서 더 편지를 쓴 분의 심정을 깊이 이해할 수 있었는데 그 분위기를 번역할 수 없다는 사실이 아쉬웠습니다. 일제 강점기에 구타당하면서 교육을 받고 반세기 가깝게 봉인되어 있었던 일본어로 편지를 쓰는 걸 보면 일본에 의한 민족 말살 정책의 공포와 일본어로 편지를 쓴 사람들의 마음을 생각해 보게 됩니다. 게다가 일본어가 모국어였던 분들을 만나고 그들이 해방 후 어떻게 한국어를 자신의 언어로 회복시켰는지 그러한 과정도 상상되었습니다."

일제 강점기 특히 1938년 이후 조선의 학교 교육에서는 일본어만 사용하도록 엄격하게 규제했다. 해방 후에는 일본어가 금기시되어 어느 쪽의 언어도 완전하게 습득할 수 없었을 것이다. 김덕연 씨의 처음 편지와 한창근 씨의 편지는 자필이 아니었다. 민족의 정체성을 빼앗고 일본에 순종하는 '황국 신민'을 만들기 위해 조선어를 금지했다. 그 정책이 자신의 나라 언어로 편지를 쓸 수 없는 사람으로 만들어 버렸다. 이번 한국 방문 중 일본어를 배웠는데 알아듣기는 하지만 말할 수는 없어 죄송하다고 말하는 사람이 있었다. 일본어를 말하는 사람도 나이가 많은 사람은 매우 정중해서 그 시대의 일본과 한국의 지배/피지배 관계를 느끼기에 충분했다. 언어는 소통의 수단일 뿐만 아니라 상호 인간관계를 나타낸다. 언어는 사고의 수단일 뿐만 아니라 의식 그 자체이다. 그리고 의식은 개인적인 것에만 국한되는 게 아니라 사회적인 공동의식을 형성한다. 조선 민족으로부터 언어를 빼앗아 일본으로 동화시키려고 했던 정책이 반세기가 지났는데도 커다란 영향을 남기고 있었다.

1992년 초여름 도쿄에서 편지 한 통이 날아왔다. 필자 일행을 신문에서 봤다고 한다.

> "조부는 시아이다니 사고의 희생자인 박래인으로 사고가 난 함바집에는 조부의 아들과 여동생 부부가 있었는데 아들은 무사했고 여동생 부부는 이듬해 눈이 녹을 무렵 사체로 발견되었다고 합니다. 저는 일본인으로 살아왔고 앞으로도 그렇게 살아가겠지만, 조선인이었던 조부가 어떠한 상황 속에서 살다 돌아가셨는지 그리고 남겨진 가족들은 어떻게 살아왔는지에 대해서 후세에 잘 전해야 한다고 생각합니다."

'박래인'이라는 이름을 보고 노트를 펼쳐봤다. 가나자와의 주소로 수령인 정래현이라고 표기되어 있었는데 분명 부인의 이름일 거라고 생각했다. 수령인 자료를 찾아봤다. '박성희'는 박래인 씨의 가족이 틀림없다고 확신했다. 그리고 들어본 적이 있는 이름이라서 하루 종일 생각했는데 박래인 씨는 김종욱 씨 어머니의 오빠였다. 김종욱 씨가 시미즈 교수에게 보낸 편지에 나와 있었다. 같은 함바에서 일했고 그때 어렵게 목숨을 구한 삼촌의 아이가 몇 년 후 남쪽에서 전사했다는 이야기하고도 딱 들어맞았다.

김종욱 씨와 시미즈 교수의 왕복 편지와 〈구로3〉의 자료가 도움이 되었다. 그해 가을 편지의 주인공인 나카무라 씨가 도야마를 방문했다. 자료를 복사하거나 비디오를 보면서 시간을 같이 보냈고 다음을 기약하고 돌아가셨다. 그리고 보내온 나카무라 씨의 감사 편지에는 내년에는 삼촌과 어머니를 모시고 오고 싶다고 하셨다. 그리고 여름마다 관서전력이 행하는 시아이다니의 '위령제'에도 참석하고 싶다고 했다.

편지와 인터뷰 조사의 반성

갑자기 편지를 받은 사람들의 기분은 어땠을까? 답장을 쓴 사람들의 기분은 어느 정도 이해할 수 있겠지만 되돌아오지 않은 일곱 통의 편지는 어떻게 된 것일까? 그중에는 '지금에 와서 뭘 어떻게 하자고?'라는 분노를 느끼는 사람들도 분명 있었을 것이다. 세대가 바뀌고 답장이 없는 것도 일종의 답장이라고 생각해야 한다.

인터뷰 조사를 사전에 부탁했다고는 해도 전쟁 이전의 일본과의 관계가 여전히 사람들의 마음속에 남아있어서 거부할 수 없었던 건 아닐까? 시간이나 언어의 문제로 결국 손자가 중간에서 개입해서 물어보기도 했다. 한국에서는 윗사람으로부터 부탁을 받으면 거절할 수 없는 게 예의라고 하는데, 거부하고 싶어도 그렇게 하지 못했던 건 아닌지 우려되기도 했다. 게다가 김덕연 씨의 경우, 일본인 여섯 명과 부산에서 열 명 그리고 텔레비전 카메라가 갑자기 들이닥쳤는데 그가 혹시 예전 일본군의 습격을 받았을 때처럼 생각하지는 않았는지 모르겠다. 이 모든 것이 쓸데없는 걱정이기를 바랄 뿐이다. 실은 일본에서 관계자들에게 취재를 신청하고 거절당한 적이 몇 번 있었다. 50년 이전의 일을 분명 어제 일처럼 이야기할 수는 없는 노릇이다. 그 사람들은 매번 기억이 선명하지 않아서 확실하게 말할 수 없다고 했다. 조선인 노동자에 대한 기억은 없다고 대답해서 더 이상 물어보지 못했다. 그 밖에도 관서전력이나 사토공업에 친척이 있어서 그리고 일 관계로 신세를 지고 있어서 폐를 끼치면 안 되기 때문에 인터뷰에는 응하지 않겠다고 말하기도 했다. 지금에 와서 과거의 일을 파헤쳐서 어쩌자는 거냐는 비난도 받았다.

우나즈키에서 있었던 이야기를 들으려고 했을 뿐인데 필요 이상으로 경계한다는 느낌을 받았다. 지역 유지들로부터 "우나즈키에서 '조선'이라는 말은 금기어다."라는 말을 듣고 마을 전체가 강제 노동이나 학대 사실을 숨기고 있는 게 아닌가 하는 의심마저 들었다. 하지만 이야기를 듣고 많은 사상자를 낸 데 대한 죄책감이 들었다. 그리고 경찰이나 기업이라는 권력과 함께 마을로 들어온 외국인에 당황하고 그 편견에서 벗어날 수 없었던 것 같았다. 그리고 구로베 협곡 관광지의 이미지가 손상되는 것도 두려워하고 있었다. 이 마을에 예전부터 살았던 사람들에게 물어보니 일본 전국 어디에서나 그랬던 것처럼 '이국인'으로 관찰하고 있었던 것 같다. 그러한 조선인 노동자에 대해서는 〈구로3〉과 함께 반세기 넘어 사람들의 마음속에 응어리처럼 남아 있었다.

그래도 우오즈의 중학교에 다녔던 사람들은 우나즈키 소학교가 그래도 나은 편이었다고 말한다. 우나즈키가 전원 개발을 위한 마을이었다는 점과 조선인 학생이 반에 상당수 있었기 때문일까? 당시 가까이에서 그들의 생활을 지켜봤던 어떤 일본인 여성은 이국에서 마늘, 고추, 콩나물 등 영양가 있는 훌륭한 재료를 사용해서 식사하는 모습을 보고 감탄했다고 한다. 그들의 일상적인 생활을 보고 생동감 있는 인상을 받았다는 것은 상호이해의 첫발이 될 수 있었다. 조선인들과 가까이 지냈다는 사람은 별로 없었다. 그들을 이웃처럼 생각했다는 일본인은 만나지 못했다.

이처럼 일본에서 인터뷰 조사는 상당히 힘들었다. 그런 점에서 이번 한국 인터뷰는 피해자 측이라고는 해도 상당히 친절하게 응해주셨다. 문 앞에서 거절당할 것도 각오하고 있었는데, 멀리서 와줘서 기쁘다고 하셨다. 그리고 시간이 없어 차를 대접하지 못한 게 유감스럽다는 말을 해 주셔서 정말 감사했다.

게다가 지금 일본은 종군 위안부 문제에, 일제 강점기 지배나 전쟁 책임, 전후 배상 문제에 대해서 아무런 노력도 하지 않고 있다. 한국 측의 불신감이 커진 시기이기도 하다. 따라서 천천히 일정을 잡아 필자의 취재 의도를 이해시키고 상호 신뢰가 무르익는 것을 기다려 이야기를 들었어야 하는데 그렇지 못하고 끝나 버린 것이다. 충분히 시간을 들여서 당시 마을의 생활, 송금된 돈의 사용방법, 돈을 벌기 위해 이국으로 간 사람들의 숫자나 연령층, 또 어떤 일을 했는지 마을 사람들의 삶에 대해서 들었으면 좋았을 거라는 아쉬움이 남는다.

증언의 신빙성에 대한 것인데 발전소 공사가 끝나고 50년 이상 지났다. 반복해서 생각하지 않으면 망각의 저편에 있을 만한 기억들이다. 스포트라이트가 비치듯 세부 사항까지 선명하게 장면을 기억해 내는 경우도 있겠지만 그런 경우는 거의 드물었다. 그런 의미에서 증언의 정확함에 의문이 남는다. 하지만 증언이라고 하는 것은 역사 속에 있었던 증언자본인이 현재 시점에서 과거를 판단하는 것이다. 객관적인 자료나 다른 증언과의 '어긋남' 속에서 그 사람 고유의 역사라고 볼 수 있다. 일본인과 조선인의 그러한 차이 속에서 한일 역사 인식을 알아보고 싶었지만 그렇게 하지 못했다.

반세기라는 시간은 과거에 대한 감정을 정리하면서 자신의 인생을 되돌아볼 시간이다. 고령이라는 건 긴 시간 마음속에 담아왔던 생각을 솔직하게 누군가에게 전하고 싶다고 느끼는 한편 이야기를 듣는 사람에 대한 배려와 여유도 생기는 연령이다. 모처럼 먼 일본에서 여기까지 찾아왔는데 서로 어색해질 이야기는 하지 않는 게 좋다고 생각하지는 않았을까? 일제 강점기 시대를 겪지 않은 사람에게는 지나간 옛이야기가 넋두리처럼 여겨져 혼란스러웠던 건 아닌지 모르겠다. 역사 인식의 차이를 느끼는 상황에서 진심 어린 말을 들으려면 어떻게 해야 했을까? 다시 한국으로 가고 싶은 마음도 들었다. 하지만 이번 실패를 극복할 구체적인 방법을 찾는 게 쉽지 않을 것 같다.

5. 여정을 마치고

한국에서의 조사가 생각대로 잘 진행되었다고 할 수는 없지만 직접 찾아가지 않으면 알 수 없는 사실이 많다는 교훈을 얻었다. 말하자면 반성의 계기가 되었다는 게 성과일까? 현시점의 조건으로는 생각대로 되지 않은 게 당연하다. 실패를 긍정적으로 받아들이면 더 많은 것들이 보이게 될 것이다. 또 한 걸음을 내딛으면서 마이너스 조건을 한 개씩 플러스로 바꾸는 노력을 해보는 것이다. 여행에서 돌아와서 반년이 지나고 나서 겨우 그런 생각을 할 수 있었다.

1992년 3월에 한국을 방문했을 때에는 많은 분들의 도움을 받았다. 특히 손수영 씨와 김종욱 씨의 아드님 김영남 씨에게는 어떻게 감사의 말을 전해야 할지 모르겠다. 이번에 손수영 씨와 김종욱 씨를 알게 된 건 이들이 각각 반세기 만에 중학교 동창회 건으로 도야마를 방문했고 그게 지역신문에 보도되었기 때문이다. 일본에서 자랐기 때문에 해방 후 고국으로 돌아가서 한국어를 비롯해서 풍속, 습관에 익숙해지기까지 이만저만 힘든 게 아니었을 것이다. 일본에서 배운 기술을 살려 그런 혹독한 환경을 극복했다. 그리고 퇴직하고 제2의 인생 출발점에 서서 청년기를 함께 보낸 도야마 친구들을 그리워하며 일본을 방문한 것이다. 한국과 일본,

이 두 나라를 경험한 사람들에게 일제 강점기 시대의 관계가 아직 치유되지 않은 채 남아 있는 건 가슴 아픈 사실임이 분명하다. 두 분은 앞으로 한일 우호를 위해서 힘을 쏟겠다고 했다.

필자에게 협력한 이유도 그중 하나겠지만 손수영 씨는 두 번째로 일본을 방문했을 때 부탁을 받아 아버지가 다른 남매가 만날 수 있도록 주선했다고 한다. 필자도 그 여동생과 편지를 주고받았다. 아버지가 돌아가시고 한국인과 재혼한 어머니가 자신을 일본에 두고 한국으로 가는 바람에 고아가 되었다고 한다. 일본과 한국으로 갈라져서 재회하지 못한 채 어머니는 타계하셨고 지금에서야 겨우 동생을 만날 수 있게 되었다. 손을 맞잡고 기뻐했지만, 손수영 씨가 통역하지 않으면 말이 통하지 않기에 모든 생각을 충분히 전할 수 없었다. 안타까웠다고 속마음을 내비치셨다. 한국어와 일본어 둘 다 가능한 손수영 씨가 없었으면 만날 수도 없었다. 손수영 씨는 이와 같은 비극은 두 번 다시 일어나서는 안 된다며 일본어로 글을 써서 필자에게 보내왔다. 그 내용은 1992년 5월 3일 《기타니혼신문》에 '돌아가신 어머니의 마음, 누님께'라는 제목으로 게재되었다.

그들은 제국주의 중학교 출신으로 당시 경제적으로 어려움 없는 사람들이었다. 그렇다고 해서 차별을 받지 않았다는 것은 아니다. 처음에는 자신은 차별받은 경험이 없다고 말했지만, 마음이 풀어지면서 조금씩 "조선인이라는 이유로 차별을 받았다."고 고백했다. 최전선에서 일본으로의 동화를 강요받고 해방 후 고국에 가서도 '반쪽바리'였던 그들의 뒤틀린 인생을 알게 되었다.

김종욱 씨는 묘지 참배를 위해 모교 창립 100주년에 맞춰서 일본에 왔다. 학교나 직장 사람들과 몇 번이고 모임을 가지면서 옛정을 나누었다.

그가 그리워 한 것은 무엇이었을까? 1985년 김종욱 씨의 모교 방문은 지역신문이나 동창회지에도 소식이 알려지며 동창들의 따뜻한 환영을 받았다. 부모님이 돌아가신 후 친구들의 도움을 받고 학교에서 수업료를 면제받아 중학교를 졸업했다고 하니 김종욱 씨는 고마움을 느꼈을 것이다. 그리고 다시 새로운 교류가 시작되었다.

"동창생들에게 감사할 따름입니다. 졸업 후 실로 50년 가까이 시간이 흘렀는데 국경을 넘어서 예전 그대로의 모습을 보니 정말 기뻤습니다."

김종욱 씨는 2년 뒤에 부산을 방문한 친구들과 재회했다는 편지를 보냈다.

오우즈에서 손수영 씨를 인터뷰했을 당시에도 동창 모임에 나가지는 못했지만 만나고 싶었다면서 친구가 방문했다. 무슨 말을 할 것도 없이 서로 건강한 모습을 확인하며 기뻐하는 모습이 보기 좋았다. 청년기까지 보낸 일본에 '내가 다시는 가나 봐라'가 아니라 '또 일본에 가고 싶다' '한일 관계를 어떻게든 회복시키고 싶다'라고 생각한 것이다. 설령 차별당한 아픈 기억이 있다 해도 신뢰할 수 있는 친구가 한 명이라도 있으면 그 사람을 만나고 싶은 게 우정이 아닐까 생각한다. 김종욱 씨, 손수영 씨의 오랜 친구들이 그걸 가르쳐주었다.

일본에서 태어난 한국인 여성이 전쟁 중 남동생과 친구 두 명과 함께 찍은 세피아색의 사진을 보여주셨다. 이야기를 들어보니 조선인이라는 이유로 따돌림을 당해 남동생은 항상 싸움만 했는데 그때 옆에 있어 준

친구가 사진 속의 인물이라고 한다. 남동생의 보호자로서 시말서를 쓰라고 해서 썼는데 괴롭힌 일본인이 나쁘다고는 쓰진 않았지만, 상당히 화가 났었다고 당시를 회상했다. 일본인이라도 조선인 편을 들면 불이익을 당하던 때였기에, 고마운 친구들의 사진을 소중하게 지니고 있다는 것이다. 차별하거나 괴롭혀서는 안 된다는 것을 알면서도 그렇게 하기 어려웠던 것이다. 그 남매는 일본이 지긋지긋해서 해방 후 곧바로 고향으로 돌아갔는데 당시 자신의 남매를 걱정해준 교사나 친구는 잊을 수 없다고 한다. 이 여성은 저임금에 가혹한 노동을 해야 하는 환경 속에서 사고를 당해 죽은 동포에 대한 진혼의 마음과 차별과 동화에 대한 공포, 그런 것들을 참을 수 없었던 자신의 초조함 등을 솔직하게 표현해줘서 정말 고맙게 생각한다. 또 〈구로3〉 당시와는 달리 전쟁 말기에 강제 징용된 노동자들은 송금할 수 있을 정도의 임금도 받지 못하고 작업복도 지급받지 못한 채 연행될 때의 옷차림 그대로 일했다는 이야기도 해주셨다.

필자가 한국에서 머물었던 일주일 동안은 그리움과 친밀함과 사람들의 만남으로 가득 찼다. 서로 잊을 수 없는 추억을 만들면서 성실하게 서로 소통했다. 어느 시대 어떤 나라의 사람들이라도 교류의 첫 발자국은 '우정'이라고 생각한다. 이것을 출발점으로 삼아 앞으로 어떠한 관계로 발전시키는지가 문제인 것이다.

마지막으로 이번에는 자세하게 언급하지 못했지만, 앞으로 더 조사해볼 문제는 사토구미의 김태경 씨에 관한 이야기다.

조사 중에 김태경이라는 사토구미의 하청 감독의 존재를 알게 되었다. 그는 돈을 벌러 온 노동자로 시작해서 노동 운동이나 독립운동에도 관여해서 '협화회'와 관련이 있으면서도, 얼마 안 있어 사토구미 사장으로부터 신뢰를 얻어 '가네다구미'를 만들었고 대만 수력발전소 공사에 종사한 입지전적인 인물이다. 조선 독립운동에 협력했다는 이유로 1년 반 동안 도야마 형무소에 투옥되기도 했다. 해방 후 고향인 제주도로 돌아갔지만 4·3사건에 연루되어 '친일파'로 몰려 투옥되고, 나중에 석방되기는 했으나 병으로 고생하다가 삶을 마감했다는 이야기를 들었다.

〈구로3〉 발전소 건설에서는 어려운 공사를 역이용해서 조선인 노동자가 일본인과 동등한 노동조건으로 일할 수 있도록 사토구미와 교섭한 인물이기도 하다. 조선인 노동자 없이는 완성이 불가능했을 국책 사업 그리고 노동 운동으로 배양된 그들의 단결력, 사토구미의 유연한 노무 관리. 당시 그런 특수한 조건을 무기로 엄격한 지배에 끌려 다니면서도 열정적이고 근면하게 그리고 다이내믹한 인생을 열어 노동자의 꿈을 실현한 조선인. 그들이 보다 좋은 노동 조건을 위해서 열심히 일한 것은 결과적으로 일본인에게 동화하고 전쟁에 협력하는 것이 되었다. 그것은 조국 해방을 늦추고 자신의 목을 죄는 일이기도 했다. 폭뢰를 제조하고 있던 김종욱 씨는 얼마 안 있어 그것을 깨달았다. 하지만 김태경 씨는 어땠을까? 자료도 증언자도 많지 않았지만 가해자의 입장에서 생각해 보고 싶다.

멀지 않은 장래, 다시 한국을 방문하고 싶다. 특히 김덕연 씨께는 보상금에 대해 보고하고 한창근 씨에게는 아버지가 돌아가신 장소의 사진과 흙을 전해 드리면서 '한이 어린 이야기'를 다시 들어야만 한다.

제3장

도야마현의 조선인 노동자
– '강제연행' 이전사

우치다 스에노

1. 들어가며

이 책에서 필자의 가장 큰 과제는 '왜 〈구로3〉에 수많은 조선인 노동자가 일하고 있었는지' 그 배경을 살펴보는 것이다. '시기적으로 볼 때 〈구로3〉에서 일했던 조선인은 강제 연행에 해당되지 않기' 때문에 문제될 것 없다고 말하는 사람도 있다. 그렇다면 '자유 의지'로 돈을 벌기 위해 일본에 온 조선인에 대해서는 사회적으로나 도의적으로 부담감도 책임도 없단 말인가. 이는 일본의 침략이 조선 민족을 유랑민으로 만들었다는 사실을 망각한 발언처럼 들린다.

그렇다면 전원 개발 역사나 도야마현 역사 그리고 우나즈키-게야키다이라 궤도와 구로베 지역 관광 관련 설명서에 어째서 '조선인 노동자의 업적'이라든가 '많은 조선인의 희생'이 있었다는 내용이 명기되어 있지 않은 걸까. 어떤 대규모 공사에서도 기초 작업을 했던 노동자들에 대해서는, 그들이 일본인이라고 해도 기록으로 남기는 일은 거의 없다. 더구나 일손이 부족해서 일시적으로 고용했다가 필요 없게 되면 곧바로 해고한 조선인 노동자에 대한 기록이 남아 있지 않다고 해도 이상한 일이 아닐 수도 있다. 하지만 그들은 일본인도 도야마현 사람도 아닌, 일본이 침략한 나라의 사람들이다. 과거의 문제를 반성하고 새로운 교류로 진지하게 나아가고자 한다면 그들의 업적에 조명을 비추는 노력이 필요하지 않을까.

'재일 조선인의 역사'에 대해서는 많은 분의 선행 연구가 있기 때문에 처음에는 거기에서 발췌하여 간단하게 정리하는 방식으로 과제를 완수하려고 했다. 하지만 그것만으로는 도야마에서 조선인의 발자취를 더듬기가 쉽지 않았고 도야마현 사람들과 조선인의 관계가 선명하게 드러나지 않았다. 특히 도야마의 수력발전 공사장에서 조선인의 존재를 살펴보기가 힘들었다(이하 '현'으로 표기하는 것은 도야마현을 지칭함).

역사 연구 및 역사 자료 수집 분야에 완전히 초보인 필자는 어떻게 조사를 해야 할지 고심하다가 전쟁 이전의 신문 기사[1]를 추적해 보는 방법을 선택하였다. 신문에는 노동 쟁의, 범죄, 연애, 한일 교류 등 필자의 예상을 훨씬 뛰어넘는 많은 조선인 관련 기사가 있었다. 예를 들면 1928년 《호쿠리쿠타임스北陸タイムス》[2] 조간과 석간을 합한 8면 가운데 사회면 2

---

1)   1921년, 도야마현의 신문 발행 부수는 전부 45,000여부, 이 가운데 현내県内 신문 29,000여부, 현외県外 신문 16,000부, 현내 신문은 65%에 못 미치고 현외 신문은 주로 《오사카마이니치》,《오사카아사히》로 4,100부, 《도쿄니치니치》, 《호치》가 2,400부, 《나고야신아이치》가 1,500여부를 차지하고 있었다. 1,000부 이상 보급하는 현내 신문은 《호쿠리쿠타임스》 11,513부, 《도야마일보》 8,175부, 《다가오카신보》 6,212부, 《도야마신보》 3,153부, 기타 당시 현내에 배포되던 신문은 《오사카시사》, 《도쿄아사히》, 《요로즈초호》, 《도쿄시사》, 《고쿠민신문》, 《주가이쇼교》, 《도쿄마이니치》, 《다이쇼니치니치》, 《마이유신문》, 《오타루신문》, 《요미우리신문》 등이다. (『도야마현사』 사료편 Ⅶ, 근대 하에서 발췌)

2)   《도야마신보》는 개진당의 기관지로 발행(1935.12.1 불편부당 엄정 중립 선언) 호쿠리쿠정론은 정우회, 《도야마신보》도 정우회 기관지로 발행(1933.8 엄정 중립 선언) 그 가운데

면에 도야마현의 조선인 관련 기사는 약 110건으로, 거의 사흘에 한 건 비율로 실려 있었다. 필자가 찾은 것만 이 정도이고 못보고 지나쳤을 확률도 크기 때문에 아마도 그 이상이었을 것으로 추정된다. 당시 도야마현에 거주하던 조선인은 약 2,000명이었다. 83만 명 정도였던 도야마현 인구의 0.24퍼센트에 해당하는데 이들에 대한 기사가 사흘에 한 건이라면 많은 숫자라고 할 수 있다. 그리고 당시엔 사건이나 노동 운동에 관한 신문 기사가 주로 경찰의 발표에 의거하여 쓰였다는 점을 고려하면 이 비율은 경찰 당국이 조선인의 동향에 얼마나 많은 관심을 기울이고 있었는지 보여주는 증거라고도 할 수 있다.

경찰 발표에 의거한 기사인 만큼 사실이 왜곡되거나 작위적으로 쓰인 기사가 있고, 전쟁 이전의 신문은 주로 지지하는 정당의 주의 주장을 반영하는 기관지 역할을 했으며, 또한 '선인鮮人' '반도인半島人'과 같은 표기 방식3)에도 보이듯이 조선인에 대한 차별적인 관점을 노골적으로 드러낸

《호쿠리쿠타임스》는 당초부터 정당성에 구애받지 않는 '불편부당의 중립을 내걸고' 설립. 따라서 금번 조사는 중립적 입장이라는 주장을 존중하여 주로 《호쿠리쿠타임스》(현내 도서관 소장)에 의거하였고 거기에서 빠진 기간은 《도야마일보》로 보완하였다.

3)   신문에 보이는 조선인의 호칭은 '선인' '반도인' '조선인' '조선 동포' '불령선인不逞鮮人' 등 여러 가지이다. 1930년대 말경 까지는 '선인'이 압도적으로 많았고 반드시라고 해도 좋을 정도로 표제로 붙여져 일본인과 명백히 구별하는 표기가 이루어지고 있다. (그 덕분에 조선인 관련 기사를 발견하기 쉬웠다고도 할 수 있다) 1940년대는 일반적으로는 '반도인', 헌금이나 노동 봉사에 힘을 쓴 사람이나 유산 계급 조선인에 대해서는 때로는 '조선 동포', 쟁의를 일으키거나 전시 동원에 비협조적인 사람에게는 '불령선인', '불령 패거리'라고 부르고 '내선 융화' 단체에는 '선량 분자', 이에 반해 노동 운동을 하거나 독립 사상을 갖고 있던 단체에는 '불량분자', '독립 운동파' 등으로 일본에 대해 순종하느냐 여부에 따라 호칭을 구별하고 있다.

다는 점에서 객관적 사실만을 반영했다고 볼 수 없다. 하지만 바로 그 점이 조선인에 대한 사회적 편견과 도야마현 사람들의 조선인 인식의 실체를 보여준다고도 할 수 있다.

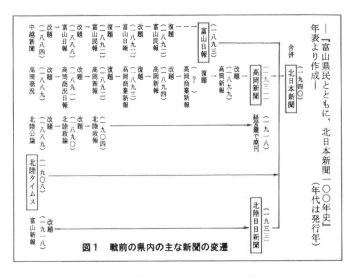

<그림 9> 전쟁 전 도야마현의 신문 변천사

신문은 1차 사료라고 할 수는 없지만 사회의 동향이나 생활 모습, 여론의 한 측면을 파악할 수 있는 생생한 기록이라고 판단하였다. 비전문가가 쓴 정돈되지 않은 글이라는 비판을 각오하고 도야마에서 조선인의 발자취를 더듬어보는 자료로서 '신문으로 보는 도야마의 조선인 동향'을 연표로 정리하였다. 객관적 사실로서의 검증4)을 앞으로의 과제로 삼

---

4)   1991년 3월 29일 '도야마현 조선인 강제 연행 진상 조사단' 결성 총회에서 '조선인 강제 연행 진상 조사단' 홍상진 씨의 강연 '조선인 강제 연행 조사'에서는 다음과 같은 조사 방법이 제

고, 많은 비판과 수정 속에서 역사를 올바르게 증명하는 것이 이 글의 목적임을 밝힌다.

경칭은 생략을 원칙으로 하였다. 신문의 인용문은 " ", 기타 인용문은 ' '로 표기하고, 차별 용어와 표현도 그대로 기재하였다. 괄호 안에 연월일만 쓴 것은 《호쿠리쿠타임스》의 인용 기사이다.

일제 강점기 정책으로 만들어진 차별 용어, 지명, 법령, 정책, 사업 단체 등에는 ' '를 붙였는데, 자주 사용하는 용어는 처음에만 ' '를 붙이고 이후에는 생략한 것도 있다.

게재 신문 기사 등은 요약한 것이다.

연표의 구성, 내용과 기술 형식

본 연표는 1910년 8월부터 1939년 12월까지 도야마현 신문에 실린 이 지역 조선인의 동향을 중심으로 정리한 것이다. 하지만 종합적인 역사와 사회 상황의 이해를 위해 1868년부터 1910년까지 '한국병합' 이전의 역사적 사실을 간략하게 기재하고 '일본의 대 조선 정책과 일본·조선의

기되고 있다. (1) 현내 시정촌市町村 자료 ①지사 인계서. ②공탁 명부, ③시정촌-매장 화장 신고서, 의류표 신청, 기류부寄留簿 ④학교(교육위원회)-졸업자 명부, 전입 전출 명부, 학적부, ⑤기업-도도부현都道府県 지사에 제출한 공탁 명부, 후생 연금 원본, 예금 원본, ⑥절-과거장過去帳 ⑦화장물火葬物-화장인 명부 (2) 문헌조사 ①현립 시립 도서관에 문헌 조사 의뢰(현사, 시사, 정사, 촌사, 통계서에서) ②기업의 사사社史, ③당시 신문, 지방지, GHQ 마이크로필름 ④공습 기록, 전쟁사 등에서 ⑤국립 국회 도서관 소장 GHQ/SCAP 마이크로피시의 도야마현 관계 자료 (3) 현지 조사 (4) 당시 체험자의 인터뷰

움직임'이라는 형식으로 1910년대부터 1930년대까지의 한일 관계사를 정리하였다. 1940년대는 '강제 연행'과 '황민화 정책'을 중심으로 일본과 조선 그리고 도야마현에서 일어난 사건을 간략하게 기재하였다.

'한국병합' 이전에도 조선 관련 기사는 예상보다 많고, 그 내용만 나열해도 메이지 유신 이후 일본이 한일 관계를 어떻게 파악하는지 살펴볼 수 있지만 도야마현과 직접 관련된 기사는 연대連隊 파견 말고는 몇 건밖에 없었기 때문에 생략하였다.

또한 1910년대부터 1930년대의 신문 기사에 대해서도 도야마현에서 일하는 조선인 노동자의 동향과 도야마현 주민들, 경찰 행정 등을 중심으로 기술하였고, 신문사의 논설과 강연, 작은 범죄나 분쟁 등은 대부분 생략하고 연속되는 유사한 사건에 대해서는 한데 묶어서 기재하였다.

① '일본의 대 조선 정책과 일본·조선의 움직임'에 대해서는 가와세 슌지의 『또 하나의 현대사』, 박경식의 『재일 조선인 운동사』, 강철의 『재일 조선인사 연표』를 참고했고 기타 문헌에 대해서는 괄호 안에 기입하였다.

② '신문으로 보는 도야마현의 대 조선 정책과 현내県內 조선인의 동향'에서 신문 인용문은 " ", 그 외의 글은 신문 기사 등의 요약문이다. 《호쿠리쿠타임스》 이외의 신문 및 저서의 요약문은 괄호 안에 출전을 표기하였다.

③ 요약문 중 '선인鮮人'은 조선인으로 정정했지만 기타 차별 용어는 그대로 표기하고 ' '를 붙였다(일선인日鮮人, 만선滿鮮 등). 차별 표현은 당시의 표현 방식 확인이 중요하기 때문에 대부분 원문 표현에 충실했음을 강조해 둔다.

분노를 일으키는 표현과 용어도 일제 강점기 지배에서 비롯된 갖가지 차별을 당시 신문 기사의 표현을 통해 확인하고 검토하는 자료로 받아들였으면 한다.

　　④ 8·− 일시가 정확하지 않아서 월만 기재한 것

　　　△는 그 해에 있었던 일로, 월일을 한정할 수 없는 것

　　⑤ 큰 글씨는 중요 사항

2. 한일병합 이전사 – 메이지 유신부터 한국병합까지

연표(1868~1910): 일본의 대 조선 정책과 일본·조선의 움직임

1868. 10. 3	메이지 유신 '일세일원제一世一元制' 제정
1873. 8. -	메이지 정부, 내각 의회에서 사이고 다카모리의 조선 파견 결정
1875. 9. 20	일본 군함 운요호, 조선 강화도에 침입, 강화도 수비병과 교전
1876. 2. 27	'조일朝日 수호 조규(강화도조약)' 조인 강요-조선의 개국 임박
8. 24	'조일 수호 조규 부록' '조일 통상 장정' 조인 강요 일본의 치외 법권, 무관세 등을 부여한 침략적 불평등 조약
1882. 7. 23	임오군란-일본의 침략과 민씨 정권의 악정에 반대하는 조선 군대의 반란
8. 30	'제물포 조약' 체결 강요-일본, 임오군란의 피해를 구실로 배상금 강탈, 서울에 군대 주둔권 획득
1884. 12. 4	갑신정변 발발-일본의 지원을 얻어낸 조선 구 개화파의 쿠데타. 중국군 진압, 일본의 충돌 회피로 3일 만에 실패
1885. 1. 9	'한성 조약' 체결 강요-일본은 갑신정변에서의 피해 배상 강요
△	후쿠자와 유키치의 '탈아론脫亞論'-'우리는 마음으로부터 아시아 동방의 악우惡友를 사절하는 바이다'-노골적인 침략주의를 주창해 나감

4. 17	청·일간 '텐진 조약 조인'-청일 양국 군의 조선 철수, 유사시 파병 상호 통지
1890	황해도에 '방곡령' 시행(곡물 수출 금지령)-일본 상인의 쌀 매점으로 가격 폭등, 민란 예방을 위함
1891. 12. 7	일본, '방곡령' 시행에 따른 손해 배상 강요
1893. 4. 25	동학교도 2만여 명, 충청도 보은에 집결, 척양척왜斥洋斥倭를 주장하며 농성
1894. 2. 14	갑오농민전쟁 발발-전라도 고부에서 지방관의 압정에 항의하여 농민 봉기, 동학을 매개로 대규모 농민 항쟁으로 발전
5. 31	농민군, 전라도 전주를 점령. 광범위한 정치 비판으로 확대
6. 8	민씨 정권, 중국에 군대 파견과 민란 진압 요구. 중국(청국)은 텐진 조약에 의거, 일본에 출병 통지
6.10	일본이 '거류민 보호'를 명목으로 조선 출병 '전주화약全州和約' 체결. 농민군, 화의를 맺고 철퇴, 청일에 군대 철수 요구. 일본군 출병 명목 상실
8.1	일본, 청국에 선전 포고('청일전쟁')
9.-	조선 각지에서 일본 침략군에 대한 인민의 항전 확대
10.-	농민군, 각지에서 봉기. 조선 정부군이나 일본군과 교전
1895. 4. 17	'청일 강화 조약' 조인
10.6	일본의 미우라 고로 공사 등 서울 왕궁 습격, 민비 살해
11.5	'단발령' 공포. 각지에서 반일 의병 투쟁(초기 의병 운동)
1896	독립 협회 운동-개화사상의 민권 운동
1897. 10.12	고종 황제 즉위식 거행. 국호를 '대한 제국'으로 선포
1899. 7. 27	일본, '외국인 노동자 입국 제한법' 공포
1904. 2. 10	'러일전쟁', 천황 선전 포고
2. 23	군사력을 배경으로 '한일 의정서' 조인 강요-조선 시정에 대한 일

	본의 내정 간섭 권리 확보·일본 군대 주둔권과 토지 수용권 획득·일본 정부의 승인 없이 조선 정부가 타국과 조약을 맺는 권리 박탈
5. 31	대한對韓 방침·대한 시설망령' 각의 결정-정치·군사·경제적으로 조선을 '보호국'화
8. 22	'제1차 한일 협약' 체결 강요-재정과 외교에 일본인 고문
1905. 4. -	조선의 '보호권 확립' 강요를 각의 결정
9. 5	'러일 강화(포츠머스) 조약'
11. 9	일본 특명 전권 대사 이토 히로부미 파견-보호 조약 체결의 사령
11.17	'제2차 한일조약(을사보호조약)' 체결 강요-군대 배치 하에 통감 정치 실시와 외교권 박탈로 명실공히 보호국화 국권 회복 운동, 반일 의병 운동이 조선 전국으로 확대 황성신문, 보호 조약의 부당성을 호소하는 일대 캠페인 전개 '이 날, 목 놓아 통곡하노라' 정간 처분
1906. 3. 2	한국 통감부 초대 통감, 이토 히로부미 취임
1907. 7.19	고종 퇴위-이토 히로부미, 일진회, 이완용의 책모
7.24	'제3차 한일 협약'으로 일본은 조선에서 전권 장악
8. 1	조선 군대를 해산시킴 해산 군대, 각지에서 일본군과 교전, 의병 활동 투쟁 새로운 단계로 발전, 조직력과 기동력 증가, 광범위한 인민의 참가
1908. 8.27	'동양 척식 주식회사법' 공포(이하 '동척'으로 약칭)
1909.10.26	의병 안중근5), 하얼빈에서 이토 히로부미 사살
1910. 3.26	의병 안중근, 여순 감옥에서 사형 집행
5.30	제3대 통감, 육군 대신 데라우치 마사타케 취임
5. 31	대한對韓 방침·대한 시설망령' 각의 결정-정치·군사·경제적으로 조선을 '보호국'화
8. 22	'제1차 한일 협약' 체결 강요-재정과 외교에 일본인 고문

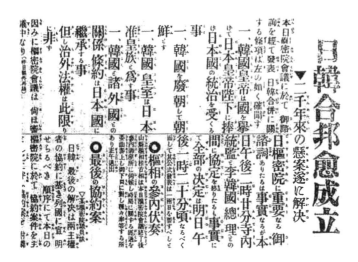

한일병합이 성립되었다는 신문기사

'의병 통치의 은혜론'과 반일 의병 투쟁

　조선의 근대사는 조선 인민의 투쟁의 역사이다. 일본의 압도적인 군사적 지배 아래 우여곡절을 겪으며 '나라를 빼앗긴' 민중은 독립에 대한 강한 의지를 보여주었다. 오랜 세월 고통에도 굴하지 않은 세계에서 보기 드문 저항의 역사라고 할 수 있다. '일본은 침략한 것이 아니라 조선의 근대화를 도와준 것'이라는 식의 발언이나 글을 종종 접하게 되는데 조선 민중이 보여준 저항의 역사는 이들의 주장이 궤변임을 증명했다.

---

5)　'메이지의 원훈元勳' 이토 히로부미는 조선 강점을 단행한 원흉이고 이토를 암살한 안중근은 지금도 조선 민족의 영웅으로 칭송받고 있다. 일본의 교과서에서는 이제까지 안중근의 이름을 숨기거나 민족주의자 등으로 표기했는데 1992년도 개정판부터는 의병으로 기재하는 것도 있다.

메이지 정부는 이웃나라 한국에 대해 그때까지 이어오던 우호적 관계를 끊고 처음부터 무력 정복의 의도를 갖고 개국을 강요하였다. 구미 열강에 의해 강제로 나라의 문호를 열고 불평등조약을 체결하면서 부득이하게 자본주의가 발달하게 된 메이지 정부는 자국의 정치적, 경제적 모순을 회피하기 위해 조선 침략을 선택했던 것이다.

메이지 정부가 수립된 1868년, 고문이었던 기도 다카요시의 일기에는 "속히 천하의 방향을 일정하게 하고 조선에 사절을 파견하여 그들의 무례함을 따지고 만일 그들이 복종하지 않을 시에는 죄를 책망하여 공격하고 우리나라의 위세를 크게 신장"시키기를 원한다고 되어 있다. 조선은 그 어떤 무례도 죄도 범하지 않았다. 조선 침략은 '일본의 자본주의 성립, 자본의 근본적 축적을 위한 수단이었다. 이 때문에 일본은 유신 정부의 수립과 함께 한국 침략을 강력하게 밀고 나갔다.'(조기빈, 『근대 한국 경제사』) 그 침략의 발단이 강화도 사건이다. 우격다짐으로 체결한 '조일 수호 조약'(강화도조약)과 일련의 조약으로 부산을 비롯한 3개항의 개항을 강요하였고, 거류민의 치외 법권과 무관세 조항, 일본 화폐의 유통 허가를 얻게 되면서 일본 상인의 약탈적 무역에 길을 열어주게 되었다. 메이지 유신 이후 급격한 산업 구조의 변동으로 몰락을 강요당한 상인이나 지주, 부농, 사족士族 출신자가 초기 거류민으로 조선에 건너가 일본 내부의 문제를 바깥으로 돌리는데 성공했다.

일본보다 20년이나 늦게 이제 막 개국한 조선이 일본의 상공업에 비해 압도적으로 뒤떨어지는 건 당연한 일이었다. 거기에는 '목가적이고 가난하지만 일하는 것을 즐기는 농민들의 생활이 있었다.'(박경식, 『조선인 강제 연행 기록』) 이런 상황에서 조선을 뒤떨어진 나라라고 얕보는 것은 역사적 제약을 무시한 것이다. 조선 민족에게는 오랜 역사를 통해 배양된 독자적인 문화와 생활이 있었고, 스스로의 힘으로 산업 경제와 과학의 발전을 차근차근 이루어가고 있었다. 그러한 조선 민족의 독자적인 발전의 싹을 제거하고 일본의 '선진 문명'과 근대 자본주의 경제의 틀 속에 억지로 편입시켰다. 이것이 바로 일본이 조선에 강제로 밀어붙인 '은혜'였다. '일본의 지배라는 외압으로 인해 산업이 현저하게 발전하고 조선은 봉건 사회에서 근대 자본주의 사회로 이행할 수 있었다'는 '일본 통치의 은혜론'은 일본이 독점적 이익 추구를 위해 침략을 위장하고 지배를 정당화하는 구실에 불과하다. 이는 조선의 주체적 발전의 싹을 짓밟는 행위였다. 1877년 하반기에서 1882년 상반기의 '조선의 대일 수출 무역 내역'(김석담, 최민규, 『조선 근대 사회 경제사』) 〈표 3〉을 보면 일본의 경제 침략은 미곡 농산물과 금의 수탈에서 시작되었음을 알 수 있다.

〈표 3〉 조선의 대일 수출 무역 내역

품목	금액(円)	비율(%)
농산물	3,052,553	59.8
미곡	1,529,636	30.0
콩류	557,057	10.9
기타	965,860	18.9
해산물	455,318	9.0
직물·생사	336,999	6.6
약재	48,805	1.0
모발	4,432	0.1
금·은·동	1,066,054	21.0

| 잡품 | 130,098 | 2.5 |
| 합계 | 5,094,859 | 100.0 |

- '조선 근대 사회 경제사' 김석담, 최민규, 『또 하나의 현대사』에서 인용

조선은 점차 일본 도시 인구의 식료 창고로 중요시되었다. 일본 상인의 매점 행위로 크게 오른 쌀값이 조선 농민의 식량을 빼앗아 갔고, 이때부터 농민을 중심으로 일본의 침략에 반대하는 투쟁이 잇따랐다. 당시 농민운동 발발에 대해 한국의 교과서 『고교 국사』(하)[6]에는 다음과 같이 기술되어 있다.

> 조선의 농촌 경제는 일본의 경제적 침투로 피폐해져 갔다.
> (중략) 일본 상인은 처음엔 청나라 상인과 마찬가지로 주로 영국의 면제품 등을 싸게 구입하여 비싸게 되파는 중계 무역을 하다가 점차 자국의 제품을 팔게 되면서 막대한 이익을 거두었다. 당시 일본에 대한 조선의 수출품은 미곡이 30% 이상을 차지했는데 일본 정부의 정치적 비호 아래 일본 상인은 조선 농민의 빈곤한 상황을 이용하여 입도선매立稻先賣나 고리대금 방법으

---

6)　『한국 교과서 속의 일본과 일본인』(일광사)의 『고교 국사(하)』에서 인용. 『고교 국사』는 1982년 대폭 개정되고 1987년 다시 개정되었는데 여기에서 인용한 글은 1987년 판이다. 당시 한국의 초등학교에서 고등학교까지의 교과서는 대부분이 문교부가 간행하는 국정 교과서이다. 일본의 교과서가 조선에 대해 너무나 간략한 기술밖에 하고 있지 않는 것에 비해 한국의 교과서에서는 특히 근대사에서 일본에 관한 기술이 방대한 양을 차지함으로써 한국인의 일본관, 일본인관 형성에 중대한 영향을 주고 있다.

로 곡물을 매입하여 폭리를 취하였다. 1890년대 초에는 일본이 조선의 무역에서 수출 총액의 50% 이상, 수입 총액의 90% 이상을 차지할 정도였다.

이와 같은 일본의 경제적 침략에 대응하여 함경도와 황해도 지방에서는 곡물의 수출을 금지하는 방곡령을 내렸지만 일본의 항의로 배상금만 지불하고 실효를 거두지 못했다. 이로써 농촌 경제는 점차 피폐해 가고 일본에 대한 농민의 적개심도 강해졌다.

이처럼 자본주의 열강의 침탈과 지배층의 착취로 인해 농촌 경제가 파탄에 이르고 농민층의 불안과 불만이 한층 확대되었다. 한편 대내외적인 정세의 변화에 따라 농촌의 지식인과 농민들의 정치의식, 사회의식이 급성장하면서 사회 변혁의 욕구가 고조되었다.

이 무렵 동학교도는 남쪽 지방을 중심으로 확대되었다. 동학의 인간평등 사상과 사회 개혁 사상은 새로운 사회로의 변화를 갈망하던 농민의 요구에 부합하였고, 포접제包接制 조직(포와 접으로 이루어진 동학 특유의 세포조직)은 농민 세력의 규합을 가능케 했다. 이로써 산발적이고 분산적이었던 민란 형태의 농민 운동은 농민 전쟁의 형태로 변화되어 갔다.

이와 같은 민란의 성격에서 벗어나 대대적인 농민 전쟁으로 발전한 것이 1894년의 갑오농민전쟁[7]이다. '안으로는 봉건

---

7) 일본의 교과서에서는 '동학당의 난'이라고 기술된 것이 많았다. 필자가 배운 고교 세계

체제에 반대하고 노비 문서 소각, 토지 평균 분작 등의 개혁 정
치를 요구하고 밖으로는 외세의 침략을 뿌리치는 반봉건, 반침
략의 근대 민족 운동의 성격을 띤 것이었다.'(『고교 국사』 하)

농민의 봉기를 진압하고 단숨에 조선 지배의 주도권을 장악
하려고 했던 일본은 '거류민 보호'를 명목으로 조선에 출병하
였다. 무쓰 외상은 '청일의 충돌을 재촉하는 것이 현재 시급한
일이라면 이를 단행하기 위해선 어떠한 수단이라도 강구해야
한다.'(무쓰 마사무네, 『건건록』)면서 조선의 오토리 공사에게 지
시, 청일 전쟁을 준비해 나갔다. 그것은 또한 각지에서 일어난
'척왜'(반일)의 농민 중심 투쟁에 대한 반혁명적인 침략 전쟁이
기도 했다.

1905년 일본의 군사력을 배경으로 한 보호국화 강요('제2차
한일 협약' 이른바 '을사 보호 조약')[8]에서 1910년 '한국병합'에 이르

사 교과서에도 그와 같이 기술되어 있었다고 기억한다. 『근대사 속 일본과 조선』의 해설에 따르
면 '동학당의 난'이라는 호칭은 당시부터 있던 것으로 1894년의 농민 반란을 배외적이고 반국
가적 비밀 결사에 의한 무지몽매한 반란으로 여기는 우민관에 기초하고 있다. 이와 같은 역사관
을 보여주는 '동학당의 난'이라는 호칭은 남한과 북한에서는 현재 사어死語가 되어 있다고 해도
과언이 아니고 일본의 조선사 연구자들도 사용하지 않는다고 한다.

8)   조선의 외교권 박탈과 일본의 통감을 두는 것을 골자로 한 '을사보호조약'은 칙사 이토
히로부미가 조선 정부 각의에 뛰어들어 폭력적으로 체결한 것이다. 이토의 무관, 니시요 쓰쓰지
기미타카는 그때의 상황을 『한말 외교 비서』에 다음과 같이 기술하고 있다.
성큼성큼 의장에 들어가 전권 위임의 하야시 공사를 제쳐놓고 연필을 핥으면서 각 대신의 멘탈
테스트를 시작했다. "우물쭈물 생각하고 있어서는 진척되지 않는다. 오직 황제의 명령으로 각
대신과 상의하라는 조서를 내려주셨기 때문에 한 사람 한 사람에게 반대인지 찬성인지 의견을
묻고 확답을 받고자 한다. 첫 번째 참정대신의 의견은"…… "그런가" 하고 이토 후작은 한규설

기까지 국권 회복을 요구하는 애국 계몽 운동과 일본의 침략 반대를 외치는 항일 의병 투쟁은 일본의 가공할 만한 탄압 아래에서도 끊임없이 이어졌다.

'아아, 몇 만 명의 비적 무리가 이 킬로미터에 걸쳐 포위하고, 길이 있으면 서로 빼앗고 높은 봉우리가 있으면 서로 점거하고 동쪽에서 일어나면 서쪽으로 달리고 왼쪽에서 번쩍이면 어느새 오른쪽이다. 깃발을 흔들고 북을 치면서 죽음을 무릅쓰고 앞장서는, 그 의리와 담대함이 뼛속까지 으스스한 전율을 일으키는'(「순무선봉진등록巡撫先鋒陳騰錄」에서 『동학당 기록』 상) 의병 투쟁은 토벌군을 공포에 빠뜨리는 끈질긴 싸움이었다. 1907년 조선 군대의 강제 해산으로 군대는 이에 반대하는 봉기를 연달아 일

이라고 쓴 데다 X표시를 한다. "다음은" 박제순 외무대신이다. 절대 반대는 아니기 때문에 찬성 쪽으로 해서 O표시. 그 다음이 민영기 지부대신이다. 반대의 X표시. 이후 여러 가지 조건이나 문구가 있었지만 결국 전부 찬성의 O표시이고 이 취지는 바로 어전에 전달되었다. 명령이 있으면 어쩔 수 없다는 것도, 침묵도 모두 찬성으로 하였다. 참여대신 한규설은 검부철포劍付鐵砲의 살기가 넘치는 일본 병사에 둘러싸여 이토의 위협에 대해서도 절대 반대의 신념을 관철하였다. 그의 '필부의 의지를 빼앗지 말지어다'라는 발언은 부득이하게 굴복한 다른 대신들을 술렁이게 했기 때문에 이토는 한규설를 밖으로 데리고 나갔다. 앞의 니시오 쓰지의 글에 의하면 '돌연한 참정대신이 소리를 높여 곡을 했는데 결국 별실로 데리고 나갔다. 이때 이토 후작은 다른 곳을 돌아보며 너무 떼를 쓰는 것 같으니 죽여 버리라고 큰 소리로 속삭였다. 그런데 드디어 재가를 얻어 조인 단계가 되어도 참정대신의 모습이 여전히 보이지 않아 누군가가 이를 의심스러워하자 이토 후작은 중얼거리듯이 "죽였을 거야"라고 시치미를 떼고 있었다. 열석한 관료 중에는 일본어를 이해하는 사람이 두세 명 있어서 이를 듣고는 금세 옆에서 옆으로 소곤소곤 전달하여 조인은 어려움 없이 척척 끝나버렸다. 이 '을사 보호 조약' 체결 과정 내용이 황성신문과 대한매일신보로 보도되고, 조약 반대 운동이 전국에 거세게 일어났다. 이때 조인한 5명의 대신은 지금도 조선 민족으로부터 '5적'으로 규탄되고 있다고 한다.

으켰고 일본군과 교전하면서 의병 운동[9]의 기동력과 조직력은 비약적으로 증대하였다. 또한 전국으로 파급된 의병 운동은 많은 인민을 포섭하면서 두만강과 압록강을 건너 간도와 연해주까지 이르렀다.

1908년 서울 진격 계획이 발각되면서 선제공격을 받아 실패하자 의병 운동은 분산화, 기동화하고 지구전 양상을 보이면서 이른바 게릴라 투쟁으로 변해갔다. 일본의 진압도 수렁에 빠진 채 장기화되면서 이토 히로부미는 통감을 사임하고 군부는 발언을 강화하였다. 조선 주차군이 군대와 헌병, 경찰을 통일 지휘하며 병력을 증강하여 의병의 봉기 지점을 포위하고 주변 지역을 초토화하는 전술로 의병을 막다른 곳으로 몰아넣었다. 그 정점이 1909년의 '남한 대토벌 작전'이었다. 엄중 포위망에 갇힌 의병에게 저지른 말할 수 없이 잔학한 살육은 '지옥도를 보여주는'(강재언, 『조선 근대사 연구』) 것이었다고 한다. 이 사건은 조선 인민의 가슴 속에 일본인에 대한 잊을 수 없는 강한 증오심을 심어준 하나의 원인이 되었다. 의병들의 항일 투쟁은 '만주'와 연해주로 확대되었고, 연해주 일대에서 의병을 이끌고 항일전을 펼치던 안중근은 만주의 하얼빈역 앞에서 조선 침략의 원흉으로 지목되던 이토 히로부미를 사살하였다. 조선 민중은 그의 의거를 칭송하였고 그 내용은 그들이 오랫동안 애창했던

---

9)　박은식 『한국 독립운동의 혈사』에 의하면 '의병'이란 국가가 위급에 처해 '국가의 지령을 기다리지 않고 자발적으로 일어나는 인민의 의용군'이다.

『애국 창가집』 속 '영웅의 모범'에도 실려 있다.

노적 이등박문을
노령 하얼빈에서 요격하여
삼발삼중 사살하고
대한만세를 부르짖은
안중근의 그 의기를
우리가 모범으로 해야 한다

1907년에서 1909년까지 3,000 번이 넘는 전투에 참가한 의병이 15만 명이고, 살해된 의병은 17,500명에 이른다고 한다〈표 4〉. 항일 의병 투쟁의 의의에 대해 앞의 『고교국사』(하)에서는 '국가와 민족이 위기에 처했을 때 일어난 애국 운동의 대표적인 형태'였고 '일제의 보호국 체제 하에서는 국권 회복을 위한 무장 투쟁을 주도'하고 '일제 강점기 체제 하에서는 항일 무장 독립 투쟁의 기반을 준비함으로써 항일 민족 운동사의 큰 줄기를 이루었다'고 기술하고 있다. 그리고 '20세기 초 제국주의 열강의 약소국 침탈이 극점에 달한 시기에 (중략) 세계 약소민족의 독립 운동사에도 매우 큰 의미를 갖는 것'으로 높이 평가하고 있다.[10] 의병 투쟁으로 드러난 조선 민중의 강한 분노와 세찬 저항에 대한 두려움 때문에 일본의

---

10)　일본 교과서(지쓰무출판『고교일본사』 226페이지 '근현대사 속의 일본과 조선')에서는 '일본의 식민지화 정책에 대해 한국에서는 의병 운동을 중심으로 민족 운동이 일어나 격렬하게 저항하였다.'고 간단하게 기술되어 있을 뿐이다.

조선 지배는 세계 각지의 식민지에서 유례를 찾아볼 수 없는 군사 점령을 영속화하는 '무단 정치'가 불가피했고 조선인으로부터 모든 민족적 권리를 빼앗아갔다고 할 수 있다.

〈표 4〉 반일 의병 운동과 일본 관헌과의 충돌 횟수

년도	충돌 횟수	인원 수	살해된 의병
1907	323	44,116	3,627
1908	1,451	69,832	11,562
1909	899	25,763	2,374
1910	147	1,891	125
1911	33	261	9
계	2,853	141,863	17,697

－ 조선 주차군 사령부 편 『조선 폭도 토벌지』 부표 등에서

조선으로 건너간 도야마현 사람들

『도야마 매약기요富山売薬紀要』(도야마현 매약 동업 조합 발행)에는 '도야마현 수출 매약의 효시, 1889년 쓰치다 마사오가 한국에 도항하여 매약업 개시'라고 되어 있다. 도야마 현립 도서관 소장 1889년《도야마일보》[11]에서 관련 기사를 찾았지만 발견하지 못했다. 신문에서 최초로 발견한, 조선으로 건너간 도야마의 민간인 역시 매약업의 쓰치다 미사오였다. "한국으로 출발하는 매약업, 쓰치다 마사오를 위해 송별회가 열리다"

---

11)   1월부터 6월까지는 없고, 7월에서 12월분도 빠진 날이나 파손된 지면이 많음.

(《도야마일보》 1895.6.27.)라는 기사에는 그가 "1889년부터 조선 매약을 개척해 왔다"고 쓰여 있다.

1895년의 신문에는 고칸도広貫堂 총리의 청한清韓 시찰 위로회와 고칸도 직원들의 송별회 기사가 보이고, 또한 부산으로 부임하는 나메리가와초의 매약상 이토 기요시로의 여권12)이 외무대신 무쓰 무네미쓰의 이름으로 발포되어 있다(『도야마현 약업사』). 자세한 상황은 알 수 없지만 1890년대 조선으로의 매약 행상이 권장되었던 것은 분명하다. 행상을 통해 조선인의 생활과 사회 상황을 시찰했던 선배 매약업자가 약학교 졸업생이나 매약업자에게 조선 진출을 열심히 홍보했다. "언어만 문제없다면 농업이나 어업에서 지금 한인韓人의 지혜는 도요토미 히데요시 시대의 능력에 이르렀다. 언어만 통하면 어떤 일도 성공할 것이고 도한渡韓한 사람에게는 가능한 한 편의를 제공한다. (중략) 도야마 매약의 판로가 크게 확장되기를 바란다. 매약업자는 실로 전도유망하다"(《도야마일보》 1904.4.27.)면서 '의약업의 미개척지 한국은 매약업자의 이익 수탈이 용이한 좋은 미끼가 되는 땅'으로 평가하고 있다.

그러나 조선의 의학은 허준이 15년에 걸쳐 정리한 방대한 저서 『동의보감』(1613)에 망라되어 있다고 한다. 이 책에서 그는 "우리나라는 동방에 위치하고 있지만 옛날부터 의학이 발달하고 약재 연구도 이루어져 왔다. 때문에 우리나라의 의학을 중국의 의학과 구별하여 동의라고 부르는 것

---

12)　'이 사람은 매약 상업을 위해 조선국 부산으로 부임함에 따라 통행에 어려움 없이 여행하게 하고 또한 필요한 보호 부조를 제공할 것을 제관에 희망함. 1895년 4월 18일 일본 제국 외무대신 종2위 훈1등 자작 무쓰 무네미쓰' (『도야마현 약업사』 통사)

이 옳다"라고 조선 독자의 의학 발달을 기록하고 있다. 미개의 땅이 아니라 민중의 생활에 뿌리내린 의학이 발달하였다. 이 책은 중국에서도 여러 차례 대량 출판되었고 1623년에는 일본으로도 전해졌다. 조선 인삼(고려인삼이라고도 함)은 예로부터 불로장수 만병의 약으로 알려진 조선의 유명한 약재료이며 한방에서는 최고의 위치를 차지한다. 일본에서도 에도시대에는 조선 인삼의 수요가 늘면서 값이 비싸 구하기 힘들었던 시기도 있고 '인삼을 먹고 목을 매다'라는 표현은 신분에 맞지 않은 지출 때문에 신세를 망치는 일에 비유될 정도였다. 도야먀현에서 조선인의 인삼 판매 행상 기사는 엿 판매 행상과 함께 1920년대에 들어 볼 수 있게 되었다.

메이지 시대 도야마현에서는 홋카이도를 필두로 하여 캐나다, 브라질, 멕시코, 페루, 미국 등으로의 이주가 많았다. 풍수해나 병충해 피해로 흉작에 허덕이는 농민이나 일자리가 없는 사람들이 개척의 꿈을 안고 신천지를 찾아 집단으로 이주해 갔다. 1892년부터 1906년까지 도야마현에서 홋카이도로 이주한 가구는 18,318가구이며 대부분 농업 개척 이주자라고 적혀 있다(『도마야현사』 통사편 근대 상). 도야마현에서는 1896년 5월 13일부로 조선으로의 도항 허가원 접수가 개시되었다. "강원도와 충청도를 중심으로 4만의 난도 재기乱徒再起"(초기 반일 의병 투쟁) 기사와 함께 도야마현 지사의 이름으로 '조선 도항 금지령'이 내려진 것을 기록하고 "조선 도항 허가를 받으려는 자는 도항 지역 및 목적을 상세히 적고 여러 명의 보증인 서명을 받아 관할 경찰서 또는 경찰 분서를 거쳐 현청에 출원해야 한다."고 되어 있다.

〈표 5〉의 『도야마현 통계서』에 의거하여 정리한 '도야마·조선 출입 인구'를 살펴보면 '병합' 이전에 도야마에서 조선으로 건너간 사람은 연

1,500명에서 1,600명에 달한다. 매약이나 토목건축업, 미곡상, 관리직 등 직업과 관련하여 건너간 사람이 많았고 '동양 척식 주식회사'(이하 '동척'으로 표기) 모집에 따른 이민 이전의 집단 이민 기록은 없다.

〈표 5〉 도야마·조선 출입 인구

년도	도야마에서 나와 조선에 거주하다	조선에서 도야마로 들어가다
1906		3
1907	1,265	
1908	1,499	
1909	1,687	
1910	1,521	
1911	1,691	
1912	835	
1913	733	
1914	817	
1915	1,038	4
1918	1,628	8
1919	1,666	
1920	1,526	
1921	1,592	
1922	1,630	11
1923	1,473	
1924	1,565	
1925	1,659	
1926	1,832	100
1927	1,798	262

1928	2,002	358
1929	2,174	338
1930	2,332	726
1931	2,418	587
1932	2,677	632
1933	2,921	857
1934	3,165	1,196
1935	3,237	1,485
1936	3,711	1,388
1937	3,752	1,750
1938	3,942	2,377
1939	1,823	2,870
1940	1,869	3,209
1941	2,023	3,181
1942	2,398	5,601
1943	2,440	6,289
1944	2,271	9,086
1945	1,122	4,371

『도야마현 통계서』에서 발췌

『조선 및 만주·몽골의 호쿠리쿠 도인사道人史』(1927)에는 메이지에서 다이쇼에 걸쳐 조선에 건너가 '성공'을 거둔 도야마현 사람들 226명이 기록되어 있는데 그 가운데 '병합' 이전에 건너간 사람들의 직업을 정리하면 〈표 6〉과 같다.

다양한 직업이 보이는데 통감부 관리, 미곡상, 철도 관련, 매약상이 많은 숫자를 차지한다. 조선 농민의 봉기는 싼 가격의 조선 쌀을 제한 없이 반출하여 폭리를 취한 일본 쌀 상인에 대한 반발이 계기가 되었다고 하는데 도야마의 쌀 상인 또한 그 일부분을 담당했다고 할 수 있다.

도야마현 사람들은 일대 수탈 사업이라고도 불리는 철도 부설 공사에도 크게 관여하고 있다. 1898년 9월 8일 '경부 철도 합동 조약'을 맺고 일본과 조선의 합동 사업이라고 치켜세웠다. 이를 최대한 활용하여 많은 용지를 매수하고 인적, 물적 자원을 수탈하였다.

조선인의 논밭은 매우 싼 가격이나 무상으로 몰수한 반면 일본인 소유의 토지는 2배에서 15배나 높은 가격으로 사들였다. 이 때문에 일본인이 빈 땅을 사재기하는 토지 투기가 자주 발생하였다. 철도 건설을 둘러싸고 방대한 토지의 수탈이 행해졌고, 철도 자재로 사용하기 위한 산림 벌채와 농가 우마牛馬의 징발 그리고 농민에게 노동이 강제되었다. 이에 조선 인민은 강제 노동을 거부하고 거센 항일 운동을 일으켰던 것이다.

〈표 6〉 '병합' 이전에 도야마에서 조선으로 건너가 '성공'한 사람의 직업

연도	직업
1890	곡물 해산물상
1894	부산 민단 관청
1896	목재 벌목, 세관 근무 세금 징수 조사관
1898	매약 행상, 광산 회사
1900	군용 철도 부설
1903	경부 철도 건설과
1904	경부 철도 촉탁의, 연대連帶, '만주' 수비대
1905	안봉선 철도 공사, 토목 건업, 흑연 공업, '조일 포경 합자' 미곡상, 금광 근무, 법률가, 육군 용달상, 러일전 출정 병사
1906	경부 철도, 철도부, 하청업, '사이센구미' 전당포, 우편국장, 중화공사 목재부, 탄광 회사, 통감부

1907	미곡상, 의복상, 통감부, 도쿄 시미즈구미, 대구 형무소, 전당포, 경찰, 건축 사무소, 매약, 수산 시험소, 탄광
1908	주조업, 미곡상, 토지 경영, 약재상, 페인트공, 목탄 제조, 토건업, 권업 모범장 기술직
1909	맥분 사탕상, 조선 병대 사령부, 혼성 연대, 통감부
1910	약상, 건축업, 조선은행, 페인트 공사, 양복점, 병원 근무, 육군 용달상

『조선 및 만주·몽골의 호쿠리쿠 도인사』에 의거

러시아와 일본의 정세가 험악해진 1903년 정부는 '경부 철도 촉성에 관한' 긴급 칙령을 공포하고 공사를 서둘렀다. 이듬해에는 '군율'[13])을 발포하고 저항하는 조선 인민에게 군대와 헌병이 무력 탄압을 가하며 공사를 진행하였다.

경부 철도 건설에서 도야마현의 토목업체 사토구미가 제6공구를 담당했다. 사토공업(전 사토구미)의 연혁 『110년의 발자취』에는 내지의 하청업자에게도 건설을 맡겼는데 당시 외지에서의 공사 경험이 없는 사람들뿐이어서 지명 하청업자는 '겐요샤玄洋社'라는 건설 회사를 조직하여 공사를 진행했다고 되어 있지만, 조선 인민의 저항에 대해서는 전혀 다루지 않고 있다. 또한 사토구미는 경부선과 함께 군용 철도의 하나인 마산포선(마산포-낙동강 연안의 삼랑진) 공사도 맡았는데 이것이 첫 번째 해외 철도 공사였다고 기술되어 있다. 이때부터 사토구미의 조선인 노동자 고용이 시

13) '군율' 1904년 7월 2일, 항일 투쟁을 단속하기 위해 발포하였다. '당을 결성하여 반항을 기도한 자'나 '군용 전신. 전화기, 철도 차량, 선박 등을 파손한 자' '군의 징발, 숙박 및 인부 고용 등을 방해하거나 이에 응하는 것을 거부하는 자' 등에게 사형, 감금, 추방, 과태료 또는 태형에 처하는 것

작된 것으로 보인다.

1894년에는 후시키항伏木港이 특별 무역항으로 지정되어 '러시아령 연해주 사할린 및 조선국'과의 무역을 위해 제국 신민 소유(민영)의 선박 출입 및 화물 하역이 허가되었다. 그리고 1899년 후시키항은 개항장으로 지정되면서 해외에 문호를 개방하고 외국인과의 직접 무역과 국내외 선박의 출입이 자유로워졌다. 당시의 대안對岸 무역은 연해주가 중심이었고, 어업으로 객지에 돈벌이하러 가는 일본인을 주요 대상으로 하고 있었다. 조선에 대한 수출은 주로 짚공예품과 판자 종류, 수입은 대부분 콩이었고 수량도 적었는데 조선인 중심의 시장을 상대로 하는 무역이었다. 또한 1905년 러일전쟁 승리 이후에는 "한국 유망 영업, 거액의 자금이 필요 없는 본국인에게 가장 적합한 영업"(《호쿠리쿠정보》 1905.4.6.) 등의 기사를 통해 각종 상인의 조선 진출을 촉구하고 뒤처진 조선의 영세 기업을 압박해 나갔다. 일본은 러일 전쟁 개전과 거의 동시에 서울을 제압하고 군사력을 바탕으로 1904년 '한일 의정서'를 체결하였다. 이후 정치적 지배와 동시에 금융과 재정, 철도, 토지를 중심으로 투자 사업을 본격화하면서 경제적 지배까지 강화해 나갔다.

신문으로 보는 '병합'에 대한 관점

병합 이전의 《도야마일보》는 일본의 지배에 반대하는 조선 민중의 피에 젖은 외침도, 의병 투쟁에 대한 일본 군대의 '몰살, 방화, 약탈'과 같은 잔학한 탄압도 전혀 다루지 않고 있다. 러일 전쟁 이전에는 "동양의 평화와 전쟁기戰爭記-러일 관계, 통속 문제"(《도야마일보》, 1903. 6.30.~8.4.)를 31

회에 걸쳐 연재하는데 이 가운데 "지나支那를 통째로 삼키고 (중략) 조선을 삼키고 다시 일본까지 우적우적 먹어보고 싶은 생각이다"라는 러시아의 횡포를 진압하기 위해서는 러일 개전의 길밖에 없다는 것을 설명하고 있다. 러일의 군사력을 비교하면서 해군력, 지리적 조건, 동맹국 등 일본에 유리한 상황을 설명하고 특히 러시아 병사의 우둔함, 러시아 군대의 부패 상태를 들어 일본 군대의 우수함을 자랑한다. "근세의 전쟁이라는 것은 옛날과는 크게 달라 모두 경제적인 싸움을 무력에 호소하는 것이기 때문에" 조선을 일본 한 나라의 이익 아래 두기 위해선 "러일 협상을 신경 쓰지 말고 개전되기 전에 조선에 많은 병사를 투입하는 것이 (중략) 비결이다", "더욱더 전쟁을 해보고 싶어졌습니다"라며 전투 의욕을 선동하고 있다. 러일 전쟁 이후에는 '일본해 해전 대승리'라며 전승 분위기를 선동하고 패권적 배외주의로 민중 의식의 통합을 획책하고 있다. '한국병합' 시기 도야마로부터의 조선 파견대, 보병 제69연대 제2 중대장의 '전투담'(1911.5.2.~5.5.)에서는 의병을 "폭도" "야만 민족"이라 칭하고 그들에게는 "정치적 주장도 근대적 신앙도 없다" "대다수의 민중과는 성격과 이해관계에서 완전히 별개의 민족성을 갖는 자"이고 "일반 사람들은 진심으로 일본의 행정 사법에 감사와 기쁨을 드러내고 있다"는 등 의병과 민중을 편 가르기하고 전국으로 확대된 대대적인 반일 의병 투쟁을 은폐하고 있다. 또한 "폭도가 소지한 무기라고 해봤자 고대의 도검이나 화승총 정도라서 이를 진압하는 것은 토끼사냥보다 쉽다. 단지 곤란한 점이 있다면 산이며 계곡이며 몇 리를 뒤쫓으려니 병사가 몹시 힘들다"며 자유자재로 출몰하는 게릴라식 의병 투쟁에 고심했음을 자백하면서도 '우수'한 일본군 앞에서 '쉽게 무너지는 약한' 조선인 '폭도'의 모습을 통해 일본인으로서의 우월감을 불어넣고 있다.

'한국병합' 전후에는 그 '의의'를 기리는 캠페인을 전개하고 있다. "이번 병합은 이제까지 열강 사이에서 행해졌던 침략적 의미가 아니라, 동양 반도의 분란의 원천을 끊어버리고 한국의 개발에 힘을 써 민중의 안녕과 행복을 증진시키려는 폐하의 깊은 성려聖慮의 결과인 바"(《도야마일보》 1910.8.30.) "원래 한일 합방의 경사를 맞이하는 것은 한국인이다. 우리 내지인은 그들의 통치, 그들의 육성에 적지 않은 정력을 할애할 필요가 있기에 당분간 하나의 거추장스러운 짐을 더한 것과 같다. 그들은 내지 국민의 호의가 담긴 노력에 의존하여 문명인과 어깨를 나란히 하고 일등국 국민으로서의 이익과 대접을 향유해야 할 것이며 그들의 행복은 실로 더할 나위 없을 것이다"(《도야마일보》 1910.8.23.) 그리고 "한국인은 특히 이때 경솔한 행동과 폭동을 삼가고, 우리 내지인의 호의를 적대시하는 일을 가장 삼가야 한다" 등의 기사를 통해 당시 신문에 의해 선전된 '병합의 의의'를 볼 수 있다.

거대한 군사력으로 '보호 조약' '병합 조약'을 강요한 것은 한국을 식민지로 만들어 일본이 막대한 이익을 추구하기 위한 것일 뿐 다른 어떤 것도 아니었다. 한국 정부의 의지와 민중의 분노를 짓밟고 포학을 '선의'로 바꿔치기하여 조선 민족의 이익을 강조하면서 '은혜론'을 밀어붙인 것이다. 일제 강점기 지배를 '병합' 혹은 '합방'이라는 말로 표현하거나 조문에 조선 통치자가 통치권을 양도했다고 기록하여 침략을 은폐하고 대등한 상태에서 동의한 것처럼 왜곡하여 내외에 이를 정당화하려고 했던 것이다. 그러나 정치적, 경제적 지배가 군사적 압력으로 강행되었기 때문에 필연적으로 조선 민족의 격렬한 반일, 반제 투쟁에 직면할 수밖에 없었다.

　정치, 경제, 군사, 외교 등의 직접적인 지배뿐만 아니라 교육, 문화, 생활 습관, 신앙에 이르기까지 철저한 일본인화를 획책했던, 세계사에서도 보기 드문 일제 강점에 대해서 조선의 내재적 발전과 조선 민족의 저항 부분을 삭제해 버리고 피지배자 측에 문제가 있었다는 식으로 돌리는 것 자체가 역사적인 범죄라고 할 수 있다.

(1) '미국 중류층 부인의 아이를 안는 방식은　(2) '조선 하류 사회의 단정치 못한 아이 업는
　　일본인과 유사하다'(1911.10.5.)　　　　　　　방식'(1911.10.3.)

조선 민족의 생활 습관에 대한 이유 없는 차별(《호쿠리쿠타임스》 기사에서)

3. '병합'에서 '해방'까지

'한국병합'에서 일본의 패전(조선의 해방)까지 일제 강점기 통치의 변천, 도야마와 조선의 관계, 도야마현의 조선인 노동자의 동향을 1910년대, 1920년대, 1930년대, 1940년대 전반의 4단계로 나누어 살펴보고자 한다.

제1단계(1910~1919)는 '무단 정치'의 중심인 '토지 조사 사업'으로 많은 조선인 유민이 국외로 건너간 시기이다. 도야마에서는 조선 이민을 장려하고 '북선北鮮 무역'으로 대륙 침략을 노리던 시기이다.

제2단계(1920~1929)는 3·1 독립운동으로 인해 '문화 정치'로 전환하여 '산미 증식 계획'을 진행한 시기로, 일본 국내에서 조선인의 민족 운동이 활발해지고 도야마현에서도 조선인 노동자의 자연 발생적 쟁의가 다수 발생한다.

제3단계(1930~1939)는 일본의 대륙 침략을 위한 '조선 병참 기지화' 시기이며, 도야마에서 조선인 노동자의 조직적 노동 운동 전개로 탄압이 강화된다.

제4단계(1940~1945)는 전시 총동원 체제 아래 '강제 연행'과 '황민화 정책'이 강행되는 시기이다.

1910년대 연표

일본의 대 조선 정책과 일본 및 조선의 움직임	신문으로 보는 도야마현의 대 조선 정책과 현내県內 조선인의 동향
1910년	
8.22 **'한국병합조약' 강제 조인** 제1조 '한국 황제는 한국에 관한 일체의 통치권을 완전히, 그리고 영구히 일본국 천황에게 양도한다.' 제2조 '일본국 황제 폐하는 제1조에 게시된 양도를 수락하고 또한 한국을 일본 제국에 완전히 병합하는 것을 승낙한다.' 8.29 **대한 제국**의 국호를 새롭게 **조선**이라 칭하고 **'조선 총독부'**를 둘 것을 공포한다. 9.30 '조선 총독부 관제'와 '조선 총독부 임시 토지 조사제' 공포 **'토지 조사 사업'**을 본격적으로 개시하다 10.1 조선 총독부 초대 총독에 데라우치 마사타케 임명 헌병 경찰제 실시를 위해 전국 2,500곳에 감시 기관을 설치하고 감옥을 확장, 일반 관리와 초등 교원에 이르기까지 군경 복장과 칼을 차게 한다 12.29 조선 총독부, '회사령' 공포	8.23 "한일 합방 드디어 성립, 2천년 이래의 현안 드디어 해결"(《도야마일보》) 이후 '한국병합'의 의의를 설명하는 캠페인 전개 8.26 "한일 병합 성립 속보" • 매우 평온한 경성 데라우치 통감과 이 총리 사이에 (중략) 22일 오후 9시 정식으로 회견하고 조인을 마쳤지만 아직 일반인에게 알리지 않고 엄중 경계했기 때문에 매우 평온한 분위기 • 반일 한인의 폭동 ▽방인邦人을 박해하다. 우라지오浦塩(블라디보스토크)항 부근에 흩어져 있는 한인은 합방 소식을 듣고 지난 22일 이후 방인의 가옥에 돌을 던지거나 박해를 가하는 등 불온한 상황이다 (중략) 이참에 우리 헌병을 급파하게 될 수도(《도야마일보》) 8.30 "한일 병합" 공식 발표를 보도하다 (《도야마일보》) 8.31 도야마일보사의 '병합' 축하회, "2천 명의 시민들, 숙연하게 성대한 의식을 축하하다"(《도야마일보》)

	연설 "한국은 왕생했지만 다시 조선으로 소생했다"

1911년

1.1	'데라우치 총독 암살 음모 사건' (105인 사건)을 조작하여 민족주의자의 일제 검거를 시작하다. 7.22의 1심 판결로 105명 유죄, 고문으로 4명 사망	5.2	논단 「식민지와 농업에 대해서」에서 조선 무논水田에서의 평균 수익이 5할 이상이며 그 중에는 16에서 17할의 이익을 보는 지방도 있다면서 "농민의 이식에 더 힘쓰라"고 설득
8.23	'조선 교육령' 공포. '황국 신민' 교육과 일본어 강제가 목적	6.5	상업 회의소 임시 총회에서 조선 시찰 보고회
△	1911년 이후에도 집요하게 이어지는 의병투쟁(『조선군 역사』 조선군 사령부) "예전과 같은 상황은 아니지만 도적과 노상강도 무리가 곳곳에서 출몰하여 의병이라 칭하며 관헌에 저항하는 자들이 끊이지 않고"	7.19	"동척 이민 모집"(7.29~8.5) 도야마현의 각 군에서 이민 모집 강의 개최

1912년

3.-	조선 총독부는 폭압적 지배 정책을 위해 악법령을 차례차례 공포 '조선 민사령' '조선 부동산 등기령' '조선 형사령' '조선 태형령' '조선 감옥령'	1.-	전 《호쿠리쿠타임스》 기자 구라다 유엔은 조선 각 도의 상황 보고, 15회 이상 게재 "문하생 1,500여 명을 모아 학원을 열고 있는 한학자, 대단한 위험 사상의 소유자로 '일본 신민에게 굴욕으로 사느니 차라리 청 국민으로 귀화하라'고 연설"
4.-	'동척'에 의한 조선으로의 **집단적 이민 개시**		"촌장이 일본인 편을 들었다고 해서 암살"
8.7	조선 총독부, '**토지 조사령**' 제정으로 방대한 공전公田을 일본의 국유지로 만들다 1912년부터 1918년까지 3만 건의 토지 분쟁 사건		"동척 이민의 입식을 거부하는 불온 행위, 〈모국의 행위를 오해하는 우둔한 백성에게 농사를 지도하는 것

		1.30	은 매우 어려운 일이다)" 기타 등등 도야마 어업조합이 출원중인 조선 경상북도에서 삼통정치三統定置 어업 면허를 받다

1913년			
10.1	내무성 지시 통첩 '조선인 식별 자료에 관한 건'을 각 지방 장관에게 보내다	1.22	하마다 지사, 조선 항로 설치 건으로 담화 발표
		1.29	도야마 미곡 거래소, 4월부터 조선·대만 쌀을 대용代用
		2.4	무일푼의 "빈털터리가 된 조선 엿장수" 두 명이 경찰에 매달려서 2엔 46전의 은혜를 베풀었다고 경찰의 온정을 보도하다
		7.7	"춤추기 시작한 조선인" 전 조선 관찰사의 장남, 7,800엔의 여비로 일본 유람 후 무일푼으로 나메리가와초의 요리여관에 숙박
		12.30	"조선에 가면 월급 인상" 제9사단, 조선에 머무는 동안 월 급여 1/3에서 1/5할 늘려서 지급

1914년			
4.-	**도쿄**, 조선 유학생 학우회 '학지광' 창간	1.16	"조선의 내지 시찰단 도야마에 오다" 주요 항구 및 주요 도시 시찰
7.28	제1차 세계대전 시작되다	3.4	"동척 조선 이민 모집"
9.1	오사카 거주 조선인 친목회 결성	4.8	"제9사단 도야마 보병 제69연대 1,600명 조선으로 건너가다" 대대적 환송 환영
12.28	교토 조선인 유학생 친목회 결성	5.10	조선인 시찰단 63명 다가오카 도착, 후시키항 시찰
		7.6	조선 산업 시찰단, 재차 단원 모집 (4월 모집은 신청자가 없어 실패) 대大상인 열 몇 명으로 조직

	10.10 '북선 시찰단' 출발 12명

1915년

1.18	일본, 중국에 '21개조 요구' 제출	1.13	"북선 시찰단 보고회" 개최
2.17	조선 총독부, '미곡 검사 규칙' 발포		'북선 남만주와 엣추越中'에 대해
3.1	유동설, 박은식 등이 상하이 영국		장래 매우 유망한 땅이라고 설명
	조계租界에서 '신한 혁명당' 결성	6.15	"도야마현 사람의 손으로 완성되
3.-	조선 총독부, '사립학교 규칙 개정'		는 선인 유치원 –일선日鮮 동화의
	일본인 교사 채용, 일본어가 불가		열매, 아동들 사이에도 착착 진행"
	능한 교원 배제	11.8	'동척 제6회 이민모집'
8.16	조선 총독부, '신사 사원 규칙' 발		
	포, 황국 신민화 추진		
12.24	조선 총독부, '조선 광업령' 공포,		
	광업권 독점		

1916년

1.4	조선 총독부, '교원 심득心得' 공포,	1.13	"조선 이농 성적" 발표, '동척' 작년
	철저한 '신민 교육' 도모		까지 5회 모집. 파산자 다수
	"조선인이 조선 역사책을 소지한		현재 총 2,695가구, 인구 11,373
	것이 죄가 되고, 자국의 역사를 읽		명, 할당 전답 면적은 논 12,489,

	는다고 태형에 처하고 15일에서 30일간 투옥"	2.25	000평과 밭 1,713,000평
7.-	내무성, '재일 조선인 단속 내규' 각 부현府県에 통달		'회령 호쿠리쿠 현인회 조직'(도야 마·이시가와·후쿠이·니이가타) 현재 회원 31명
7.4	조선 총독부, '고적 및 유물 보존 규칙' 제정, 조선사 왜곡, 문화재 약탈 -"한일 동조론" "사회 정체론" "중국 문화 모방론" 등 유포	5.29	'동척 2종 이민 모집'
		7.24	1915년 말 재외 도야마현인 숫자 발표. 조선 1,028, 대만 360, 사할 린 881, 외국 3,391
10.6	육군 대장 하세가와 요시미치, 조 선 총독부 총독에 임명	8.7	조선우朝鮮牛, 호쿠리쿠 이입. 쓰루 가에서 검역 후 내지 각 지역으로
		10.3	"선우鮮牛 호쿠리쿠 수입난" "북선인 대체로 양우良牛의 일본 수출을 기피하고 일부러 불량우를 판매하려 하다" "일본해 방면의 선 박 현저하게 부족"하여 가격에서 수지가 맞지 않는다고 설명

1917년

8.-	신규식 등이 상하이에서 조선 사회 당 결성	1.21	"어민을 조선으로" 도야마현, 이민 계획 발표
9.-	'동양 척식 주식회사법' 개정, '만 주'를 새로운 진출 지역으로 정하다	9.14	"공갈 상해로 선인을 징역 6개월에" 호소이리무라 이오리다니의 도야 마전기(주) **이오리다니 확장 공사 에서 사토구미 산하의 조선인 함바 반장**이 함바 갱부 쟁탈 문제로 항쟁
		10.24	조선인 다이너마이트 폭발로 손가 락 1개 절단. 이오리다니 확장 공 사장 도야마전기(주)

1918년

1.8	미국 윌슨 대통령, 민족 자립 등의 14개조 강령 발표	6.27	상의회소 의원의 조선 시찰단 출발
1.29	조선 총독부, '조선인 노동자 모집 단속 규칙' 공포	7.18	오사카 오바야시구 경찰서, 도야마 오바야시구 경찰서 담당 조선인 198명, 쓰루가에서 고용 중개인의

2.21	조선 총독부, '서당에 관한 규칙' 제정 ※ 서당은 예로부터 내려오는 민간 교육 시설로 천자문이나 동몽선습 등의 읽기 쓰기를 가르쳤다. 국어(조선어), 역사, 지리 등 민족어 중심의 민족 교육, 1918년 현재 24,284개교		사기에 분노하여 분규, 이십 명 넘게 격분하여 도주
6.26	이동휘 등이 하바로브스크에서 한인 사회당 결성	7.20	다테야마 온천 상류 임업 공사장에 조선인 노동자 172명 도착
6.18	토지 조사 사업 완료	7.23	'북선 항로' 시찰에 조선 함경북도 장관의 도야마현 방문이 결정
8.2	일본, 시베리아 출병	8.2	다테야마에서 도망 나온 조선인 3명이 가나자와신마치 분서分署에 보호
8.-	쌀 소동 일어나다		
8.16	총독부의 '곡류 수용령', 쌀과 곡물의 수탈 강화를 위해	8.6	"다테야마 모래막이 공사의 조선인 40명이 하리기산을 넘어 도주" 고생과 학대를 견디지 못하고 도망자 속출 "선鮮 인부 소동, 교활한 인부 청부인"
		9.26	**조간지강** 상류 식수공사에 종사하는 조선인 63명이 계약 기한 만료에 따라 쓰루가에서 원산으로 돌아갈 예정이었지만 회사가 계약금을 주지 않고 도망. 조선인들 격앙하여 쓰루가 경찰서에 쇄도

1919년

2.8	도쿄의 조선인 유학생 600명, 독립 선언 발표. 조선 YMCA회관에서 유학생 대회 개최, 만장일치로	3.22	논설 '조선 이농'에서 "내지 쌀이 부족한 현재, 내지 농민을 조선에 다수 이주시켜 조선 쌀 증식으로

	선언 결의
3.1	3·1 독립 운동 파고다 공원의 민중, 10년 만에 태극기를 흔들며 학생 대표가 독립 선언서 낭독. '대한 독립 만세' 소리는 대지를 뒤흔들고 교원과 학생의 선도로 거리로 나와 시위 독립 운동은 급속히 전국으로, 해외로 파급, 일본군의 발포로 다수 학살되다
4.-	조선 총독부는 일본으로의 도항 제한을 위해 '조선인의 여행 단속에 관한 건' 공포
4.15	조선 경기도 수원에서 일본군의 학살. 주민을 교회에 감금하고 방화, 사살, 교회 내 사망자 22명, 교회 정원에서 6명 사살
4.15	조선 총독부, '정치에 관한 범죄 처벌 건' 공포 이전의 '보안법'보다 엄격한 치안법
5.4	중국에서 5·4운동 일어나다
5.20	도요대학東洋大學 철학과 교수 야나기 무네요시, '조선인을 생각하다' 요미우리신문에 발표
8.12	조선 총독부 제3대 총독으로 사이토 미노루 취임.
9.10	사이토 총독이 '문화 정책' 발표 (1)조선총독부 관제 개혁 (2)헌병 경찰 정치 폐지 (3)지방 제도 개혁

	식량 부족을 구제해야"라며 호소
4.11	경성 주재 전《호쿠리쿠타임스》기자, '3·1 독립 운동' 보고 연재
4.19	'조선으로부터' (1)~(9) '전선全鮮에서 민족 자결로 독립 만세를 연호하고 시위운동이 대단히 격렬하다 (중략) 각지에서 빈번하게 민중 폭동이 일어나다' '40명의 폭도와는 달리 위험이 크진 않다. 점차 험악하게 흘러가다' "검사 소독을 마친 예기藝妓 30명이 병원과 경찰서 앞에서 독립 만세 삼창, 결국 구류되었다. 또한 30여 명 우체국 앞에서 만세를 외치며 병사에게 반항하다. 때렸다, 피가 났다, 쓰러졌다, 그래도 만세를 멈추지 않는다." "희생자의 장례식에서 분향 조사가 한창일 때 수백 명의 선인이 저쪽 먼 산에서 독립 만세를 연호. 비분의 피가 들끓다" "어느 경찰서에서나 폭행 선인이 넘쳐나고 두세 명의 순사로 매일같이 이어지는 조사에 뺨을 때리는 손이 아플 정도......체포되는 자가 1만 명에 가깝다.....경성은 지금 살기가 도는 가운데 봄이 왔다."
8.9	나메리가와초 다테야마 수력 다쓰노 변전소의 전기 견습공 조선인, 바닷물에 빠져 먼 바다에서 사체로 떠오르다
8.13	논설 '북선과 새로운 관계' 자본에 여유 있고 사업에 관심 있는 현인에게 최고의 신천지라고 설득하다
8.14	"조선의 경찰권을 새롭게 장악하

| | | 려고 하다. 본현 출신의 노구치 군" 조선의 새로운 경무 부장에 취임 |
| | 9.6 | 11월 중에 조선으로 5,000명의 순사 파견, 도야마현 12월부터 채용 시험 |

■무단 통치와 토지 조사 사업

1910년 8월 22일, 일본은 군대와 경찰의 엄중한 경계 체제 아래 '한국병합조약'을 강제 조인[14]하고 조선을 강점하였다. '대한 제국'을 '조선'으로 개칭하고 한국 국적을 빼앗고 일본 국적을 강요하였다. '조선 총독부'를 설치하고 일본인 총독이 조선 전역의 통치자로서 군림하기로 했다.

조선의 법률[15]은 총독의 명령=제령制令과 천황의 대권으로서의 명령=칙령勅令 두 가지이고, 모두 조선인의 의사를 반영하는 것은 아니었다. 조선 총독부 초대 총독 데라우치 마사타케는 '조선인은 일본의 법률에 따르든지 죽음을 택하든지 선택하라'고 공언하면서 조선 인민에게 생살여탈의 권력을 행사하였다. 군대, 헌병, 경찰의 점령 아래 조선인의 사법, 교육 등 모든 권리를 일본의 지배하에 두는 '무단 정치[16]'를 단행하였다.

---

14) 대한제국 정부 총리 이완용과 3대 통감 데라우치 마사타케 사이에 조인. 8월 29일에 발표하였다(조서 '한국을 제국에 병합하는 건'). '병합' 조인에 대비하여 서울 시내에는 헌병, 경찰, 한국 주차군도 배치, 모두 전투 체제를 취하고 있었다. 조선 민중은 압도적인 일본군, 헌병, 경찰에 의해 움직임을 봉쇄당하고 철저한 언론 압살 속에서 극비리에 '병합' 조인이 이루어졌다.

15) 칙령 제324호 '조선에 여행해야 하는 법령에 관한 건'에 의함

그 중심이었던 '토지 조사 사업'(1910.9~1918.11)을 통해 많은 농민들로부터 토지를 빼앗았다.

1912년 8월 '토지 조사령'이 제정되고 이에 따라 토지 소유권은 실제 그 토지를 경작하는 농민이 아니라 그 토지와의 연고 관계를 신고한 자에게 인정되었다. 토지 소유에 필요한 복잡한 서류를 갖추어 기한에 맞춰 신고하는 번거로운 절차를 거쳐야만 소유권을 인정받는 것이었다. 따라서 대부분 글을 읽을 줄 몰랐고 법에 대해 무지했던 농민은 신고하지 않았다. 신고 기회를 놓친 이들 조선인의 농지와 공공 기관에 속한 대부분의 토지를 특권층과 조선 총독부에 빼앗기게 되었다. 신고하지 않은 토지는 일단 '국유'가 되고, 이후에 일본인 지주나 토지 회사에 불하되었다. 토지를 빼앗기고 소작인으로 전락하여 높은 소작료, 토지세의 수탈에 신음하는 농민은 해마다 증가했다. 1920년 자소작농과 소작농은 전체 농가의 76.8%를 차지했다〈표 7〉 참고).

〈표 7〉 소작화의 진행 – 농가 종별 가구 수, ( )안은 비율

년도	1914	1919	1920
지주(戶)	46,754 (1.8)	90.386 (3.4)	97,105 (3.6)
자작(戶)	569.517 (20.0)	525,830 (19.7)	533,188 (19.6)
자소작(戶)	1,065,705 (41.1)	1.045,606 (39.3)	994,974 (36.6)

16)　무단 정치란 무력의 방법으로 전제적으로 하는 정치를 말한다. 『사기史記』의 '향곡鄕曲을 무단武斷하다'를 기원으로 한다.

	911,261 (35.1)	1,003,003 (37.3)	1,091,680 (40.2)
소작(戶)	911,261 (35.1)	1,003,003 (37.3)	1,091,680 (40.2)
농가 총 호수(戶)	2,592,237 (100.0)	2,664.825 (100.0)	2,716,949 (100.0)

– 호소가와 기로쿠의 『식민사』 p.298 (『또 하나의 현대사』에서 인용)

　　한편 일본은 30억 평의 전답과 330억 평의 산림을 국유지로 만들어 빼앗고 '동척'[17]을 중심으로 일본 농민의 이입을 활발히 진행하면서 조선 농민으로부터 소작지마저 빼앗아 갔다. 그 밖의 '산업의 침략'에 대해선 앞의 『고교국사』 하에 다음과 같이 기술되어 있다.

　　조선 총독부는 이와 같이 농민을 괴롭히는 토지 조사 사업에 이어 임업, 어업, 광업 등 모든 산업을 수탈하기 위한 정책을 추진하였고 회사령[18]을 공포하여 민족 기업의 성장을 억눌렀다. 임업 분야에서는 산림령을 공포하는 동시에 임야 조사 사업을 실시하여 광대한 국·공유림과 소유자 불명의 산림 대부분이 일본인의 손으로 넘어갔다. 그 결과 전체 산림의 50% 이상을 총

---

17)　　현역 육군 중장을 총재로 하고 군부, 관료, 정계, 재계의 거물들이 제복에 권총, 총, 망원경을 휴대하고 사기와 폭력 수단으로 혹은 금융 저당, 유질流質 등의 형태로 토지를 약탈해 갔다. '동척' 소유 토지는 1910~1919년 사이에 3,300만 평에서 2억 3,310만 평으로 증대되었다.(박경식 『조선 3.1 독립 운동』)

18)　　1910년 12월에 공포되어 다음해 1월에 시행된 법령. 한국에서 회사를 설립하거나 한국 외에서 설립한 회사의 본점 및 지점을 한국 내에 설치하는 경우는 조선 총독부의 허가를 받아야 한다고 규정되어 있다.

독부와 일본인이 차지하게 되었다.

어업 부문도 마찬가지였다. 일본은 일찍부터 한국의 연안에 침입하여 자국의 5배가 넘는 어획고를 올리고 있었는데, 1910년 이후에는 일본의 어민을 한국에 이주시켰고, 막대한 자본과 총독부의 원조로 한국의 황금 어장을 독차지하였다. 빼앗긴 어업권을 되찾고 이를 지키기 위해 전국의 어장에서 어민의 분쟁이 격렬하게 일어나기도 했다. 한때 일본의 어획고가 세계 제2위를 기록할 수 있었던 것도 한국의 주요 어장을 독점 지배했기 때문이다.

광업에서도 총독부는 금, 은, 납, 텅스텐, 석탄 자원을 광범위하게 조사하여 이를 일본의 재벌에게 양도하였다. 한국인에게 허가한 광구 수는 일본인의 5분의 1에 불과했다. 1918년경 민족별 광석 산출량을 보면 한국인의 양은 일본인의 300분의 1에 지나지 않았던 것이다. 총독부의 비호 아래 일본인 회사가 모든 산업을 경영하고 있었는데 결국 총독부가 커다란 기업 그 자체였던 것이다. 따라서 총독부는 철도, 항만, 통신, 항공, 도로 등을 독점적으로 경영하고 담배, 약용 인삼, 소금 등을 전매하였다. 이로써 한국의 민족 자본은 쇠퇴하였고 발전의 길이 막혀버렸다.

일제 강점기 경제 정책은 한국산 쌀을 턱없이 싸게 사거나 각종 원료를 염가로 사가지고 일본으로 돌아가 제품을 만들어 다시 한국에서 고가로 판매하는 이중의 착취를 하였다. 총독부는 회사령을 중심으로 산업 경제의 모든 권리를 장악했을 뿐 아니라 금융 조합, 농공 은행 등에도 손을 대어 민족 기업의 성장을 억압하였다. 이와 같은 악조건 속에서 민족 사업은 현저하게 쇠퇴하였고 한국인의 생활도 극도로 궁핍해져서 풀뿌리나 나무 껍질로 목숨을 연명하기도 하였다.

선조로부터 대대로 내려오는 토지를 빼앗긴 농민은 국내의 도시 빈민층, 산간벽지의 화전민이 되거나 '만주'나 일본 등 국외로 먹을 양식을 찾아 유랑하지 않을 수 없게 되었다. 1910년부터 1922년까지 중국 동북지방 간도로 이주한 사람은 25만 1,086명(조선 총독부 경보국 조사)이며, 일본 이주도 1909년 790명(주로 유학생)에서 1920년 30,175명(내무성 경보국 조사)으로 증가하고 있다. 제1차 세계 대전(1914~1917)의 군수 경기로 비약적 공업 발전을 이룬 일본이 국내의 노동력 부족과 이에 따른 임금 상승을 억누르기 위해 저렴한 식민지 노동자의 고용에 힘을 쏟은 결과이기도 하다.

■ 이민 장려와 조선인 노동자의 도야마현 이입

'한국병합'을 칭송하는 캠페인 이후에는 조선을 향한 도야마 지역민의 '약진'을 촉구하는 기사가 잇따르고 있다. 「파견대장 나카히라 대위와 이야기하다(하)」(1911.5.5.)에서는 "이민의 적기는 지금"이라며 "선인에게는 공업, 상업의 지식은 거의 없다", "전답뿐만 아니라 양잠, 축산, 원예에도 적당한 풍토"이고 "토지가 싸고 과세도 낮아 구입이 용이하다" "내지에 비해 생활비가 적게 들고 영양가 많은 식품도 듬뿍 먹을 수 있다"는 등 이민 생활을 장밋빛으로 묘사하고 있다. 또한 전 《호쿠리쿠타임스》 기자는 조선 각지의 지형, 사람들의 생활, 산업에 대한 보고서를 종종 쓰고 있다. 미곡상이나 잡화상으로 무일푼에서 많은 부를 이룬 도야마현 사람들의 '성공담' 등을 보고하여 현민県民의 의욕을 불러일으키고 있다. '동척'의 '이출 농민' 모집을 네 차례 볼 수 있는데 실제로 도야마현에서 응모한 숫자는 파악할 수 없다.

어업 진출도 1912년 경상북도 삼통정치 어업 면허가 내려져 "왜소 조악하고 고식한 어구를 갖고" "불과 두 세 시간 동안 손이 닿을 정도의 연해에서 삼치, 도미 등을 건져 올리는 태만한 선인 어부"(1912.12.16.)의 어장을 빼앗아 대량의 어획물을 획득해 나갔다. 1917년에는 청진 연안을 현지 조사하고 어민의 이민 계획도 세우고 있다.

도야마에서 조선으로의 출입 인구를 살펴보면(234쪽 〈표 6〉 참조) 1910년대는 도야마에서 조선으로 건너간 사람이 대부분이었다. 조선 총독부의 관리로서 조선 통치의 최선단에 있던 사람도 많다. 1914년 9월 1일 현재 "도야마현인 직원록"(1914.9.17.)에는 조선 총독부 직원 58명이 기재되어 있다.

1910년 우사미 도야마현 지사가 조선 총독부 참여관으로 전입하고 그 뒤를 이은 하마다 지사는 산업 진흥에 힘을 쏟아 1911년부터 '산업 조사회'를 조직하였다. 1915년 '도야마현 산업 장려 방침'을 제정하여 도야마현 발전의 방향성을 분명히 했다. 즉 '도야마현은 장래 농업의 주체이지만 도야마현의 지세는 근대 공업의 최대 요소인 수력 전기를 용이하게 얻을 수 있기 때문에 장래에는 이 전력으로 공업 발전을 계획함과 동시에 후시키항(1912년 축항)을 이용하여 홋카이도 및 조선, 러시아령 연해

주와의 교통 무역의 발전을 도모하여 일본 해상으로 크게 비약해야 한다'고 말했다. 수력발전 사업을 산업 발전의 원동력으로 하여 해외로의 '비약'을 도모하는 것이 이 시기부터 도야마현의 기본정책으로 명확히 내세워지고 있다.

이어서 1917년 이노우에 지사는 5대 사업으로 ①치수 문제, ②현립 약학 전문학교의 관립 이관, ③히에쓰飛越 철도의 조기 착공, ④도야마현의 포장 수력 개발, ⑤'북선 항로'의 개척을 내걸었다(『도야마현사』 통사편 근대 하). 이는 이후의 지사에게 계속 이어져 실현되는데 이들 사업 대부분에 조선인 노동자가 깊이 관련되어 있음을 볼 수 있다.

후시키항을 기점으로 한 '북선 항로' 설치 계획은 1910년대부터 대안對岸 북조선과의 무역에 주목하여 추진되었다. 정재계인을 중심으로 한 '북선 시찰단'과 조선으로부터의 시찰단(주로 '동척'에서 조직되었다)이 빈번히 왕래하고 있다. 북조선에 대한 착안으로서 "단독 경작에 한정하지 않고 자원을 내지에 반입하고 도야마현의 생산물 판로를 열어야 한다"(1917.3.3.)며 풍부한 자원을 수입하여 현의 생산성을 높이는 것에 일찍이 착목하고 있다. 게다가 "북선을 제2의 홋카이도로 만드는 것은 지금 도야마현의 과잉 자본과 사람을 가장 적절하게 훈도訓導하는 방법이지 않은가" "먼저 북선을 도야마현인 자신의 식민지처럼 영유하는 것을 우선으로 해야"(1917.7.22.) 한다며 제1차 대전에서 과잉된 금융의 유망한 투자처로서 사업가의 발전, 자본의 투자를 호소하고 있다. 1920년 대망의 '북선 항로' 개시가 결정되고 호쿠리쿠기선주식회사가 '후시키항-나나오-우라지오(블라디보스토크)-청진-원산'의 연 20회(예정)의 정기 항해를 개시하였다.

〈표 8〉 일본 및 도야마현의 조선인 수

년	전국	도야먀현 (각 년도말)	비고 : 신문 등에서
1912	3,171		
1913	3,635	1	
1914	3,542	1	
1915	3,917	5	
1916	5,624	5	
1917	14,502	70	
1918	22,411	25	다테야마 사방 공사장 172명, 조간지강 식수 공사 63명
1919	26,605	68	
1920	30,189	53	
1921	38,651	37	다카오카高岡 시내 거주 35~36명
1922	59,722		오야마무라 현영県営 수력발전 200여명
1923	80,415	179	조선인 노동자, 본현 300여명
1924	118,152	1,339	조선인 토공 대략 200명, 일본전력의 히다미야강 공사 조선인 토공 400여명
1925	129,870	1,205	일본전력 가니데라, 히에쓰 철도, 진즈 보수 등 1,000여 명, 구로베 일본전력 천 수백 명
1926	143,796	3,375	8월경 조선인 토공 3,000명 이상
1927	177,215	1,570	2,129명 - 미카이치 869, 이나미 469, 도야마 224, 오쿠보 163, 다가오카 63, 신미나토 83, 후시키 62
1928	238,102	1,074	3월말 1,438명(현 사회과 조선인 조사, 쇼가와 391, 도야마시 225, 가미니가와군 시타무라 145, 네이군 하야호시무라 147, 히가시도나미군 157) 신조 경찰서·오쿠보 경찰서 조사 - 실업 조선인 1,300~1,400 히에쓰선 제2기 공사장 약 1,000명

			10월 3,033명(오쿠보 670, 미카이치 570, 신조 경찰서 관내 550, 조하나 경찰서 관내 460, 주로 수력발전 공사 토공)
1929	275,206	1,295	
1930	298,091	2,167	
1931	311,247	1,145	『도야마현 경찰사』 -도야마현 2,000의 조선인 노동자, 실업자 300인 도야마현 거주 조선인 노동자 1,500명(유선거권 38명)
1932	390,540	875	조선인 실업자 71명
1933	456,217	1,127	
1934	537,695	1,897	
1935	625,678	1,641	일본전력 구로베 네코마타 발전소 약 1,000명
1936	690,501	1,703	
1937	735,683	2,084	
1938	799,878	3,056	아리미네 현영縣營 와다강 발전 약 1,000명, 구로베 제3 발전 약 1,000명 도야마현 거주 조선 동포 3,500명
1939	961,591	3,297	'협화회協和会' - 도야마현 거주 조선인 4,875명
1940	1,190,444	5,876	《기타니혼신문》『신건축 정신대』- 도야마현 거주 조선인 7,150명
1941	1,469,230	3,250	
1942	1,625,054	3,683	'협화회' 조사 총인원 3,848명
1943	1,882,456		
1944	1,936,843	13,842	'협화회' 조사 총인원 7,290명
1945	2,365,263	9,435	『도야마현 경찰사』- 종전 시 25,000명

- 내무성 「사회 운동 상황」 - 박경식 『재일 조선인 관계 자료 집성』 전 5권에서 발췌

도야마현의 물산진열회 개최나 사절단 파견으로 북조선의 판로 확장에 힘을 쏟고, 북조선을 발판 삼아 '만주'로의 야망을 확대해 간다. 이후 '북선 항로'는 제2차 대전에 이르기까지 도야마현의 대외 무역의 중추로 발전해 갔다.

〈표 8〉은 내무성 경보국 '사회 운동 상황'에서 정리한 일본 및 도야마현의 조선인 숫자이다(비고에는 신문에 나온 각종 공사장 등의 조선인 수를 기재하였다).

이 시기 도야마의 조선인 수는 50여 명에 불과였는데 대부분 토목 노동자였던 것으로 보인다. 신문에서(1917.9.14.) 호소이리무라, 도야마전기㈜의 이오리다니 확장 공사장에서 사토구미 산하 조선인 함바 반장 밑에서 몇 명의 조선인 노동자가 일했다는 것을 알 수 있다. 1918년에는 일본인 브로커의 감언이설로 다테야마 사방 공사를 위해 조선인 198명이 원산에서 쓰루가항으로 입항하고 있다. 항해 중에 브로커의 심한 대우에 격분하여 소동을 일으키고 도주한 조선인도 있었다. 노동 현장인 다테야마 사방 공사장에서도 약속과는 전혀 다른 혹독한 노동, 질 낮은 식사, 게다가 임금조차 지불하지 않는 가혹한 대우에 분노한 조선인의 도주가 잇달았다.

같은 해 조간지강 상류 식수 공사에서도 63명의 조선인 노동자가 일하고 있었다. 약속 기한이 끝나 쓰루가에서 원산으로 돌아갈 때 노동 브로커는 여비 1인당 10엔의 지급 약속을 어기고 도망가 버렸다. 크게 격분한 조선인이 대거 쓰루가 경찰서에 몰려들었다. 이러한 노동 브로커가 가난한 조선인을 감언이설과 사기 수법으로 모집하여 노동력이 부족한 일본의 토목공사장으로 보내는 일이 일본 각지에서 발생하자 총독부는 이를 단속하기 위해 1918년 '조선인 노동자 모집 단속 규제'안을 마련하였다.

■3·1 조선 독립 운동

1919년 도쿄 조선인 유학생의 '2·8 독립선언'이 불씨가 되어 조선 전국에 독립 운동의 폭풍우가 일었다. 3월 1일, 서울에서는 아침 일찍부터 '독립 선언서'가 배포되고 정오를 지나 파고다공원에는 학생, 일반 민중이 속속 집결하여 그 숫자가 수천에서 수만에 달했다. 학생 대표가 '독립 선언서'를 낭독하고, '대한 독립 만세' 대합창과 함께 민중들은 태극기를 흔들면서 시가행진을 시작하였다. 이 '독립 만세' 소리는 즉시 조선 전국과 해외까지 확대되어 갔다. 이는 총독부의 '무단 정치' 아래 신음하던 조선인의 마음속에 끊이지 않는 해방에 대한 집념과 분노가 일거에 터져 나온 것으로 농민, 노동자, 상공인, 관리, 종교인들 모든 계층 사람에 의해 서울에서 조선 전체로 요원의 불길처럼 퍼져나갔던 것이다. 겁에 질린 일본 군대와 관헌이 실탄 사격으로 마구 학살하는 데도 불구하고 1년 동안이나 싸웠다. 박은식의 『한국 독립 운동 혈사』에는 3월에서 5월말까지 3개월 동안에만 참가자가 202만 명, 학살자 7,509명, 중상자 15,900여 명, 투옥된 자가 46,900여 명, 소각된 교회, 학교, 민가는 760여 곳 정도라고 적혀 있다.

이 운동은 전 세계에 조선 민족은 일본의 강점에 반대하고 민족의 독립을 요구한다는 것을 선언하였다. 또한 중국, 인도 및 중동 지역에서 반제국주의 민족 운동을 불러일으키는 선구적인 운동이 되었다. 이를 계기로 상하이에 조선 민족 스스로의 힘으로 민주 공화제 정부 '대한민국 임시 정부'를 수립하였다.

이와 같은 조선 민중의 거센 분노는 일본의 지배층에 커다란 타격을 주어 어쩔 수 없이 지배 정책을 전환하게 만들었다. '무단 정치'에서 '문화 정치'로 전환하여 계속적인 지배를 도모해야 했던 것이다. 이 투쟁의 파급을 우려한 일본에서는 조선인의 출입을 엄격하게 제한하기 위해 1919년 4월 '조선인 여행 단속에 관한 건'을 공포하고 도항하는 자가 경찰에 신고하는 여행증명서 제도를 제정하였다.

1920년대 연표

일본의 대 조선 정책과 일본·조선의 움직임		신문으로 보는 도야마현의 대 조선 정책과 현내 조선인의 동향	
1920년			
3. 1	서울, 평양 등에서 독립운동 일어나다	10.1	국세国勢 조사 -도야마현의 식민지인(조선·대만·사할린) 45명(남 42, 여 3)(『도야마현 통계서』)
9.23	원산에서 독립운동 일어나다	11.10	'북선 항로' 개시 결정(11월 17일부터) 호쿠리쿠기선(주) 설립, 노토마루能登丸 용선傭船
10.-	일본군, 간도의 조선인 대학살, 사망자 2,285명	11.18	'북선 첫 항해' =호쿠리쿠기선이 후시키-나나오-'우라지오'-원산의 정기항로 취항 개시. 1년 20회 예정
12.- △	조선 총독부 '산미 증식 계획' 개시 이 해 국회 의사당 건축 개시. 1926년 완성까지 연 250만 명의 노동자 대부분이 조선인 노동자		
1921년			
7.28	경시청 특고과特高課에 '내선 고등	5.15	조선 시찰단 도야마현 방문, 일본

	계' 설치		강관, 후시키항, 북해소다, 직물 모범공장 등 시찰
9.26	조선 부산의 부두 노동자 5,000명 동맹 파업	7.1	본현 시찰단 일행 27명, 후시키항에서 블라디보스톡, 북조선 방면으로 출발
10.1	조선 황해도 각지의 농민, '동척'의 가혹한 착취에 대해 '소작료 미지불 동맹'을 결성	7~8	「북선 시찰기」 연재
		8.-	청진, 원산에 '도야마현 물산진열회' 개최
10.23	박춘금, 이기동 등 오사카에서 '내선 융화' 단체 '상애회相愛会' 창립	11.26	다카오카 시내 조선인 노동자 약 35~36명, 고무 회사, 닛신 방적 공장, 기무라 단추 공장 등의 직공. "불평 없이 일하고 조식粗食에도 만족하면서 급여 대부분을 고향으로 송금"이라며 성실하고 기특한 조선인으로 보도

1922년

7.16	니이가타현 신에쓰 전력 공사장에서 조선인 노동자 600명이 오쿠라구미에 혹사당하고 100여명이 학살되다	3.28	도야마시 조선 함경북도의 토지 약 4,200만 평 무상 임대 출원, 아마 재배에 적합한 토지
10.18	윤덕병 등 서울에서 '조선 노동 연맹회' 결성	4.15	'북선 시찰단'(기자단) 20명 도야마 방문
11.15	'도쿄 조선 노동 동맹회' 결성	5.30	'선인 내지 시찰단'(공직자 등) 20명 도야마 방문
12.1	'오사카 조선 노동 동맹회' 결성	7.1	간도에서 조선인 소학교 교원 7명 내지 학사 시찰로 도야마 방문
12.5	'조선인의 여행 단속에 관한 건' (1919년 4월 공포) 폐지. 자유도항 실시	8.4	'내선 융화 강연회'의 불교 회당, 강사, 현정구락부県正俱樂部의 주도자 김창준
		8.4	'북선 산업 시찰', 현 촉탁, 상업 관계자
		8.11	기후현 모즈미 광산에서 일하던 조선인 노동자, 매독으로 노동 불가능, 고용주가 십 수 엔의 임금 지불하

	지 않자 도야먀 현청 뒤편에서 자살
	8.31 조선 함흥에서 도야마현 물산진열회 개최
	9.1 임금 지불 건으로 일본인과 조선인 큰 싸움. 오야마무라, 현영 수력발전 제3 발전소(조선인 노동자 200여명 고용) 조선인 1명 중상, 일본인 함바 반장 도주하다 체포
	9.8 난투 사건(9.1)의 진상 판명. 함바 반장, 조선인이라고 업신여겨 임금 지불 안 하고 폭행. '선인 십 수 명의 폭행'이라고 허위 진술
	9.15 도야마현 경찰부장, 가미다키 현영 수력발전 지대의 조선인 동정 시찰 180명의 조선인(니시마쓰구미 27명, 사다무라구미 23명, 사토구미 11명, 가토구미 29명, 엣추 전력 49명)

1923년	

2.- 제주도와 오사카 사이 정기 항로 개설	1.4 "선일鮮日 결혼 장려" 경성의 인사 상담부, 적절한 배우자를 고르는 중개역할 맡다
4.- 야마구치, 모지에 관부 연락선 취항, 조선인 노동자 다수 도항	△ 최근 니가타 감옥에서 혹사당해 도야마로 도주하는 조선인 노동자 기사 다수
5.14 '조선인 노동자 모집에 관한 건' 공포. 일본인 사업가에게 조선인 노동자 모집을 가능한 한 제한하는 취지 통첩	5.1 구로베 철도 제2기선 공사에 다수의 조선인 취로. "청원 순사 배치로도 불충분, 군인 청년단도 가세하여 빨리 선인 몰아내라고 회사 당국과 담판" "회사 당국, 인력 부족으로 어쩔 도리가 없다고"
9.1 관동 대지진 관헌, '조선인 폭동' 유언비어 날조, 군대, 경관 선두에 자경단自警団까지 동원, 6,000명 이상의 조선인 학살	5.5 "도야마현으로 흘러오는 선인 노동자 이젠 200~300명에나 이르
9.2 '계엄령' 선포	

'대역사건大逆事件' 조작

9.15 오사카, 상애회의 박춘금 등 지진 의연금 모집

9.- 조선 총독부, '조선인 여행 단속에 관한 건' 부활, 지진 후의 치안 대책을 위해

12.25 도쿄에서 조선인 대회 개최 관동지방 대지진 조선인 박해 사실 **조사 보고**. 일본 당국이 유언비어 날조 전파한 사실 발표, 비판과 규탄(일본 정부와 일본인, 진상을 규명하지 않다)

다. 이로 인해 노동 임금도 자연히 내려간다."고

5.22 수력발전, 기타 대공사장의 위험 방지와 풍기 단속을 위해 일정 기간 순사 주재하기로 "나날이 유입되는 수많은 조선인을 보면 단속이 필요"라고 되어 있다

6.12 조선인 토공 감전 즉사. 오야마무라 와타강 전력 공사장

6.13 논설 "조선인의 입래入來" 노동 수요, '일선日鮮 동화'의 견지에서 조선인을 뚜렷한 이유 없이 기피하지 말라고 설득

6.26 신메이무라 진즈 보수 공사장에서 조선인 노동자에게 폭행을 가한 일본인 감독에 대해 "20명의 동포 선인, 분연하여 소란" 도야마현 경찰, 20명을 상해와 협박죄로 검사국에 송치

7.2 가미다키 현영縣營 수력발전 공사의 청부인 사다무라구미 배하 일본인 3명, 조선인 노동자의 급여를 비롯하여 27,500엔을 착복하여 도주(《도야마일보》)

7.6 가미다키 현영 수력발전 공사장의 조선인 노동자 50여명, 격앙하여 파업, 임금 지불 요구(《도야마일보》)

7.13 현영 수력발전의 조선인 노동자 11명, 태만을 이유로 해고되고 언어 소통 불가하여 길거리를 헤매다 (《도야마일보》)

8.8 조선인이 제비뽑기로 엿을 팔다 경관 엄중 단속(《도야마일보》)

8.20 "싼 임금을 받고 일하는 조선인 노동자, 본현에만 약 3,000명" (구로

			베에만 인부 1,000명 중 8~9할)
		9.2	우오즈 경찰서, 경찰에 반항한 조선인 엿장수 검거, 동업 조선인 7~8명 '동포 돌려 달라'고 우오즈 경찰서에 몰려들다. 순사, 주민, 협력하여 진압하다
		9.6	(관동대지진과 관련하여) 본현의 조선인 "조금도 불온하지 않다"고 경찰 발표 같은 날 "타관에서 돈벌이하는 조선인을 붙잡아두라"고 현경에서 각 경찰서에 통첩하다
		9.6	조선인에 대한 유언비어 유포자 엄벌에 처한다고 현 경찰서에서 엄중 주의
		10.6	조선인 인부, 낭떠러지로 추락 중태. 아이모토무라 동양알루미늄 수력발전공사장, 사토구미 배하
		12.8	오야마무라 제1 전력공사장 수도 철관용 버팀목 낙하. 가토구미 위로금 250엔 보내다

1924년			
2.-	조선 총독부, '조선인에 대한 여행 증명서 건'을 통해 도항 증명서 엄중 체크	1.30	구로베 철도공사 완성하여 인부(조선인 인부 약 300명) 전원 해고. 대부분 기후, 나가노, 군마 방면으로
3.10	오사카 조선 노동 동맹 '조선인 학살 규탄 대회' 개최	2.10	**"도야마현의 각 경찰, 선인의 경계에 편한 날 거의 없어"**라고 경찰의 조선인 경계 상태 보도
3.16	조선 노동 동맹회 '일본·중국·조선인 추도회'(도쿄)에서 조선인 학살 사실을 일본에 항의할 것을 제기	3.27	도움을 받은 1엔의 돈을 받아서는 안 된다며 돌려주러 온 예를 들어 "많은 조선인 가운데는 내지인 못지않은 미담의 주인공도 있다"고
5.1	오사카 '내선 협화회' 창립, **회장은 오사카부 지사, 임원은 내무성, 경**		

찰청 간부들 중심

보호구제 명목으로 조선인의 실태,
동향 감시 통제, 일본의 정책에 대한
협력을 목표로

6.- 다시 '조선인의 여행 단속에 관한
건'을 폐지. 일본 자본가의 요청으
로 값싼 노동력과 장시간 혹사시킬
노동자가 필요했기 때문

11.- 조선 황해도의 농민, '동척'의 가혹
한 착취에 대해 소작 쟁의 일으키다

찬미하는 기사

5.27 인부 착취로 조선인 동료의 난투

6.7 "곤봉과 곡괭이가 난무하는 선인
의 대난투"라는 전화에 도야마 경
찰서 대거 출동. 오보로 판명

6.18 사리 운반 문제로 일본과 조선 토
공 20여 명, 오야베 강가에서 큰
싸움

6.26 '여승이 선인에게 능욕당했다'는
근거도 없는 괴상한 소문 유포자 5
명, 경찰에서 엄중 취조

7.11 도야마역 앞 광장에서 가니데라 공
사장으로 향하는 기차 기다리던 중
조선인 토공 십 수 명 인부 쟁탈로
크게 논쟁

7.18 현내 조선인 노동자 단결하여 '상
애회 도야마 지부' 설치. 호소이리
무라 가니데라의 조선인 중심 약
800명, 도야마 지부장 김태문, 7·
15 대우 개선 등을 요구하며 파업
(《도야마일보》)

8.15 상애회 도야마현 지부 발회식, 호
소이리무라 가니데라에서

8.29 상하이에서 후시키항 입항 기선 노
토마루로 조선인 노동자 1명 밀항.
노토마루가 홋카이도 유바리 탄갱
으로 가는 조선인 갱부를 태운다는
얘기를 듣고 승선하였다. 순사가
탄갱 감독과 채용 방법 상의하다

10.5 도야마현 경찰, "행계行啓와 대연
습大演習 기간 중 현내 토목 선인
2,000명에 대해 전임 순사 120명
배치하고 경계 단속한다"고

10.13 조선인 토공 큰 싸움. 히다미야강
일대 일본전력 공사장의 조선인 약

	4,000명. "주색에 빠져서 쟁론하는 무리가 드물지 않다"고
	10.19 호소이리 군인 청년단의 4일간에 걸친 대수사로 폭행 조선인 및 공범 조선인 5명 체포

1925년	
2.22 '재일본 조선 노동 총동맹' 창립 대회. 도쿄 일화일한日華日韓 청년 회관에서. 전국 11개 단체의 조선 노동조합 대표 80여명 참가 조선인 노동자 2만 명이 처음으로 결집한 조직이 되다 4.17 서울에서 '조선 공산당' 창립 4.22 '치안 유지법' 공포 5.1 도쿄의 제6회 노동절에 조선인 120명 참가 5.5 '보통 선거법' 공포 6.11 조선 총독부 경무국장, 봉천 경찰서장과 협정, '만주' 체류 조선인의 단속 강화(미쓰야 협정) 9.24 '지진 3주년 기념 연합 추도회' 개최, 800명 참가. 개회 중 변사弁士 중지로 10명 체포. 해산당하다 10.- 조선 총독부 '도항 저지 제도' 실시 (경상남도 부산항에서) ·도항 조건 ①취업하는 곳이 확실할 것 ②국어를 이해할 것 ③필요 여비 외에 소지금 10엔 이상	2.1 단속에 필요하니 순사에게 간단한 조선어 교육 요망. 일본어 이해하는 조선인 200명 가운데 한두 명 2.10 가니데라 일본전력 공사장에서 해고된 조선인 50명, 조선에서 본현으로 일하러 막 도착한 12명, 도야마역 앞에서 거리를 헤매다. 순사가 사사즈 공사장으로 보내다 2.11 도야마역 구내 매일 밤 조선인 무리가 스토브를 점령하고 일반 승객에게 폐를 끼치자 현 당국에 단속 요망 2.20 "발전 공사장에 선인 과잉, 언제 돌발사고 발생할지 몰라 엄중 경계" 가니데라 발전 공사 8할이 완성됨에 따라 1,300명의 조선인 토공, 850명으로 점차 감소할 전망 4.25 산비탈 붕괴하여 조선인 노동자 매몰. 네이군 히에쓰 수력발전 공사장 5.14 현내에서 "선인 속속 모습을 감추다" 약 1,500명 이동, 현재 1,000명 정도로 감소, 원인은 일본전력 공사 준공으로 인한 토공 정리, 불경기로 인한 현내 토공의 현저한 증가 7.9 히가시도나미군, 유타니강 이용 수력발전 공사 중단. 자금이 부족한

경영자가 임금 지불하지 않고 종적을 감춤, 조선인 토공 30~40명 임금 못 받고 실업자가 되자 소동

7.14 암석 추락 조선인 토공 참사. 아이모토무라 야나가와라 동양알루미늄(주) 수력발전 공사장. 사토구미 배하
"위험한 구로베의 수력발전 공사, 빈번하게 참사자 발생" 보도

8.14 '만선滿鮮 문화 시찰단' 출발(도야마시 연합분회 현 교육회 주최)

9.7 8월 18일 오구로 광산 오두막에서 발견된 변사체는 구로베 오쿠야마의 작업장에서 도주한 사토공업의 조선인 인부 2명으로 판명

10.15 우나즈키역 앞에서 경관과 조선인 토공 십 수 명이 뒤엉켜 싸움. 맹렬히 모욕적인 말을 내뱉다. 조선인 수명 체포되다. 경찰서장, "어쨌든 성가신 조선인들이며, 그 문제로 단속에 애를 먹고 있다"고

10.16 도야마역 앞에서 군중에 둘러싸여 3명의 조선인 크게 격론. 2명은 일본전력 우나즈키 공사장의 혹사와 낮은 임금(2엔 10전으로 계약해 놓고 70전 정도만 지불)에 화가 나서 도망, 1명은 도망가면 손해라며 쫓아가서 데리고 오려고 한 함바 반장. 순사가 중재하여 함바 반장으로부터 14엔 받아 2명에게 주고 우나즈키로 돌려보내다

10.29 암석을 가득 실은 광차가 머리 위로 낙하하여 조선인 토공 참사. 쇼가와 수력발전 공사장

11.12 "추위와 불경기로 선인 현저히 줄

	어들다" 관찰과 조사가 줄어서 도야마 경찰서도 조금 안심하는 상태라고
	12.5 구로베강 연안 수력발전 공사장, 이번 겨울에 조선인 노동자 200명 해고. "가엾게도, 추락의 끝은 어디인가" "동절기가 되어 실업 조선인 늘다. 풍기문란 우려 때문에 단속 강화" 등 많은 기사
	12.18 「현 교육계의 새로운 계획」 도야마현 교사들을 '만선'으로 연구 시찰 여행 보내다

1926년	
4.- 이조李朝 마지막 국왕 순종 사거死去	2.25 토사 붕괴. 조선인 토공 2명 참사 구로베 오쿠야마 야나가와라 발전 공사장, 일본공업 배하(《도야마일보》)
5.13 '조선 박람회' 개최. 3·1 독립운동 이후 '문화 정책'의 하나. 내외에 대한 정책 효과를 목표로 하다. 선인은 참가를 반강제당하고 경제적 곤경	4.10 '도야마현 융화회' 현 사회과 내에 설립되다(『도야마현사』)
	4.15 도야마 경찰서, 일반 순사에게 '선인' 문자 사용하지 말라고 훈시. 전부 '동포' 문자 사용하라고
5.18 '상애회', 일본 악기 쟁의단을 습격, 조선 노동 총동맹원 10명에게 중상 입히다	5.9 거대 암반 낙하. 조선인 토공 참사 쇼가와 수력발전 공사장
6.10 순종 국장일에 6·10 만세운동 일어나다 조선 공산당으로 조직되었기 때문에 조선 총독부, 공산당 대량 검거	5.26 토사 붕괴, 조선인 토공 참사. 구로베 오쿠야마, 야나가와라 발전 공사장, 일본공업 배하
	5.- 쇼가와 수력발전 고마키 발전소 공사에 종사하는 조선인 840여명 결집하여 파업 단행
6.- 재일 조선인의 단속 강화를 위해 '조선인 생활상 조사 방법에 관한 건'을 공포	5.29 쇼가와 수력발전의 조선인 토공, 회사 측과 타협 성립. 간신히 일을 시작하다

5.30   히가시도나미군 호소오 터널 붕괴, 조선인 토공 매몰 참사

6.12   우나즈키 지대 천연두 확대로 일대 공포, "일본전력 인부가 천연두 전파, 즉시 공사 중지하라"고

6.13   "보라, 공사장의 비위생을. 실로 이루 말로 다할 수 없다"고 조선인 함바 시찰하고 분개한 현민縣民, 공사 중지하라고 호소

7.20   "선인 토공 공판 법정에서 울며 호소하다" 일본인이 술집에서 일으킨 상해 사건

8.5   검사, 구로베강 상류 일본전력 공사장의 조선인 생활상 시찰

8.20   "어제 아침 우나즈키 온천의 참극, 어린 기생을 능욕하여 교살, 범인은 일본전력의 악선인惡鮮人 토공, 도주하려는 것을 체포"

8.21   "어린 기생 교살은 완전히 와전된 것으로 판명, 능욕당한 것도 사실인지 확실치 않음. 소관 경찰서에서 취조 중"

8.26   '일선 융화' 의 "아름다운 성금" 7·14, 야스노야마치의 진즈강 개수 공사 소속 조선인 오두막집 화재로 집을 잃은 30여명의 조선인에게 마을 청년단, 상점주들이 위로금 110엔을 모아 도야마 경찰서에 보내다

9.18   현철県鐵 지가키 역전에서 임금 체불 때문에 조선인 20여명 뒤엉켜 큰 싸움. 오야마무라 공사장 인부

12.8   거대 암석 낙하로 조선인 토공 참사. 아이모토무라 일본전력 구로베 공사장. 사토구미 배하

1927년	
2.15 민족 운동의 통일 전선 '신간회新幹숓'를 서울에서 결성 **4.-** '조선 노동 총동맹'은 각 지방에 조합 결성, 산하 단체를 연합하여 조직화하다. '조노총朝労総' 제3회 대회에서 강령 개정하고 노동 운동을 민족 해방 투쟁의 일환으로 자리매김하는 방향성 제시 **5.7** '신간회 도쿄 지회' 결성되다 **5.28** 일본, '거류민 보호'를 이유로 중국 산동성에 출병하다(제1차 산동 출병) **12.9** 조선 총독부 제4대 총독, 야마나시 한조 임명	**1.25** 도야마시내 엣추 전기 궤도의 목조 가건물이 큰 눈에 무너져 숙박 중인 조선인 20여명 대소동 **1.27** 조선 술 밀조 검거. 수력발전 사업소 내 조선인이 밀조한 술을 즐기는 자 다수 **1.29** **구로베 오쿠야마, 오타니에서 눈사태.** 일본전력 함바 5동 무너져 '일본인과 조선인' 토공 34명 사망 **2.5** '도야마현 조선 동포 보호 소개소' 설립계획, 현 사회과 중심, 도야마현 유지의 원조받다 **2.15** **구로베 오쿠야마, 시미즈에 큰 눈사태.** 일본공업(주) 함바 4동 붕괴, '일선 인부' 4명 사망 **2.16** 1월 2일에 구로베강으로 추락한 조선인 토공의 사체 발견 **4.17** 오가미무라 쇼가와 댐 공사장에서 '일선인'의 상해 사건 **4.18** 오가미무라 쇼가와 댐 공사장에서 조선인 토공 2명, 일본인 토공 감독에게 중상을 입히다 **4.20** "고마키 쇼가와 댐 공사장에서 일선 토공, 격해지는 갈등과 빈번한 살상" **4.28** 1,000명 이상의 조선인이 일하는 우나즈키에서 "선인의 피를 빨아먹는 불량 선인 두목이 40명 넘게 틈입하여 고액의 돈을 탐내고 있다"고(《도야마일보》) **5.22** "불경기 때문에 선인도 줄었다" 경기가 좋을 때 도야마현에 4,000명~5,000명 거주, 현재는 2,100

여명 거주

7.15　현영 수력발전 마가와 발전 공사장의 조선인 노동자, 임금 인상 투쟁, 요구 관철하다. 일급 1엔 90전을 2엔으로

7.15　대형 암석 붕괴. 조선인 토공 참사. 히가시도나미군 소야마 쇼와전력 발전 공사장. "쇼와전력 또 선인을 살해하다"라는 헤드라인. 현재까지 사망 5~6명에 그치지 않고 참사자 계속

7.31　조선인과 경찰관 해상에서 난투극. 조선인 십 수 명, 배 안에서 도박판. 순사 보트로 체포하러 가다

8.11　조선인 토공 다이너마이트 폭파로 즉사. 오야마무라 현영 수력발전 공사장, 가토구미 배하
　　　　가토구미의 부의금 100엔에 대해 조선인 동포, 적다고 분개, 형성 불온으로 신조 경찰서 출동

8.12　토공 대표와 함바 주임 절충을 거듭했지만 해결하지 못하다

8.18　고마키 가와라에서 함바 소유 투쟁으로 '일선인' 50여명 난투, 고마키 수력발전 공사장, 가토구미 배하

8.-　다테야마 산록 터널 공사장의 조선인 토공 300명, 동절기 휴무 기간 중 수당 감액 때문에 인부 반장과 다툼. 일본인 노동자 105명과 난투(『재일 조선인사 연표』)

8.20　**'도야마 백의 노동 동맹'** 결성. 불교 회당에서 발회식. 구로베 쇼가와 수력발전 공사장 조선인 노동자 중심으로 약 300명 결집, 대표 김태문

	**8.27** "8월 11일의 마가와 발전소 공사장 선인 폭발 사망"에 대해 위자료 200엔으로 마무리
	9.14 쇼가와 발전소 사리 채취장에서 일하는 조선인 300명, 마을을 배회하다 폭행을 일으키자 촌민의 비난 쇄도. "지금 우리 지역의 중대 문제"라고
	10.10 '일선 토공' 30여명, 보수 인상 요구 받아들여지지 않자 오야마무라 마가와 수력발전 공사장에 난입, 폭행
	10.14 현에서 운영하는 수력발전 다테야마 공사장의 요네자와구미, 일선 노동자 60명에게 40여일의 임금 체불. 일선 노동자 파업 결의하고 쟁의 일으키다. 교섭 중에 요네자와구미의 폭행에 항의하여 난투극 벌이다. 신조 경찰서, 쟁의단에 폭행, 검거 조선인에게 인권 유린의 고문 행하다
	10.20 광차에 깔려 '일선日鮮 토공' 2명 참사. "구로베오쿠의 일본전력 공사, 또다시 토공을 죽이다"라고
	10.29 도야마현에서 '일선 융화' 강연회. 경애회敬愛会 특파 유세, 김창준, 수흥선
	11.11 하야호시무라에 공사 중인 대일본인조비료(주) 공사에 들어가 있는 일조日朝 노동자 천 수백 명, 사사로운 일로 목공, 토공 '일선인日鮮人'의 싸움이 끊이지 않다
	11.16 일선 노동 단체 등 대표 5명, 현경에 대해 신조 경찰서의 인권 유린, 노동자 부당 검속, 감금, 엄중 항의

		11.22 신문에 "신조 경찰서의 고문 사건은 역시 사실 무근. 노농 지부의 선전을 위해서였던 것으로 알려져"라고 발표 일선 노동자의 항의에 대해 '고문은 국가를 위해서'라고 고문을 정당화하다(무산자신문)
		11.24 "인권 문제의 중심에 있는 박광해, 2명의 선인에 의해 반죽음당하다" 노동 단체는 배후에 경찰의 책동이 있다고 보고 있다
		11.27 "박광해를 공격한 범인은 백의 노동 신우회의 김돌파 일당"
		12.10 조선의 교육 시찰단(전라남도의 초등교육자) 대거 도야마 방문
		12.11 히가시도나미군 소야마 발전 공사장에서 야근 감독자, 조선인을 괭이로 구타. 동료 조선인 5명 격분하여 함바 습격하려고 했으나 감독자의 사죄로 수습
		12.11 조선인 노동자 다이나마이트 폭파로 참사, 오무라 현영 수력발전 공사장

1928년		
3.-	조선 총독부, '조선인 노동자의 도항 저지'를 조선 전체로 확대	1.7 하야호시무라에 건설 중인 대일본비료(주)의 하청인, 공사 결손 계속, 행방을 감추다. '내선인' 토공 180명 곤경, 백의노동신우회 박광해, 오바야시구미와 금후의 식료, 업무 등에 관해 교섭
3.21	'재일 조선 청년 동맹'이 결성되다 기관지 청년 조선 발간	
4.-	일본 제2차 산동 출병 결정	1.17 히가시도나미군, 쇼와전력, 소야마 공사를 맡은 가토구미, 조선인 토공 150명 해고. 작년부터 '일선
5.5	내무성, 대례大礼 경비 강화, 조선인에 대한 엄중 경계 지시 재일 조선인 20만 명의 명단 갖춤 월 1~2회 일제 호구 조사, 야간 수	

	색 실시		토공' 800명 해고
5.-	극동 피압박 청년 간담회 개최, 조선·일본·중국·대만 38명이 참가하여 '극동 피공통被共通 반군국주의 동맹 준비회' 조직	1.29	재난 방지를 위해 사토구미, 작업 중인 토공 400명에게 나리타 부동명왕의 부적 배포
6.4	'장쭤린張作霖 폭살 사건' 관동군의 고모토 참모들이 열차 폭파로 살해	2.1	히다모즈미, 미쓰이계 가미오카 수력발전 터널 붕괴, 조선인 토공 매몰. 쟁의단 결속, 위자료 요구 투쟁. 오바야시구미 폭력단, 경찰 관헌, 인근 각지의 소방단 동원하여 극심한 탄압. 도야마의 백의노동조합 60여 명, 후나쓰로 급히 이동. 쟁의단 간부 전원 검속, 고문, 능욕 (박광해 검거)
7.3	내무성 내에 특별 고등 경찰과 설치		
7.22	전단 '간도 공산당 사건 공판일 임박!!'이라며 '만주' 간도의 조선 공산당 탄압 반대, 무죄를 주장하는 운동 전개		
7.-	조선 총독부, 일본으로의 도항 허가 기준 결정		
8.-	내무성, 특고 과장 회의에서 대례 경비의 '위험인물 발견'이나 주의가 필요한 조선인의 일본 잠입 경계 지시	3.3	만세식당 하야호시 지점에서 '일선 목공' 약 10명, 여급 때문에 큰 싸움. 대일본인조비료회사의 건축공사에 1,000여명의 '일선 토공', 목공들이 끼어드는 분쟁이 많다
9.-	관동대지진 기념일을 기하여 오사카 거주 조선인, 조노조朝労組, 조청동朝靑同, 신간회新幹会 등에서 조선 독립 운동을 전개한다는 이유로 50명 체포되다	3.21	조선인 토공, 눈보라로 강에 빠져 사망. 오야마무라 마가와 수력발전. 우메무라 함바
		4.5	**"수력발전 이외에는 토공 선인을 고용하지 않는다"** 가미니가와군 수력발전을 제외한 공사장 합의
11.10	천황, 도쿄 어소에서 즉위식 거행	4.11	조선인 토공 이미 800명 들어오고 4월 하순까지 400~500명 들어올 예정. "실업 조선인의 처지에 신조 경찰서 고심하다"
△	이 해 '동척'의 농민 모집을 전폐		
		4.20	도야마현 백의노동조합신우회를 해산하고 **'조선 노동 총동맹'** 가입을 결정. 도야마시 불교 회당에서 해산 및 **'호쿠리쿠 조선 노동조합'** 창립 대회 개최
		4.22	"현 사회과의 선인 동포 조사" 3월 말일 현재 1,438명(작년 3,811명

의 반으로 감소) 직업은 토공이 최다. 맞벌이로 농업 종사, 상당한 지주도 있다. '엿' '인삼' '만년필' 등 행상인도 많은데 '내지인'과 다름없이 행실도 바르다.

4.26 "기아와 추위로 고생하는 선인들" 오쿠보, 신조 경찰서가 조사한 1,300~1,400명, "점점 궁해지면 어떤 일을 벌일지 모른다며 경계"

5.13 조선인 토공, 토석 작업 중 즉사. 히가시도나미군 쇼가와 전력 공사장

5.19 현립 나메리가와 상업학교 4,5학년(80여명) 조선으로 수학여행, '경성', 인천의 식민지 견학

5.21 오야마무라 현영 수력발전의 조선인과 사랑에 빠진 딸이 투신자살, 아버지가 임신한 딸에게 "사람도 많은데 하필 선인한테 빠져서"라고 꾸짖는 바람에(부모가 갈라놓는 조선과 일본의 남녀 다수)

5.22 야쓰오마치에서 '내선 융화' 강연회 개최. 야쓰오마치 사무소 주최, 경애회 주간, 김창준

5.26 조선인 토공, 토석 운반 중 쇼가와에 떨어져 사망. 조하나마치에서 기후로 통하는 현도県道 보수 공사

5.27 오야마무라 마가와 도야마전기발전소의 하청인, 임금을 갖고 도주. 300명의 조선인 노동자 소동

5.31 토공 백 수십 명, 함바 반장과 그 부하 2명의 조선인을 집단 구타, 오야마무라 현영 수력발전, 요네자와구미

6.2 히가시도나미, 오타무라 쇼가와 발전소댐 사리 채취 공사. 5·31 문제

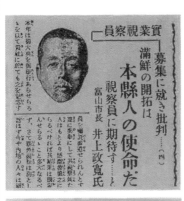

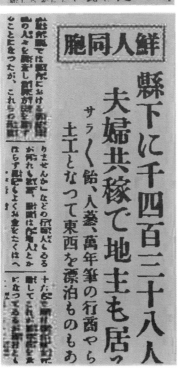

로 **조선인 노동자 전원 해고, 앞으로 현지인 고용 방침**이라고

6.2 현영 오구치가와 수력발전 공사장, 사토구미 배하, 하청업체, 조선인 노동자 50명의 임금 지불하지 않아 불온하다는 소문, 사토구미, 전액 지불하고 수습

6.2 오야마무라 마가와 현영 수력발전의 터널 붕괴. 인부 8명 매몰(조선인 6명, 일본인 2명) 가토구미 배하

6.7 이미즈군, 쇼가와 연안 토석 채취 운반 종사 조선인 토공 15명, 임금 인상 요구하며 파업, 중개로 해결하다

6.7 도야마현 발전 오야마무라 공사장의 조선인 약 500명, 가토구미에 임금 인상 요구, 대표 십 수 명 가토구미 사무소에 몰려들다. 신조 경찰서 급히 출동, 김대련을 강제로 협박하여 검속

6.22 다이너마이트 폭발, "3명의 내선 토공 사상" 현영 마가와 수전 제4 터널

7.4 히미시 교외 아사히야마, 아사히야마중학교 땅고르기 공사장에서 40여명의 조선인 가불 요구하며 태업

7.3 조선인 토공 추락사. 구로베 오쿠야마 사루마와시

7.6 다가오카시의 조선인 '조일회朝日숲' 조직, 김학용 외 여러 명 발기인, 친목을 도모하기 위해

7.11 도야마약학전문학교 일행 20명, 조선 '만주' 시찰 여행 출발

7.15 수력발전 토공 2명, 광차 탈선, 절벽 아래로 떨어져 참사. 현영 수력

	발전 마가와발전소
	7.17 도야마현 경찰부에 특별 고등 경찰과('특고') 설치
	7.21 "감동을 주는 조선인" 기노시타의 원医院 인력거꾼, 번 돈을 부모에게 보내고 사랑하는 아내에게 일본어 가르친다고
	7.26 다이너마이트 폭발, 조선인 토공 1명 사망, 3명 중상, 가토구미 배하. 마가와 수력발전 작업장 선인들, 800엔의 조위금 요구, 가토구미 100엔밖에 안 보내다
	8.11 히가시도나미군 소야마 쇼와전력공사의 조선인 노동자, 일급 40전 인상 요구(현영 수력발전 2엔 지급, 소야마는 1엔 60전)(《도야마일보》)
	8.15 마가와 수력발전, 소야마 수력발전의 조선인 노동자 서로 호응하여 조선인 대회 개최 예정. 도야마 경찰서, 쟁의 선동 우려하여 4명의 조선인 검속. 박광해, 이철 외 2명 (《도야마일보》)
	8.16 "다이너마이트 폭발 사상자 속출은 인부의 부주의와 태만 때문"이라고 신조 경찰서 경고(《도야마일보》)
	8.16 호소이리무라, 히에쓰선 제2기 공사장(조선인 약 1,000명, 함바 40여개)에서 '불량 선인 일당' 청년단을 조직해야 한다며 최후의 협의 위원회 개최. 약 500명 회합, 음주 끝에 쟁론. '선량 분자'와 '좌경 분자'의 대립으로 큰 싸움. "경계 중인 오쿠보 경찰서, 좌경 분자 여러 명 검속"(《도야마일보》)
	9.13 어대전御大典을 앞두고 오쿠보 경

	찰서, 전원 공사장에 파견하여 '선인 토공'을 엄중히 단속하다
	10.3 '일선日鮮 융화'를 모토로 하는 김태삼과 노동자의 단결을 도모하는 박광해 일파, 서로 반목하고 결국 대충돌. "두목 6명 검속"
	10.23 호소이리무라와 시타무라에서 일하는 조선인 700여명, '내선內鮮 융화'의 실적 올리기 위해 '호쿠리쿠 선인 청년단' 결성(《도야마일보》)
	10.23 "도야마현의 선인 3,033명, 어대전을 앞두고 본현 특고과, 도야마현 거주 선인에 대해 일제 조사" 3,033명 거주, 주로 수력발전 사업 종사(오쿠보 경찰서 관내 670명, 미카이치 경찰서 570명, 신조 경찰서 550명, 조하나 경찰서 460명)
	11.10 "즉위 대성전大盛典" 히에쓰선 공사장의 1,300여명 '일선 토공'에 1인당 2홉씩 술 급여, 대형 국기를 내걸고 축의를 표하다

1929년	

1.- '재일 조선 노동 총동맹 전국 노동자 회의' 개최, 기관지 발행, 정치적 자유 획득 등 결의	**1.11** "히에쓰선 야쓰오−사사즈 간 터널 굴삭공사 이면에 숨겨진 굉장한 사건" 재작년 갱도 붕괴하여 4명의 조선인 토공 매몰, 구조 작업에도 또다시 붕괴 위험, 막대한 경비 소요 "이런 공사에 흔히 있는 희생자라며 구조 작업도 하지 않고 매몰 상태로 방치했다. 4명의 유족에게는 조위금 주고 본 건을 비밀에 부쳤는데 철도성 나가오카 건설 사무
1.14 원산의 노동자 1,400명, 단체 교섭권 확립, 노동 조건 개선 등을 요구하며 파업	
5.7 내무성 사회국 '조선인 노동자 모집에 관한 건'을 각 지역에 알리고, '이입'을 억제하기 위해 일본 국내의 조선인 노동자 모집을 지시하다	

10.24 뉴욕 주식 시장 대폭락, 세계 공황 시작되다

11.3 **조선에서 광주 항일 학생 투쟁**

광주 시내의 전 조선인 학생, 민족 차별과 일제 침략에 반대하며 동맹 휴교, 반일 데모로 발전(194교, 6 만 명의 학생 참가)

12.14 재일 조선 노동 총동맹 해체, **일본 노동 총합 전국 협의회(전협) 가맹**

(1)일본 공산당의 지도 아래 (2)전 노동 계급의 공동 투쟁 (3)민족적 투쟁 방기하고 혁명적 노동조합으로서 투쟁 (4)조선과 일본 노동 계급의 협력 방침을 내걸다

소 사사즈 출장소 직원, 실수로 누설. 경찰, 놀라서 긴장"

4.13 "불온한 좌경 선인" 김태문, 호소이리무라 잠복 중 오쿠보 경찰서 체포, 4월 불교 회당에서 개최하려고 했던 조선 노동조합 제2회 대회 격문 안에 불온한 문자 사용

5.10 조선의 면서기를 정촌町村 사무 견습을 위해 오후세 사무소에 1개월간 파견 결정하다

6.4 조선 내지 시찰단 일행 11명, 시모니가와군 오후세무라의 산업조합, 농사 실행 조합 등을 시찰

6.13 호소이리무라 히에쓰선 공사를 맡은 업체(가토, 사토, 도비시마) 갑자기 약 400명의 조선인 노동자의 임금 인하

노동자 측 분개하여 인상 요구. 타협 결정

7.18 히에쓰선 공사장에서 조선인끼리 대충돌, '독립운동파'와 '선량 분자' 오쿠보 경찰서 진압

8.23 조선인 토공 2명 매몰, 히에쓰선 가가사와 터널 붕괴, 사토구미 배하, 구출되어 입원

9.11 도야마사범학교, 학생 70명, '만주' 조선 여행에 나서다.

9.13 도야마 의회소의 "선만鮮滿 실업 시찰단" 출발하다

9.20 조선대박람회 개최 중(9월 12일~10월 31일, 조선 '경성'에서)

10.4 호소이리무라 히에쓰공사장, 토공 400명(일본인 100, 조선인 300), 가토구미에 대해 공사 결원 보조 요구하며 태업, 함바 안에 틀어박히

	다. 가토구미 크게 낭패하여 항복
	10.21 '일선日鮮 토공' 6명 매몰, 히에쓰
	선, 가타카케 터널 대붕괴, 도비시
	마구미 배하
	12.13 "선인의 합숙소 허가, 사실상의 여
	관" 다카오카시 거주 조선인 100
	명 돌파, 5~6명이 모여 고향 사람
	집에 얹혀 지내고 집주인은 식비,
	숙박료 징수

■ '산미 증식 계획'과 일본도항 조선인의 증가

제3대 조선 총독 사이토 마코토는 '문화 정책'을 발표하였다. 헌병 경찰제도 폐지, 지방 제도 개혁, 대면對面 협의회 의원 선거 실시 등으로 친일파를 육성하고 민족 회유를 꾀하는 등 조선인의 동화 촉진을 도모하였다. 경제 정책을 중심으로 쌀이 부족한 일본에 저렴한 쌀을 공급하기 위한 '산미 증식 계획'을 시행하였다.

토지 개량(수리 시설, 개간, 간척)과 농사 개량(쌀 품종과 재배법 개량)으로 연평균 쌀 생산량은 1920년부터 1935년까지 약 20% 증가하였다. 하지만 그 시기에 일본으로의 쌀 유출량은 거의 4배 증가하였고 반대로 조선인 한 명당 쌀 소비량은 0.24석石이나 감소하였다. 토지 개량, 수리 시설 개량에 많은 자본이 들어간 농촌에서는 조선의 중소 지주도 내쫓겨 1910년대보다 더 많은 농민이 토지를 잃게 되었다. 당시 조선의 민족 신문 조선일보[19]의 '독자 코너'에서는 일본의 병합으로 인한 조선인의 피폐함에 대해 분노하고 있다.

'독자 코너'(《조선일보》 1924.4.8.)

동양 평화를 위한 거라고 선전하면서 한일병합을 한 후에 총독부가 한 것은 조선인을 굶어죽게 하고 일할 수 없게 만든 것 말고는 무엇이 있는가.

이른바 총독부 당국자는 입만 열면 자화자찬의 말을 떠들어 댄다. 한일병합 후 붉었던 산이 파랗게 되고 새로운 도로가 생기고 농산물이 늘었다는 등.

하지만 당장 먹을 게 없는 조선인에게 산의 나무가 무슨 소용이 있겠는가. 금덩이를 만들어 놓았다 한들 무엇이 고맙겠는가. 아무리 농산물이 증산되었다고 해도 백미는 동척 회사의 이주민이 다 먹고 조선인은 좁쌀 밥이라도 얻어먹으면 그나마 다행이다. 그것조차 구경도 못 하는 조선인인데 무엇이 고마울까.

'평화'라든가 '대덕大德'이라는 건 배를 채우고 난 다음에나 생각할 일이다. 굶고 있는데 평화가 뭐 그리 고맙겠는가.

아무리 마음씨가 고운 조선인이라 해도 일본인을 부양하기 위해 이 세상에 태어난 것은 아니다.

---

19) 《조선일보》는 1920년 3월 5일 창간, 3개월을 채우지 못하고 조선 신문 사상 처음으로 정간된다. 그때까지 30회에나 걸쳐 차압 처분을 받는다. 조선 총독부 경무국은 3일에 한 번씩 신문 기사를 압수해 갔다. '개처럼 총독부에 달려드는 신문'이라고 일컬어진다. 찢기면서도 민족을 끝까지 지키고 민족 언론의 일본에 대한 저항사, 민족의 투쟁사이며 일제의 탄압사, 죄악사를 압축하고 있다. 1940년 8월 10일 강제 폐간된다(『지워진 언론』에서).

또한 마찬가지로 조선 민중의 생각을 대변한 《동아일보》[20]는 '조선인의 빈곤 문제'라는 사설(1924.11.11.)에서 해마다, 달마다, 날마다 점점 심해져 극도에 달한 조선인의 빈곤과 피폐의 책임은 대부분 일본인에게 있고 총독 정치에 있다고 단언하며 그 '현저하고 근본적인' 이유를 세 가지 들고 있다.

첫 번째는 이민 정책이다. 이것은 조선인 각 계급에 실업 문제를 초래하였다. 예를 들면 농민은 소작권을 잃게 되고 공무원은 지위를 잃게 되고, 상인은 고객을 잃게 되고, 교사는 교육의 장을 빼앗기고, 노동자나 경찰, 배달부나 직공 또한 각자의 직업이나 직장을 잃는 결과를 낳았다.

두 번째는 관세 철폐 정책이다. 일본과의 관세를 철폐하면 조선인이 아무리 식산흥업殖産興業을 해보려 한들 소용이 없다. 이것은 아이와 어른이 씨름을 하는 것이나 다름없다. 때때로 작은 공장이라도 해보려던 조선인들이 며칠 지나지 않아 파산하여 망하는 것을 우리는 자주 봐왔다.

그러나 지금은 이러한 상황을 잘 알기 때문에 처음부터 아예 손을 대려고 하지 않게 되었다. 즉 조선인에게는 기업심이 사라져버린 것이다.

세 번째는 이권의 수탈이다. 교통은 물론 산림, 광산, 어업, 개간 등 이익을 얻을만한 건 모두 일본인에게 주는 게 당연시될 정도로 당국의 행정이 편파적이고 강제적이었다. 물론 여기에는 여러 가지 구실이 있을 것이

---

20) 《동아일보》는 1920년 4월 1일 '일제의 질곡 하에 신음하는 조선 민족을 대변하기 위하여' 창간. 1940년 8월 10일 강제 폐간될 때까지 20년 4개월간 무기 정간 처분 4회, 발매 배포 금지 630회, 압수 489회, 삭제 2,423회, 압수 또는 삭제되어 민족의 양광 앞에 그 모습을 나타낼 수 없었던 사설은 120여 편, 논설 대략 70편, 여기에 지엽적으로 잘려나간 기사는 몇 편이었을까(『지워진 언론』에서).

다. 조선인에게는 자본이 없다거나 경영 능력과 기술이 없다는 식으로 말이다.

하지만 자본과 능력이 부족하다면 개발을 시키고 능력의 한도 내에서 경영하게 하는 것이 수백 년 동안 대를 이어 온 산림과 어장, 개간지와 광산을 미쓰비시三菱나 미쓰이三井, 오쿠라구미에게 통째로 빼앗기는 것에 비하면 조선인에게 이익이 된다는 점에서 훨씬 유리하지 않을까(『지워진 언론』21) 정치편).

산미 증식 계획으로 혜택을 받은 건 일본인뿐이었고, 먹을 쌀도 빼앗겨 기아와 궁지에 몰린 농민은 다시 식량을 찾아 해외로 건너가지 않을 수 없었다.

1920년대에 들어 일본 경제는 금융 공황으로 경제가 후퇴하고 만성적인 불황에 빠졌다. 이런 상황에서는 저임금과 장시간의 가혹한 노동 조건으로 고용하는 조선인은 자본가에게 귀중한 노동력이었다. 자본가의 요청에 따라 1919년에 제정한 도항 제한은 폐지되고, 1922년 자유도항제로 바뀌었다. 1923년 관동대지진에 의한 조선인 대학살 이후 반일 감정의 고조, 민족적 투쟁의 고양을 염려한 내무성은 조선인의 대량 이입이 일본 노동자의 실업을 조장한다는 배외주의, 조선과 일본 노동자의 분단

---

21)　『지워진 언론』(정치편·사회편·코리아연구소편)은 일본 통치하의 《동아일보》, 《조선일보》의 압수 기사집이다. '간행에 즈음하여'에서 코리아연구소 소장 현광수 씨는 (《동아일보》, 《조선일보》에 대한 탄압을 이야기하고) "이것은 언론 탄압의 족적을 말할 뿐만 아니라 조선 민족 말살의 적나라한 입증이기도 하다. 이 책으로 복원된, 지워진 문장의 일언일구와 그 행간에 들어있는 혈루의 필적은 백절불요百折不撓의 반일제 투쟁을 전개한 조선 민족의 불굴의 정신의 혁혁한 족적이기도 하다"라고 말하고 있다. 일본인 언론의 양상을 날카롭게 지적한 글이다.

을 구실로 1925년, 다시 '도항 저지 제도'를 공포하였다. 1928년 7월 '도항을 허가하는 자'의 기준은 다음과 같이 정하였다.

① 취업이 확실하다고 인정되는 자
② 배, 차량의 표 값, 기타 필요한 여비를 제외하고 10엔 이상을 소유한 자
③ 모르핀 주사 상습자가 아닌 자
④ 노동 브로커의 모집에 의한 도항이 아닐 것

도항 희망자는 관할 경찰관 주재소의 소개장을 반드시 휴대해야 하고 엄하게 단속하였다. 1925년 10월부터 1926년 말에는 약 14만 5천명이 도항을 저지당했다. 그럼에도 불구하고 조선에서 먹고 살 수 없는 사람들이 감시망을 피해 계속 도항을 하였고 전국의 공업 지대, 탄광 지역으로 확대되어 갔다.

■ 도야마현 공업 발달과 대안(對岸) 무역

1920년 11월 18일, 호쿠리쿠 기선주식회사(사장 이시하라 쇼타로)에 의해 후시키항에서 나나오-블라디보스토크-청진-원산의 '북선 정기 취항'이 개시되고 이후 도야마현의 대안 무역이 활발히 전개되었다. 현에서는 재계인과 관리들의 '북선 시찰'이 이어지고 조선에서도 후시키항이나 일본 강관, 직물 공장 등을 시찰하기 위해 방문하는 사람들이 많아졌다. 또한 블라디보스토크나 청진 등에서 도야마현 물산진열회 개최를 통해 조선으로의 유망한 수출품으로서 무명, 견직물류, 구리 제품, 짚공예

품 등이 장려되고 있다.

'북선 항로'의 개통으로 도야마현 사업가의 눈은 조선 북부 일대를 주시하게 되는데 1922년 3월 28일 기사에는 '도야마시, 아마 재배에 적합한 조선 함경북도의 토지 4,200만 평을 무상 임차 출원'이라며 인가 가능성이 농후하다고 적혀 있다(이후의 경과에 대한 기사는 보이지 않는다). 조선의 토지가 얼마나 쉽게 일본인에도 넘어 갔는지 알 수 있을 것이다. 같은 해 7월 12일의 논설 '북선 무역'에서는 "이제 일본해를 우라니혼裏日本(혼슈 중에서 동해에 면한 지방을 일컬음-역자)이라고 하는 것은 허용되지 않는다. 특히 후시키항은 아시아 대륙으로 가는 관문이고 우리 도야마현은 제국의 현관이다. 그렇다면 그 현관에 사는 도야마현 사람들은 나아가 손님을 유치해 오지 않으면 안 된다"면서 대안 무역에서 아시아 대륙을 향한 도야마현의 '도약'을 칭송하고 있다.

'조선에서 도야마현 사람들의 활약'(1923.6.21.)에서는 조선의 수도 '경성'에서 "굴지의 단체로서 앞서 나가는" '경성 도야마현인회'를 중심으로 그 '활약'상을 보고하고 있다. 이에 따르면 당시 '경성' 인구 26만여 명 중 일본인은 69,774명, 이 가운데 도야마현인은 3,665명이며 신고하지 않은 자도 상당히 있었기 때문에 적어도 4,000명 이상은 되었다. 가구 수는 250, 도야마현인회 회원은 229명으로 그 발전상은 일반의 선망의 대상이 되었다고 한다. 여기에 기록된 '유력자'의 명단을 일부 살펴보겠다.

경성의 여러 학교와 1만여 학생의 내지인 교육에 관한 모든 사항을 경영하는 학교 조합 의결기관인 조합회의원은 치열한 경쟁과 2~3만 엔에 이르는 선거 운동 비용을 들여 선출하게 되는데, 그 의원 가운데 도야마현 출신인 다카야마 다카유키高山孝行, 이누지마 신사쿠犬島新作가 있다.

명망 높은 지위와 상당한 자본이 있고, 총독의 허가가 있어야만 자격을 얻을 수 있는 '경성 주식 현물 거래 중개인'에는 위의 이누지마 신사쿠, 이치가와 고지로市川幸次郞가 있다.

실업계에서는 중진의 사업가 아라이 하쓰타로荒井初太郞를 비롯하여 위의 다카야마 다카유키, 이누지마 신사쿠, 광업가 이시이 쿠조石井久三, 인쇄업의 이와다 가메타로岩田亀太郞, 제약 회사의 아사노 쇼노스케浅野正之助, 자동차업의 가와무라 가쓰지河村勝次, 호리젠 이치로堀善一郞, 사진기 재료상 시마다 리키치島田利吉, 오복상 마키 센타로真木仙太郞 등을 들 수 있다.

변호사로는 새롭게 인기를 끌고 있는 이리에 요시노스케入江義之助, 즈이류지瑞龍寺 명승 후지 도젠富士洞然.

은행에서는 조선은행의 비서 후와 시게카네不破重兼, 전 우라지오 지점장 아다치 요시히사安達欽久, 한성은행 총무과장 고소 지로五艘二郞, 애국생명보험회사 조선 지부장 마에카와 리사쿠前川利作, 조선화재해상보험회사 비서 요시무라 다케히데吉村偉秀.

관직에서는 고등법원 판사인 노무라 초타로野村調太郞를 비롯하여 고등농촌학교 교수 스즈키 도모아쓰鈴木友厚, 여자고등보통학교 교사 다코 지로田孝次郞, 총독부에서는 고마미야 쇼자부로駒宮庄三郞, 누노무라 마사지로布村政次郞, 다시 세이세이多土済々, 이밖에도 신진 활동가는 일일이 열거할 수 없을 정도이다.

이처럼 조선의 교육, 각종 사업, 금융 주식, 사법 관직 등의 중추기관에서 도야마현인이 힘을 발휘해 온 것을 알 수 있다.

'기업을 북선으로'(1924.7.24.)에서는 도야먀현 사업가의 더 많은 투자를 호소하고 있다. 홋카이도나 간사이에서 도야마현 사람들의 노력, 성공은 대단하였다. "말하자면 이들은 대부분 맨주먹으로 타지에서 돈벌이를 한 무산 계급의 성공한 사람이었고 힘든 노동을 하면서 새로이 자본 계급으로 편입된 사람들이 많다" 이에 대해 북조선에서는 "노동 공급은 현지에 있는 선인을 통해 자급하고 있기 때문에 북선 방면으로는 오히려 기업 계획이 가능한 유산 계급이 적당하다"며 조선에 대한 자본주의적 수탈을 묘사하고 있다. 머지않아 길회 철도가 개통하면 회령 청진 간 철도로 '북만주'의 물자가 속속 남하하게 되고 이곳과 후시키항이 연결되어 히에쓰선으로 혼슈를 횡단하는 때가 오면 "북선 일대가 경제적으로 위대한 가치를 발휘할 것은 불 보듯 뻔한 일"이다. "북선은 목재, 광산, 수산, 목축, 기타 농업에 유망"하기 때문에 "활동적인 현민縣民의 신천지"로 자리매김 되고 "뱃길 아득한 북선은 가나자와에 가는 것처럼 가깝지는 않지만 외치면 응답할 수 있는 대안對岸이다. 모름지기 현인의 투자처라고 해야 할 것이다"라고 논하고 있다. 이때부터 '북선 항로'에 의한 사업가의 조선 왕래가 활발해지고 대안 무역은 매우 성황을 이루어 갔다.

1919년 부임한 히가시소노 지사는 도야마현의 최대 과제를 치수와 재정의 재정비에 두고 현영 수력발전 사업을 계획하고 있다. 도야마의 하천은 구로베강, 조간지강으로 대표되는 급류천이 많고 매년 큰 수해를 일으켜 현은 막대한 손해와 복구 예산으로 인해 고심해 왔다. 그 험한 하천은 또한 미증유의 발전력을 내포하는 것이기도 했다.

본격적인 전력 개발은 제1차 대전의 군수 경기와 더불어 제철, 화학

비료, 방직, 제약, 알루미늄 등의 비약적 발전도 가져왔다. 1921년 공업 생산액이 처음으로 농업 생산액을 웃돌고 공업용 전력의 풍부한 공급으로 공업 발전을 이루어 나갔다. 대안 무역의 중심 후시키항 주변에는 많은 공장이 유치되어 후시키 공업지대가 형성되었다. 수송 화물도 농작물, 잡화 등의 상품 중계에서 공업용 원재료와 연료 수입으로 변용되어 1926년까지 화물량은 증가일로를 걸어 혼슈 일본해 연안 항구 중 최대의 화물량을 자랑할 정도로 발전하였다(『후시키항사』). 이 수력발전의 개발과 대안 무역의 진전은 근대 도야마현 공업 발전의 기초를 마련했다고 할 수 있다. 오모테니혼表日本(일본 열도 중 혼슈의 태평양에 면한 지역-역자)과의 유통 촉진을 위해 필요한 난공사 히에쓰선(다카야마선)도 1921년 착공되었다. 반면, 대전大戰 경기라고도 일컬어지는 산업의 초고도 성장은 물가 인상, 특히 쌀값의 폭등을 낳고 1919년의 쌀 소동을 계기로 노동자, 농민의 노동 쟁의, 소작 쟁의가 증가했다.

■ 도야마현의 조선인 노동자 상황

이 시기 특히 1920년대 후반, 도야마에도 많은 조선인이 이입되었다 (257쪽의 〈표 8〉 참조). 현내 조선인 노동자의 직업을 보면 〈표 9〉와 같다. 1920년대 후반에는 토목 건설의 현저한 증가를 볼 수 있다.

년	지식층직업	학생	( )안은폐품상 상업	농업	수상취로자	직공	토목건축	사역 기타	접객업	기타노동자	수감자	소학아동	( )는세대주 무취업자	계
1916										5				5
1917								1		69				70
1920			1 (행상)			6	44	1 (비복)	1 (예기)					53
1921						12	18	1	1(〃)	2			1	35
1924						9	524	14		4			9	560
1925		2	5			20	1,078	32	3(〃)				68	1,208
1926		1	10			55	3,020	27	3(〃)	1			258	3,375
1929		9	72	6		103	1,814	45	1(〃)				429	2,479
1930		10	71	5		83	1,589	16	1(〃)				392	2,167
1931		2	69			19	604	30	3(〃)	2		7	409	1,145
1932		3	92	4		14	318	35	1	23			385	875
1933		4	135	9	6	31	350	33		12			547	1,127
1934	2	6	114			59	829	28	2	73	2	124	658 (11)	1,897
1935	1	6	204	8	44	52	423	48	1	12	5	134	623 (42)	1,641
1936	3	7	272	4	37	52	293	48	2	147	8	166	664 (22)	1,703
1937		12	421	1	36	57	400	35		98	11	245	768 (5)	2,084
1938		16	546 (510)		45	99	655	32	5	215	22	306	1,114 (10)	3,055
1939	1	24	616 (575)		67	120	634	56	6	172	7	368	1,226 (8)	3,297

1940	1	45	635 (611)		64	116	772	50	7	451	3	448	1,284 (17)	3,876
1941	1	53	399 (376)	4	87	23	490	65	9	316	5	505	1,166 (6)	3,123
1942	5	54	370 (316)	8	41	360	458	39	8	235		525	1,569 (19)	3,672

– 내무성 「사회 운동 상황」, 박경식 『재일 조선인 관계 자료 집성』 전5권에서 발췌

- 지식층 직업 – 공무원, 의사, 변호사, 군인, 목사, 승려, 기자, 교사, 사무원 등
- 상업 – 인삼 판매, 과자 판매, 폐품 수집
- 수상 취업자 – 짐꾼 포함
- 사역 기타 – 급사, 사환, 대장장이, 비복 등

이 시기 도야마현에서 조선인 노동자들이 일했던 주요 노동 현장을 신문에서 뽑아보면 다음과 같다.

가미니가와군 오야마무라 현영(와다가와·마가와) 수력발전소, 고쿠토 구로베철도 제2기선 공사, 기타 현영 철도 공사, 진즈강 개수 공사장, 아이모토무라 동양알루미늄 수력발전 공사장, 오야마무라 제1전력 공사장, 히에쓰 철도·히에쓰 전기 궤도 공사장, 스기하라무라 일본전력 공사장, 호소이리무라 가니데라 일본전력 공사장, 다카오카시 신설 도로공사, 후시키마치 북해전화北海電化 공사장, 히다미야강 일본전력 공사장, 네이군 기리다니 히에쓰 수력발전 공사장, 히가시도나미군 고카야마 전기공사, 구로베 오쿠야마 일본전력 우나즈키 공사장, 쇼가와 고마키 수력발전 공사장, 후시키항 일용직 인부, 제1 모시방적 회사, 가미니가와군 오구치가와 수력발전 공사장, 쇼가와 댐공사, 히가시도나미군 소야마 쇼와전력발전 공사장, 시모니가와군 도마리마치 소학교 건설 공사, 시모니가와군 고스리도무라 토목, 대일본인조비료㈜ 건설 공사, 현영 수전 다테야마

공사장, 오쿠다무라 다이쇼 제지 공장, 히가시도나미군 조하나마치부터 기후현 하치만, 현 도로 개수 공사장, 히미시 아사히야마 중학교 부지 땅 고르기 공사장, 이미즈군 후시키마치 구시오카 전기화학공업㈜, 대일본 인조비료㈜, 이미즈군 오노무라 제조강 개수 공사 등.

수력발전 공사, 치수 공사, 철도 공사에서 일하는 조선인 노동자의 모습이 두드러진다. 이러한 공사장에서 조선인들이 처했던 상황과 도야마현의 대응을 5가지 점에서 살펴보겠다.

(1) 싼 임금과 가혹한 처우로 불안정한 노동 – 함바에서

참고 기사

'경찰 부장, 수력발전 공사에서 선인의 동정 시찰'(1922.9.15.)

'도야마현으로 흘러들어오는 선인 노동자'(1923.5.5.)

'선인 노동자는 부지런히 일하며, 도야마현에만 약 3,000명' (1923.8.20.)

'요즘 선인 노동의 하루'(1924.7.20.)

'추위와 불경기로 선인, 현저히 줄다'(1925.11.12.)

• 임금은 대부분의 큰 공사장이 하루 1엔 20전에서 90전으로 도야마현 사람에 비해 20~30전 적다. 2~3할 적게 주는 것이 보통이다. 토건의 감독들이 기꺼이 그들을 인부로 쓰는 것은 자신들의 몫을 따로 챙길 수 있기 때문이기도 하다. 일급 1엔 70~80전이 지불되어야 하지만 실제 노동자가 손에 쥐는 것은 60~70전. 간부 당 2~3할이 공제되고 하루 식대 70~80전이 빠진다. 술값으로 하루 일당이 사라지는 일이 다반사인 것이다. 저축도 불가능하기 때문에 대부분의 조선인은 일이 끊기면 당장 그날

부터 먹는 것조차 힘들어진다.

• 하루 12시간 이상 노동한다. 암석 운반부터 터널 공사의 난코스도 마다하지 않는다. 무슨 노동이든 가리지 않고 오로지 임금을 목적으로 일한다. 힘들고 괴로워도 내색하지 않고 명령에 따라 일만 할 뿐이다.

• 사는 곳은 판잣집이다. 공사장 부근에 작은 가건물을 직접 지어서 35명 정도가 집단으로 거주한다. 시내에 숙소가 들어서는 장소는 진즈강 하천 부지의 질퍽한 곳이나 도야마역 북쪽출구 뒤편 변두리 쪽인데 큰 눈으로 무너지거나 수해로 유실되는 경우도 자주 있다. 일정한 거처가 있는 사람은 극히 드물고 친구 집에 기숙하거나 조선인 전용 숙소에 머물거나 공원, 기차역 대합실에서 거주하는 사람도 있다. 공사장에서는 몇 백 명이 모여 가건물에서 지낸다. 한 동에 보통 800~1,000명 정도 섞여서 지내고 이부자리도 없이 바닥에 다다미만 깔려 있으면 된다. 옷을 입은 채로 잠을 자기 때문에 토할 것 같은 냄새로 가득 차 있다.

• 집단 이동이 잦다. 옛날 유목민처럼 어디로 흘러가는지 자신도 모른다. 진정 의지할 곳 없는 덧없는 생활을 반복하고 있다. 공사장을 이전할 때는 반드시 20명 이상이 집단으로 움직인다. 그 무리가 마치 가족처럼 친밀하고 사이가 좋다. 이동 시에는 역 대합실이나 광장에서 등걸잠을 자며 교묘히 기차를 이용한다.

• 여자나 돈보다 술을 동경하고 있다. 술에 빠져 싸움, 말다툼이 끊이지 않는다.

• 음식은 간단하게 여러 가지 재료를 넣고 끓여 먹고 쌀과 소금, 채소가 있으면 된다. 술안주로는 피가 뚝뚝 떨어지는 소의 내장을 씻어서 먹기도 한다.

- '쇼가와 수력발전 공사장, 선인 함바에 대한 특파원 기자 시찰기'
(1926.6.11.) 내용

놀랄 만큼 비위생적 환경, 돼지우리와 흡사하다

선인 함바는 3~4칸에 판자 한 장이 깔려 있고, 그 위에 멍석
을 이어놓았는데 심지어는 판자만 있는 곳도 있다. 녹초가 된
노동자들이 유일한 안식처인 이곳에서 많은 사람들과 뒤섞여
지내고 있다. 실로 돼지우리와 다를 바 없는 판잣집의 안팎에서
분뇨와 쓰레기 악취가 나고 비위생은 극에 달하고 있다 …… 선
인 노동자 한 명을 붙잡고 이야기를 들어보니 일본어는 잘 못하
지만, 임금은 50~60전밖에 못 받고 식비니 뭐니 공제되어 빚
만 늘고 노예처럼 되어버렸다는 의미의 말을 했는데 (중략) 학대
당하는 노동자로부터 불평불만이 폭발하고 있는 것을 보면 일
본전력은 그 책임을 져야 할 것이다.

도항한 조선인 대부분이 토지를 빼앗긴 가난한 소작농 출신이고 지식
은커녕 글을 아는 사람도 드물었다. 더구나 일본어 소통도 불완전한 사람
들이 할 수 있는 일이라곤 일본인이 기피하는 더럽고 위험한 육체노동이
나 일용직 노동밖에 없었다. 이런 일은 공사 완료나 인원 정리, 날씨 계절
등에 좌우되기 때문에 언제라도 해고될 수 있었다. 따라서 그들은 어쩔
수 없이 이리저리 떠도는 불안정한 생활을 하게 되었다. 낯선 곳에서 언
어도 통하지 않는 사람들이 집단행동을 취하고 조금이라도 임금이 높은
곳에서 일하고자 하는 것은 일본에서 살아가기 위한 수단이었다. 힘든 노

동, 학대에 대한 분노, 고향을 그리워하는 애달픈 심정을 술로 달래고자 할 때 격한 외침이 터져 나온다 한들, 싸움이 일어난다 한들 뭐 그리 대수겠는가. 조선인 노동자에 대한 가혹한 착취로 도야마현의 많은 기업이 이익을 얻었던 것이다.

(2) 조선인에 대한 차별과 멸시

참고기사

• 기술이 없어서 두뇌를 필요로 하는 공사에는 부적격. (중략) 선인 중에도 우두머리 지배계급에 속한 자는 내지인과 결혼하여 내선內鮮 융화의 질을 높이고 있는 자도 있다. 이것은 내지 부인이 선인 부인에 비해 우량하다는 것을 말함(1922.9.15.)

• (농촌의 젊은이가 도시로 나가는 것을 막을 수 없기 때문에) 일본 내의 경작은 생활수준이 낮은 선인에게라도 맡길 수밖에 없다(1923.6.13.).

목욕도 하지 않고 옷을 입은 채로 자는 함바의 모습, 길에 쓰러지고, 일자리가 없어서 길거리를 헤매는 집단, 술로 인한 소란, 도박, 구리선 도둑질, 조선인 남성과 일본인 여성의 사랑의 도피에 화가 난 부모가 경찰에 신고하여 사이를 갈라놓는 등 기사가 정말 자세하게 많이 쓰여 있다. 특히 '범죄'에 관한 기사가 많았고 사건이라고도 할 수 없는 동료끼리의 다툼 등 사소한 일이 '범죄'로 보도되었다. 거기에는 반드시라고 해도 될 만큼 '선인'에 대한 차별어가 헤드라인을 장식하고 있다.

예를 들면 '한밤중, 약국을 습격한 두 명의 선인, 한 명 체포, 한 명은 도주'(1929.11.21.)라는 헤드라인 기사 내용을 보면, 오전 3시 30분경 약국 문을 마구 두드리는 자가 있어 주인이 틈으로 엿보니 2명의 '불령선인'이 서 있는 것에 놀라 신고하여 순사가 급히 달려왔다는 것이다. 밤중에 약국 문을 두드리는 사람이 있으면 아프거나 다쳤을 경우가 대부분일 텐데 아무런 근거도 없이 '불령선인'이라며 범죄자로 단정하고 있다.

'선인 두 명이 순사를 때려 중상을 입히다'(1922.7.29.)라는 기사를 보면, 조선인의 싸움을 말리러 들어왔다가 맞은 사람이 우연히도 사복 차림의 순사였다는 내용이다. '두 명의 선인 대격투, 얼굴에 중상 입다'(1924.9.15.)라는 기사는 평소 형제처럼 친한 친구의 술자리 농담이 결국 싸움으로 번진 일인데, 이처럼 일상적인 흔한 일이 큰 범죄처럼 보도되는 일이 잦아서 조선인의 범죄가 많다는 인상을 주고 있다.

게다가 '한 민가를 포위한 선인 20여 명, 방화 혹은 투석, 혹은 난입하여 일대 소동'(1923.6.27.)이라든가 '몽둥이와 곡괭이가 날아다니는 선인의 대난투'(1924.6.17.)라는 식의 큰 사건을 연상시키는 헤드라인도 전자는 허위 진술, 후자는 확실하지 않은 신고에 따른 것으로 모두 오보이다.

그리고 이들 조선인 관련 기사의 헤드라인에는 자극적이고 흉포성을 암시하는 듯한 용어가 많이 사용되고 있다.

'양의 탈을 쓰고 있던 대장장이 악선인惡鮮人'(1921.11.13.)
'색마 선인에게 희롱당하는 여자'(1923.5.18.)
'악선인 괴수는 마적 출신의 악한'(1925.11.17.)
'선인 토공 집단의 난폭 행패, 달빛 아래 일대 투쟁'(1926.5.29.)
'어린 기생을 능욕하여 교살, 범인은 일본전력의 악선인 토공'(1926.8.20.)
'몽둥이로 때려죽인다고 미친 듯이 날뛰는 선인'(1927.5.24.)

'집을 보고 있던 14세 소녀를 선인 3명이 윤간, 어제 저녁 이나리에서 괴이한 사건'(1929.7.19.) 등

'범죄'에 이어 눈에 띠는 것은 여성 관련 기사이다. 재미삼아 야유하듯이 이상하게 표현하여 조선인뿐만 아니라 조선인 남성에 마음을 두는 여성까지 멸시하고 있다.

'선인 연애 이야기, 도야마 여자와의 사이에 귀여운 아기'(1918.6.11.)
'선인의 아내, 정부와 도주, 버려진 인부 반장'(1922.11.6.)
'울부짖으며 하소연하는, 평온하지 않은 남녀의 장면, 선인 한 명을 두고 두 여자가 어제 도야마역 앞에서 진기한 소동'(1924.5.25.)
'와카사의 미인이 선인과 사랑의 도피" "하룻밤 객지의 베갯머리에서 원수의 인연을"(1926.2.15.)
'선인 토공에게 실컷 희롱당하고 35엔에 다른 사람의 아내로 팔려가다'(1926.8.19.)
'선인에게 마음을 두는 우체국 교환원 아가씨, 울면서 떨어지지 않다'(1928.5.28.)
'사랑하는 선인, 일신루日新楼의 린카林香, 울면서 이별'(1931.7.11.)
'선인과 사랑의 도피, 후시키 부두에서 다정하게 소곤소곤'(1932.4.16.)

본성에만 탐닉하는 무교양을 비웃는 신문 기자의 우월적 인식이 기사 안에 넘치고 있다. 특히 도야마에 조선인이 다수 들어가게 된 1920년대 후반에 이와 같은 멸시로 가득 찬 기사가 집중적으로 보인다. 더럽고 칠

칠치 못하고 야만적이고 야비하고 불쌍한 조선인 상이 그려지고 있는 것이다. '저임금' '장시간' '일본인이 싫어하는 일' '수준이 낮은 작업' 이라는 조건에도 불구하고 일을 하러 가는 조선인에 대해 강점 이후의 민족적 우월감을 이 같은 멸시적인 기사로 정당화하고 주민들에게 확실히 의식화하여 차별 인식을 증폭시켜 갔다.

(3) 일상적, 치안 단속 대상으로서의 조선인

참고 기사

'인종적 편견에 의한 시의심이 강하고 걸핏하면 동맹 단결하여 내지인에게 반항하다'(1922.9.15.)

'수력전기 기타 공사 지대의 위험 방지와 풍기 단속을 위해 토공인 집단의 대공사장에 일정 기간 순사를 주재시켜야…… 나날이 엄청나게 유입하는 선인을 볼 때 충분히 단속할 필요가 있고 청원 순사를 배치하는 것으로도 모자라 군인 청년단도 가세하여 빨리 선인을 추방하려고'(1923.5.1.)

'도야마현 각 경찰, 선인 경계로 편할 날 거의 없어. 선인을 담당하는 특별 근무 순사를 배치할지도 몰라.…..현재 선인에 대한 경계 상태는 모든 행동을 감시하고 업무에 대해서도 빠짐없이 경계, 한 선인이 모처에서 다른 지역으로 옮기면 즉시 순사가 경찰에게 전화로 보고. 드디어 출발했다, 저쪽에 도착했다, 앞으로 어느 함바에서 돈벌이를 할 거라는 등의 보고 용지가 8~9매에 이르며 현재 각 경찰서의 전화 보고 용지 대부분은 선인 시찰 기사'(1924.2.10.)

'행계와 대연습 기간 중 도야마현의 토공 선인 2,000명에 전임 순사 120명(도야마현 순사 500명) 배치하여 경계 단속하다'(1924.10.5.)

'발전 공사장에 선인 과잉, 언제 돌발 사고가 일어날지 엄중 경계'
(1925.2.20.)

　　강점 이후 내무성, 경찰 당국은 일상적으로 조선인에 대해 감시의 눈을 번뜩이고 있었다. 1913년 10월에 나온 '조선인 직별 자료에 관한 건'에는 골격 및 용모, 언어, 예식 및 음식, 풍속, 습관의 측면에서 머리 모양부터 보행 방법에 이르기까지 일본인과의 차이가 자세하게 설명되어 있다. 또한 '특별 고등 경찰 집무 심득'에는 관할 지역의 명부 작성에 대해 본적과 직업은 물론이고 인상, 교우 관계 등을 이동할 때마다 정리하고 통보해야 한다고 되어 있다.

　　수력발전 공사장 등 대공사장에는 예방 차원에서 청원 순사가 배치되었다. 신문 속의 경관의 불평(1924.2.10.)은 본심이었을 것이다. 내무성 경보국의 방대한 재일 조선인 관련 자료는 치안 대책의 단속 대상으로서 조선인의 정보 수집에 얼마나 정력을 쏟아왔는지 그대로 보여준다. 이는 일본 국내의 사회 상황 변화와 사정에 따라 조선인의 도항을 엄격하게 단속하거나 자유롭게 하는 등 빠르게 변하는 대책에도 나타나 있다. 특히 1928년 '쇼와 대례昭和大礼'로 대표되는 천황, 황족의 행계에 즈음하여 예방 검속 차원의 단속은 엄격하게 하였다.

　　이와 같은 경찰의 경계 단속 선전은 일본인에게 조선인은 무슨 일을 저지를지 알 수 없는 섬뜩하고 무서운 존재라는 인식을 한층 강하게 심어주면서 조선인과는 가깝게 지내거나 관계를 맺고 싶지 않다는 배외적 사상이 형성되는 하나의 요인이 되었다.

(4) 지역, 노동 현장으로부터의 배척

1923년 관동대지진 때의 조선인 대량 학살은 당시 일본인의 조선인 관을 상징적으로 보여준다. '조선인이 우물에 독을 넣었다' '조선인이 폭동을 일으켜 일본인을 습격하고 있다'는 유언비어가 관헌에 의해 날조되어 공포에 사로잡힌 민중의 손에 6천명이나 되는 조선인이 학살당했다. 아무리 혼란을 틈탄 유언비어에 의한 것이라 해도 전쟁터도 아닌 일본의 한복판에서 대낮에 일반 시민의 집단 살육이라고 할 수 있는 테러가 행해졌다는 사실은 무엇을 말하는 것인가.

지진 이후에 이에 대한 조사도 하지 않고 사실을 은폐한 당국 및 일본인의 반성의 결여는 전쟁 시의 비인도적 강제 연행으로 이어지는 뿌리 깊은 민족 차별을 보여주고 있다. 패전을 거쳐 지금까지도 계속되는 조선인에 대한 차별 정책, 충분한 사죄의 결여는 오늘날에 이르러서도 조선인 차별관이 변하지 않고 많은 일본인의 내부에 잠재해 있었던 결과는 아닐까.

지진 사건에 대해 도야마현은 "거짓 소문을 함부로 퍼뜨리는 자, 무고한 조선인에게 폭행을 가하는 자는 엄벌에 처한다."(1923.9.7.)고 발표하면서도 "극히 소수의 선인은 재난을 틈타 악행을 저지른 자도 있다."(1923.9.6.)면서 관헌의 유언비어를 그대로 보도하거나 "타지에서 돈벌이하는 선인을 붙잡아"(1923.9.6.) 두라고 각 경찰서로 통첩하고 기차의 승차를 제한하는 등 경계하는 모습도 보이고 있다. 또한 지진 후에 민중의 유언비어, 오보 사건이 많이 발생하고 있다. '술에 취해서 소동부리는 조선인 무리'가 '큰 싸움'을 벌이고 있다는 잘못된 신고에 도야마서에서 출동한 사건과 여승이나 어린 기생 능욕 사건 등이 유언비어로 유통되고 있다(연표 참조).

지진 후 조선인에 대한 배척은 지역으로부터의 배척, 노동 현장에서의 해고로 노골적으로 드러난다.

지역으로부터의 배척은

"도야마역에서 매일 밤 선인 무리가 스토브를 점령, 현 당국이 단속해 달라는 여론의 소리, 도야마 경찰서는 엄중 배제하겠다고"(1923. 2.11.)

"일본전력 인부(대부분 조선인)가 전염시켜 우나즈키 일대에 천연두 속출. 신속히 공사 중지하라는 여론 떠들썩"(1926.6.12.)

"쇼가와 전력 선인 토공의 계속되는 범죄에 지역 주민의 비난 떠들썩, 이제 지방의 중대한 문제"(1927.9.14.)

"다가오카 후시키마치의 도로공사에 밭을 망치니까 선인을 쓰지 말라고 후시키 지방 민원 발생"(1930.9.2.)

이외에도 조선인이라는 걸 알게 되자 셋집에서 내쫓고, 풍속을 어지럽힌다며 조선인이 묵고 있는 숙소의 영업을 정지시키고, 조선인이 집단으로 거주하는 집의 분뇨 수거를 그 지방의 농민이 모두 거부하는 등 그 실태를 확인할 수 있다.

일본인이 조선인에게 집이나 토지를 빌려주는 것을 꺼려하여 전국적으로도 '임차 쟁의'가 빈번하게 일어난다. 도야마현에서도 1930년대에는 많이 발생하고 있는데[22] 조선인들만 모여 사는 '선인 부락' '선인 아파

---

22) 현내 '임차 쟁의' 발생 건수·인수 1935년 2건 1명, 1936년 6건 70명, 1937년 4건 8명, 1938년 6건 71명, 1939년 6건 21명 (『사회 운동 상황』에서)

트' 등을 볼 수 있다.

노동현장으로부터의 배척은 특히 불황기에 현저해진다.

'조선인 노동자의 싼 임금, 장기간 노동은 일본인 노동자의 노동 조건을 악화시킨다'는 분열 공작은 조선인 노동자 이입 초기부터 행해져 왔다. 조선인과 일본인 노동자 사이에는 참혹한 살상 사건도 자주 일어나고 있다. 노동자 부족 시에는 '어떤 일이라도 마다하지 않는' 노동력으로서 조선인을 투입하고 '일본인보다 조선인이 일을 잘한다'며 극구 칭찬하였다. 불황으로 일본인 노동자의 실업이 늘어나자 "노동 능률이 오르지 않는다. 임금 인상을 요구하며 파업을 하기도 한다."(1928.4.5.)며 고용을 거부하거나 해고한다. 1920년대 말에는 직업을 구하지 못한 조선인이 "20~30명 집단으로 빈둥빈둥거리는"(1928.4.26.) 상황이 도야마시 중심에 많아졌다.

(5) 자연 발생적 노동 쟁의 빈발

이상에서 본 것처럼 민족 차별, 배외주의의 침투 가운데 열악한 노동현장에서는 자신의 생활을 지키기 위한 싸움, 차별에 엄연히 대항하는 싸움이 빈번하게 일어났다. 당시 경찰이 관여하여 신문 기사가 된 쟁의 발생 상황은 〈표 10〉과 같다.

년월	장소	쟁의 내용	결과
1922. 9	오야마무라 현영 수력발전 제2발전소	임금 지불에서 일본인 함바 반장의 짓궂은 언행, 그에 항의한 조선인에 대한 폭행. 함바 반장은 조선인 수십 명이 포위하여 난폭하게 굴었다고 허위로 호소	검거 3명(함바 반장도 포함)
1923. 6	신메이무라 진즈 개수 공사장	작업 중에 일본인 감독이 조선인을 폭행. 항의한 동료 조선인에게 중상 입히다. 20여 명의 조선인 분노하여 감독에게 몰려들다	약 20명 검거 (상해, 협박죄)
1923. 7	오야마무라 가미다키 현영 수력발전	사다무라구미 산하 일본인 3명이 조선인의 급료 착복하여 도주. 50여 명의 조선인, 급료 지불 요구하며 파업	불명
1926. 6	히가시야마미무라 고마키발전소, 쇼가와 수력전기(주)	약 840명의 조선인 파업	타협
1927. 1	히다요시키군 사카타니 터널 공사장	터널 작업 중 조선인 인부 3명 참사. 위자료 요구하며 파업. 공사를 맡은 오바야시구미와 인부 측 대표의 교섭 결렬. 도야마에서 백의노조원 60명 응원하러 급행. 경찰이 지역 소방조합원 100여명 투입하여 대혼란	실패(거절)
1927. 7	현영 수력발전 마가와발전소	임금 인상 요구. 일급을 1엔 90전에서 2엔으로 올리다. 배급 쌀을 다른 지역(아와스노, 오미 지방)과 같은 가격으로 배급할 것을 요구	요구 관철
1927. 8	오야마무라 아와스노 현영 수전	조선인 인부 다이너마이트 폭발 사망. 가토구미의 위자료 100엔은 적다고 인부들 분개, 인부 대표와 함바 주임 절충 거듭	요구 관철, 위자료 200엔

1927.8	다테야마 산로쿠 수력발전 공사장	동계 휴일기간의 수당 감액에 대해 약 300명의 조선인이 반장과 싸우다. 일본인 노동자 105명과 난투가 되다	불명
1927.10	현영 마가와 발전소	마쓰오카구미의 토공 약 30명(일본인 포함) 공사 임금 인상 요구, 거절당하자 마가와 수력발전 공사장에 난입하다	불명
1927. 가을	대일본인조비료(주) 도야마 공장	오바야시구미의 하청 임금 체불에 인부들 항의, 지불 승인하게 하다	요구 관철
1927.10	현영 수전 다테야마 공사장	요네자와구미의 마쓰오카 함바 사용 조선인들 60명에 대해 약 40일분의 임금 체불, 인부들은 급료 지불과 열악한 노동조건 개선을 요구하며 파업. 요네자와구미와 난투가 되다	다수 검거, 신조 경찰서의 폭행 사건 일어나다
1927.11	신조 경찰서	신조 경찰서, 검거한 조선인에 대해 차별적 폭행을 가하다. 도야마현의 5개 무산자 단체, 현 경찰 부장에 엄중 항의. 현경과 신조 경찰서, 문제 삼지 않다.	실패
1928. 1	하야호시무라 대일본인조비료(주) 건설 공사장	공사 결원으로 책임자 도주하다. 공사를 맡은 오바야시구미에 대해 백의노동조합 간부 박광해, 인부 약 180명의 식료와 이후 업무에 대해 교섭	불명
1928. 1	히다모즈미 가미오카 수력발전 터널	터널 공사 중 조선인 노동자 매몰. 위자료 요구하고, 공사를 맡은 오바야시구미와 쟁의단 교섭 결렬되어 파업. 백의노조 응원하러 달려가지만 관헌, 오바야시구미 폭력단과 인근 소방대 투입, 쟁의단 간부 전원 검거되고 고문 탄압 받다	실패
1928. 5	오야마무라 마가와 도야마 전기 발전 공사장	하청 업체가 받은 노동자 300명의 임금 전액을 갖고 도주. 노동자, 지불 요구 투쟁	요구 관철 (하청 재지불)

1928. 6	현영 오구치가와 수력발전 공사장	하청업체 과실로 조선인 노동자 약 50명의 임금 체불하자 임금 지불 요구하며 맞서는 상태. 하청업체, 사토구미에 하청 금액 보수인상 요구하다	요구 관철(사토구미 전액 지급)
1928. 6	이미즈군 쇼가와 연안 토석 채취장	조선인 노동자 15명 생활의 위협 호소하고 광차 1회 당 15전 인상 요구, 고용주 거부, 동맹 파업	타협(1회 14전)
1928. 6	현영 수전 아와스노 공사장	조선인 노동자 약 500명, 가토구미에 임금 인상 요구, 대표 십 수 명 가토구미 사무소에 몰려든다. 신조 경찰서 급행	1명 검거(김태련)
1928. 7	아사히중학교 부지 정지 공사	조선인 약 40명, 하청업체에 가불 강요. 응하지 않자 태업	불명
1928. 8	현영 마가와 수전	다이너마이트 폭발로 조선인 1명 사망, 800엔의 위자료 요구에 가토구미 100엔밖에 지불하지 않다	실패, 2건의 쟁의를 선동했다고 조선인 4명 검거(박광해, 이철 등)
1928. 8	소야마의 쇼와전력회사	현영 수력발전의 일급은 2엔인데 소야마는 1엔 60전이므로 사토구미에 일급 40전 인상 요구	상동
1929. 6	호소이리무라 히에쓰선 공사장	공사를 맡은 3자(가토, 사토, 도비시마구미)는 일급 1엔 80전을 1엔 60전으로 인하, 분개한 노동자 약 400명, 1엔 90전으로 인상 요구	타협(1엔 60전으로 하고 술값 20전 지급)
1929.10	호소이리무라 히에쓰선 공사장	터널 대붕괴로 하청업체 손해가 커서 가토구미에 결손 보조 요구했지만 거부. 토공 약 400명(조선인 300명, 일본인 100명) 공사 멈추고 함바 안에서 버티다	요구 관철(가토구미 12,000엔 내고 공사 재개)

1920년대는 노동 운동이 조직적 싸움이 아니라 대부분 돌발적이고 자연 발생적 쟁의였다. 상애회 도야마 지부(1년 정도의 활동으로 총동맹 가맹) 백의노동신우회 결성으로 노동자의 결집을 볼 수 있었는데 민족적 권리, 민족의 상호 부조를 목적으로 하는 활동이 주체였다. 그러나 자연 발생적이긴 해도 조선인 노동자의 쟁의에는 백의노동신우회 등의 전투적 지원이 보인다.

다양한 노동 쟁의의 원인은 조선인 노동자가 처한 모순적인 환경과 대립의 다양성을 반영하고 있다. 가장 많은 원인은 임금 인상, 지불 요구, 인하 반대 등의 임금 투쟁이다. 일본인 노동자와의 임금 차별, 함바 간 임금 격차. 하청업자의 계산법 하나로 바뀌는 일급, 급여의 일부 가로채기 등으로 노동자의 불만은 컸다. 노동 계약이라고 할 만한 것은 없고 구두 약속만 있는 무권리 상태의 조선인 노동자가 의지할 수 있던 것은 민족 단결의 힘뿐이었다.

그 다음으로 많은 것은 노동 재해에 따른 위자료(재해 부조금) 청구 투쟁이다. 얼마나 위험한 작업장이 많았는지를 보여주는 것이기도 하다. 그리고 토목 작업에 종사하는 조선인 노동자가 많아진 1920년대 후반 노동 현장의 조선인 재해를 신문에서 정리해 보면 〈표 11〉과 같다.

〈표 11〉 1920년대 후반 조선인 노동자의 사상자 기사(토목 공사)

년	장　　소
1925	· 히에쓰 수력 전기 공사장, 토사 암석 붕괴 매몰 · 야나가와라 동양알루미늄 수력 전기 공사장, 암석 추락 사망('빈번하게 참사') · 구로베 오쿠야마 수력 전기 공사장 도주자 사망 · 쇼가와 수력 전기 공사장, 암석 적재 광차 낙하 사망

1926	· 야나가와라 발전공사, 일본공업, 토사 붕괴, 2명 사망 · 쇼가와 수력 전기 공사장, 큰 암석 낙하, 1명 사망 · 야나가와라 발전공사, 토사 붕괴, 1명 사망 · 호소오 터널 붕괴, 매몰 사망 · 구로베 공사장 게야키다이라, 큰 암석에 깔려 1명 사망
1927	· 구로베 오쿠야마 구로베강 추락 1명 사망 · 구로베, 오타니 눈사태, 일본전력 함바 5동 붕괴, 3명 사망 · 히타 사카타니 터널 붕괴, 3명 사망. · 구로베 오쿠야마, 시미즈의 눈사태, 일본공업(주) 함바 4동 붕괴, 일본인과 조선인 4명 사망 · 소야마 쇼와전력, 암석 붕괴, 사망("참사자 빈번하게 나오다") · 마가와 수력발전, 1명 복통으로 괴로워하다가 사망 · 현영 아와스노 수력발전, 다이너마이트 폭발, 1명 사망 · 구로베 오쿠야마, 일본전력 공사장, 광차에 깔려 1명 사망 · 마가와 수력발전, 다이너마이트 폭발, 1명 사망
1928	· 마가와 수력발전, 작업 중 눈보라로 인해 강으로 굴러 떨어져 1명 동사 · 쇼가와 전력, 토석 작업 중 1명 사망 · 조하나, 현영 개수공사, 강으로 굴러 떨어져 1명 사망 · 마가와 수력발전, 터널 붕괴, 8명 매몰(조선인 6, 일본인 2) · 마가와 수력발전, 터널 내 다이너마이트 폭발로 3명 사망 · 구로베 오쿠야마, 사루마와시 추락 사망 · 마가와 수력발전, 광차 탈선 낭떠러지로 굴러 1명 사망 · 마가와 수력발전, 터널 내 다이너마이트 폭발로 3명 중상, 1명 사망
1929	· 히에쓰선, 가가사와 터널 붕괴로 2명 매몰, 구조했지만 중상 · 히에쓰선, 가타가케 터널 붕괴, 6명 매몰 · 마가와 수력발전소에서 하산 도중 1명 낭떠러지로 추락, 2명 중상

김태엽은 『항일 조선인의 증언』(후지출판)에서 우나즈키 수력발전 공사장의 모습(1929)을 다음과 같이 적고 있다.

아침 5시가 되면 합숙소는 노동자의 아침 기상을 알리는 함바 반장의 고함소리로 시끄러웠다. 함바마다 식사시간이 되면 노동자들이 하나둘 모여 테이블 앞에 죽 앉았다. 테이블 위에는 일정한 간격으로 밥통이 놓이고 보리가 섞인 베트남 쌀밥을 삽으로 퍼서 밥통에 나누어 분배했다. 밥통에 담긴 밥은 다시 개개인의 식기에 주걱으로 나누어졌다. 반찬은 1년 내내 바뀌지 않고 홋카이도의 미역과 무말랭이뿐이었다. 쌓여있는 미역과 무말랭이를 괭이로 파서 비료를 넣는 바구니에 넣어 물로 씻지도 않고 그대로 솥에 넣어 소금을 뿌려 삶는다. 이것을 하나씩 나눠줬다……터널 안에 들어가 보면 바닥에는 사방에서 흘러오는 물이 무릎까지 차서 작업하는 노동자는 고무장화를 신지 않으면 안 될 정도인데다 터널 안에는 낙반 사고를 방지하기 위한 버팀목, 즉 터널 양쪽 벽을 지지하는 기둥도 없었다. 노동자의 생명 안전이나 위생, 건강은 전혀 신경 쓰지 않고 오로지 이익에만 눈이 먼 비인간적인 공사장의 실태를 분명히 확인할 수 있었다.

그밖에 일본인의 차별적 언동으로 인한 싸움, 폭리를 탐하는 조선인 함바 반장과의 대립, 사상을 달리하는 조선인 동료 간의 싸움 등을 볼 수 있다. 가장 획기적인 싸움은 '신조 경찰서의 인권 유린, 조선인에 대한 차별적 폭행'23) 사건(1927년) 및 '미쓰이계 가미오카 수력발전 터널 공사장의

---

23) 《무산자신문》 1927년 11월 20일부, 3면 **전율할 만한 고문, 경관 야수와 같아** 도야마현영 수력전기 다테야마 공사 현장의 악덕 기업 요네자와구미는 40일간이나 인부에게 급료를

조선인 노동자 참사 사건과 관련하여 조선인 쟁의단에 가한 고문 탄압'[24]

단돈 한 푼 지불하지 않고 계속 혹사시켰기 때문에 지난 10월 14일 인부 약 60명은 3일간의 파업을 결의하고 쟁의에 들어갔다. 쟁의단에서는 교섭 위원이 교섭에 임하게 되었는데 요네자와구미의 부장 혼마는 교섭 위원 한 사람을 구타하는 것을 시작으로 여러 명의 감독에게 명하여 교섭 위원에게 덤벼들었다. 이를 전해들은 쟁의단은 격앙하여 즉시 사무소로 몰려가 그 횡포에 대해 쇠몽둥이로 항의할 수밖에 없었다. 요네자와구미 자본가는 전부터 경찰과 서로 짜고 있었기 때문에 경관 30여 명이 와서 쟁의단을 때리고 걷어차는 폭행을 가했다. 그리고 신조소학교에 검속하러 와서 혼마의 금시계와 우산이 없어졌다는 것을 구실로 뒷짐결박하고 앉혀서 때리거나 걷어차고 구둣주걱으로 얼굴을 할퀴고 귓불을 비틀고 수염을 쥐어뜯고, 음경을 끈으로 묶어 당기고 그것을 위로 향하게 해서 몽둥이로 두들기고 요도에 막대기를 찔러 넣는 등 잔학하기 그지없는 전율할 만한 고문을 행하였다. 이 때문에 검속자 대부분에게 전치 4주의 상해를 가하고 검속된 자로부터 1인당 2엔 60전을 검속 비용으로 징수하였다. 또한 절도죄, 소요죄를 날조하여 아직도 선인 토공 1명과 일본인 토공 5명이 형무소에 갇혀 있다. 노동당 도야마 지부 백의노동신우회, 일본 프롤레타리아 예술 연맹이 중심이 되어 도야마시내 선일鮮日시민 공동위원회 개최를 제창하고 선일 노동자에게 가해진 신조 경찰서의 포학에 대해 도야마현 경찰 부장에게 거칠게 항의하고 폭행 경관의 처벌 등을 요구하며 철저하게 투쟁을 개시함과 동시에 이 포학한 신조 경찰서와 같은 것을 그물코의 하나로서 조종하고 있는 전제 정부를 향한 투쟁은 계속 발전하고 있다."(우치야마 히로마사『도야마현 전전戰前 사회운동사』)

24) 《무산자신문》1928년 2월 20일부 4면 "**도야마에서 고투하는 백의노동쟁의, 흉악무도한 고문 탄압으로**. 기후현 요시키군 후나쓰마치 히가시모즈미 아카타니의 미쓰이계 가미오카 수력발전 터널 공사장에서 조선인 노동자 참사 사건에 관한 쟁의는 공사 업체 오바야시구미의 폭력단은 물론 그들 자본가의 어용 경찰 관헌 아래 인근 각지의 소방대까지 동원하여 비할 데 없는 탄압을 가하였다. 일체의 연설회, 시위운동은 금지되고 쟁의단 간부는 전부 검속 구류되었는데 몇 명은 때리고 차고 내던지는 고문 능욕으로 허위 자백을 강요받고 후나쓰마치 모즈미에서는 경찰관 스스로 유언을 퍼뜨려 주민을 위협하고 쟁의단에 대한 생활필수품 판매를 저지하였다. 이러한 폭압 아래 악전고투도 헛되게 쟁의가 완전히 불가능해진 백의노동신우회는 결국 어쩔 수 없이 쟁의단을 해산하고 다시 강력한 새로운 싸움의 진용을 정비하기 위해 일시 휴전을 성명했는데 잇달아 노농당 도야마지부 연합회, 도야마현 무산자단체 협의회의 응원을 얻어 불법 감금, 폭행 고문에 공동 항의, 폭행 경관을 고소하고 변호사를 의뢰하여 철저하게 규탄 운동을 일으켰다. 또한 지방 주민에게 호소하고 소방대 등에 대해서도 경비 비용에 관한 불평을 선동하

(1928)에서 볼 수 있었던 조선인과 일본인 노동자의 일치단결 항의 투쟁이었다. 특히 전자에서는 조선과 일본 무산자 단체 대표 5명(노동농민당 도야마현 지부 집행위원 야고 가조, 일본프롤레타리아 예술연맹 도야마 지부 집행위원 마쓰하라 신이치, 조선과 일본 시민 대표 박광해, 구로바라사의 빈주한賓周漢, 백의노동신우회 김영택)이 노동자에 대한 부당 검속, 불법 감금, 인권 유린에 대해 현청, 경찰부장에게 엄중 항의하고 있다(1927.11.16).《호쿠리쿠타임스》에서도 "참혹비정한 고문, 지금까지 한 번도 없던 검속 비용 같은 것까지 징수. 이외에도 선인에 대해 차별적 행위를 하다"라며 규탄의 자세를 보였지만 경찰서는 "그런 일이 행해질 리가 없다. 일부 조선인과 일본인의 악선전에 의한 것"이라고 문제 삼지 않았다. "이익을 얻으려는 악선전으로 보는 게 타당하며, 그들을 유언비어로 잡아넣을지 검토 중"이라고 발표하기에 이르렀다. 그리고 "신조 경찰서의 고문사건 역시 사실무근"(1927.11.22.)이라고 경찰을 추종하였다. 신문에는 이후의 속보는 없지만 노농당 '일선 시민공동위원회' 등의 항의로 고문 사실을 인정하게 하고 제2의 성명서를 발표하고, 고문 절대 반대, 폭행 경찰서장의 해고 등을 호소하고 있다.[25]

여 대선전에 노력하고 있다" (전게 『도야마현 전전 사회운동사』)

25) 《무산자신문》 1927년 11월 25일부, 3면 "**고문은 국가를 위해서라고 서장이 지껄이다.** 보도한 바와 같이 귀축과 같은 참혹한 행위를 한 도야마현 신조 경찰서 및 도야마현 경찰 부장은 이러한 고문 사실이 전혀 없다고 신문에 썼는데 노동당, 도야마 무산단체 협의회, 선일 시민 공동위원회의 항의에 결국 국가적 입장에서는 개인의 권리 자유를 박탈할 수 있는 것이라고 내뱉고 전율할 만한 선일 노동자의 고문은 국가를 위해서라며 고문을 합법화한 것이다. 노농당, 도야마 무산단체 협의회, 선일 공동위원회는 이와 동시에 성명서를 발표하고 곧 비판 연설회를 열고 낙하산 경찰 관리에 의해 유린되고 있는 인민의 권리를 되찾기 위해 고문 절대 반대, 관리의 폭행에 의한 손해 즉시 국고 부담, 낙하산 지사를 쫓아내라, 폭행 경찰 관리를 처벌하라, 폭

〈1924.10.5.〉

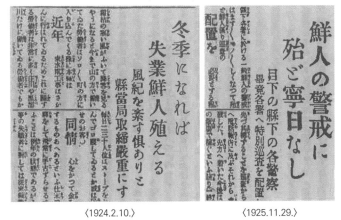

〈1924.2.10.〉　　　　〈1925.11.29.〉

조선인의 치안 단속(《호쿠리쿠타임스》)

행 경찰서장을 그만두게 하라, 54의회를 해산하라고 외치고 있다." (전게 『도야마현 전전 사회
운동사』)

1930년대 연표

일본의 대 조선정책과 일본·조선의 움직임	신문으로 보는 도야마현의 대 조선 정책과 현내 조선인의 동향
1930년	
1.13 전협 조선인 위원회, 기관지『조선 노동자』창간 5.30 중국 간도에서 조선인의 반일 무장 폭동 발생(5·30 폭동 사건) 11.- 함경남도 고원, '동척' 농민 가혹한 착취에 항거하여 소작 쟁의 12.10 조선 공산당 공판에 대해 구원신문은 "끔찍한 탄압을 결사적으로 걷어찬 조선공산당 공판에 600명의 조선 노동자가 법정에 '데모'를 게재하다 △ 이 해 쇼와昭和 공황 시작되다	1.10 모시 방적 직공 1,200명 파업, 임금 3할 인하에 반대하여(일급 불과 60~80전) 1.11 모시 방적 회사 직공의 요구안 3건 모두 수용되다. 직공들, 환호성을 지르며 한밤중 해산 1.14 모시 방적 회사 측은 양보하며 마무리 하던 중 갑자기 주동자를 해고하다. 분회장 외 8명(조선인 3명 포함) 1.20 모시 방적, 쟁의 선동 직공 4명 해고, 쟁의단원 약 70명, 경찰서에 몰려들다. 조선인 21명, 일본인 직공 9명 검속 1.25 도야마현 실업자 약 2,600명, 조선인 51명 2.20 제2차 보통선거, 조선인에게도 선거권, 도야마현 26명 "시내의 유권 조선 동포는 6명, 표는 무산당으로" 4.2 구레하에 방적 공사장의 조선인 토공 3명, 술을 먹인다고 관리인을 폭행. 구레하에 주재원, "십 수 명의 선인 동지가 단도를 휘두르며 크게 싸워 유혈 참사 일으켰다"며 도야마 경찰서에 급히 신고(오보) 5.1 나메리가와마치, 후시키마치, 다카오카시에서 첫 노동절(전단 배포, 간담회) 5.29 미래의 조선 군수, 모범촌 히가시도나미시 아부라덴무라에서 3개월간 집무 실습

		6.22	호리오카~신미나토 간 연장공사, 궤도 부설을 위한 토지 매수 결말이 나지 않다. 하청 반장, 관리하던 조선인 토공 100명을 토지 소유자에게 몰려가게 하다
		7.17	조선인 토공 30명, 부족 임금을 청구하며 사토구미 함바 습격, 하청인 도주, 아리미네 오구치가와 일본해 전기공사장
		7.29	"선인 토공, 다이너마이트 참사" 호소이리무라 가니데라 히에쓰선 공사장
		9.2	"밭을 망치니까 선인을 쓰지 말라"고 후시키 지방에서 요청, 이미즈군 후시키마치 핫다~고쿠분 간 도로공사(《도야마일보》)
		9.14	조선인 토공 참사, 터널 붕괴. 호소이리무라 가가사와 내 히에쓰선 공사, 사토구미, 기타 배하 가나이 함바
1931년			
1.-	전협 중앙위에서 '프로핀테른대회의 결의를 어떻게 이해할 것인가'라며 "민족적 편견에 대한 투쟁은 지금까진 없었던 좌익 조합원 사이에서조차 아직 편견이 강하게 남아 있다"고 자기비판하다	5.1	도야먀현 최초의 노동절 시위 행진. 도야마시 200명 후시키마치 60명, 조선노동총동맹, 조선 노동단도 참가
7.2	'만보산萬寶山 사건' 중국 길림성 장춘의 만보산에서 '조선인 농민과 중국인 농민 충돌' '조선과 중국 농민의 대립'을 이유로 일본군의 중국 침략 합리화 책동. 일본 우익, 재일 조선인에 대해 재일 중국인과의 분쟁을 선동하다	7.5	오야마무라 현영 수력발전 오미 발전소, '내선인' 토공 약 1,000명 일하다
			피비린내 나는 소동을 염려하여 안보계, 토공을 엄중 단속하다
		7.7	도야마현 실업자, 일본인 400명, 조선인이 300명. 실업 대책 사업, 도로 개수 공사에 400명 고용
		8.19	조선인 토공 토사 운반차에 깔려 사망. 후간 공사장
7.-	'상애회', 만보산 사건을 계기로	9.3	도야마현 내 조선인 유권자는 38명

	재일 조선인과 중국인의 분쟁을 선동하고 이간질하다	9.6	(현재 도야마현 거주 조선인 약 1,500명)
7.10	오사카에서 전협계 조선인 '만보산 사건에 대해 태업과 시위로 투쟁하라'고 일제와 우익의 음모를 규탄하는 전단 배포		국제 무산자의 날. 전협 조직책 박세용은 4명의 공작단을 편성하여 제1모시 모범공장, 고간도, 구레하에 방적에 전단을 넣다(『도야마현 경찰사』)
9.18	'유조호柳条湖 사건(만주사변)' 15년 전쟁 개시	10.1	'조일회朝日会 회원(다카오카 거주 조선인 300여 명) "지나支那 패잔병,
10.18	상하이의 배일 운동 폭동화		조선인 300명 학살"이라는 호외에
11.27	일본 프롤레타리아 문화연맹(코프) 결성. 강령 '식민지 속령에서 제국주의의 문화 지배 반대' '민족 문화의 자유'		격분, "다카오카 거주 지나인에 보복 가하려는" 움직임. 다카오카 경찰서 개입하여 진정
		10.2	'조일회' 김학용 외 약 30명. 다카오카시 다카오카고등상업학교, 지나학 교수 측에 몰려들다
		11.2	조선인 토공 양쪽 다리 골절 중상, 목재에 깔림. 쇼가와 댐 공사장
		11.12	조선인 토공, **'도야마 토목건축 노동조합' 결성**(내부에 '전협일본토건 도야마 지부' 결성, 박세용 중심) 오야마무라(현영, 오미, 쇼묘 수전) 중심으로 220명의 조선인 노동자 결집. 함바 반장에 대항하여 '우리들의 생활 보호'를 주장하다
		11.29	도야마현 제1차 공산당 일제 검거되다 박세용 검거, '전협 토공' 붕괴(『도야마현 전전 사회운동사』)
		12.16	오야마무라 현영 오미발전소, 토사붕괴로 함바 무너짐. 인부 27명 깔려 10명 사망. 사토구미 배하

1932년		
1.8	도쿄 사쿠라다몬 밖에서 이봉창, 천황의 행렬에 수류탄 던지다	1.-	**'도야마 토건 노조' 재건**되다. 조선인 노동자 약 80명, 정태술과 서노재의
1.-	조선 총독부 '국기 게양에 관한		분투(『도야마현 전전 사회운동사』)

통첩'
3.1 '만주국' 건국 선언
4.3 중국 간도, 대학살 사건 일으키다
일본, 간토 토벌대를 동원하여 중국 동북 간도 지방의 조선 인민 대학살
4.15 일본 '북선 개척 사업 계획' 만들다
5.15 5·15사건, 군부 급진파의 쿠데타, 해군 청년 장교, 육군사관학교 생도들이 수상 관저, 일본은행 등 습격
10.- 모든 도항 조선인은 경찰 발행 증명서 필요지다
10.- 일본, 조선 인민의 항일 무장 투쟁 탄압 개시(제1차 토벌)
11.- 조선 총독부, '농어촌의 진흥, 자력갱생 운동'을 강조
12.- 조선 총독부, '조선 소작 쟁의 조정법' 공포

1.22 '조일회' 다카오카의 조선인 약 80명, 이李 왕가의 경사 축복을 위해 나무 기증
3.11 '도야마현 대안무역진흥조사회' 만들어지다
3.14 '국민융화의 날'(제4회) 도야마현 융화회와 도야마현 교화단체 연합회가 협력하여 일제히 전단, 포스터 붙이고 강연회 개최, 문부대신 하토야마 이치로의 라디오 방송 등 기획.
3.31 '북선만몽北鮮滿蒙'의 대안무역 대책으로서 도야마현 보조로 시찰원 파견
4.3 조선에서 도야마현으로 견습 오다 (1년간)
4.- 도야마–가미이치 간 도로 공사장의 조선인 노동자 약 50여명, 5개조 요구하며 투쟁. 도야마토건의 원조(『도야마현 전전 사회운동사』)
4.14 '도야마현 융화회' 총회
4.19 '대안무역 척식진흥회' 창립총회 거행
4.27 '선철鮮鉄국장', 척무성拓務省 조선과장, 후시키항 이와세항 시찰
5.1 제2회 노동절. 도야마시에서 전협 토건 지부, 전농현련全農県連 중심으로 행해지고 전협 토건 인부 22명 검속되다
5.3 도야마사범학교의 '만선滿鮮 견학' 출발
5.5 '북선 개발'에 주재 시찰원 파견
5.16 도야마현 만주조선 시찰단 제1반 출발(제2반은 6월 16일)
5.26 도야마토건, 후간 운하 공사 현장의 투쟁(『도야마현 전전 사회운동사』)
7.1 다카오카시 주최 '내선內鮮융화 강연회' 마루야마 전 경시총감

	7.4	조선인에게 집을 비우라고 강요하는 집주인이 전등선 절단. 양초, 우물물 사용 금지하다
	8.12	8월 1일 현재 도야마의 근로자 14,095명. 실업자 472명, 조선인 실업자 71명
	8.14	김돌파(『항일 조선인의 증언』의 저자 김태엽과 동일 인물), 에주 병원과 우나즈키의 부상병 위문하고 금일봉 전달하다 "선인 동포의 의거"
	9.5	'내선보국회' 해외 진출자를 위해 '조선·만주어 강습회' 시행. 10월부터 3개월간
	9.26	후시키항이 '내선 직통 항로'에 내정. (후시키–나진) 정기선 명령 항로
	11.5	현경, 다테야마무라 쇼묘강 수력발전 공사장, 마스다구미 조선인 함바 17곳, 조선인 262명 조사. 전협 토건 조합원 3명 검거(특고월보特高月報)
	12.7	현영 다테야마무라 쇼묘강 발전소 고쓰라타니 터널 내 2명의 조선인 토공 독가스 질식사. 마스다구미 배하
	12.10	쇼묘강 수력발전의 조선인 토공 약 30명, 독가스 질식사에 대해 결속하여 1인 7천 엔의 위자료 요구
	12.11	질식사 사건의 쟁의단, 마스다구미 현장 감독을 인질로 잡고 요구에 응하도록 강요하다
	12.12	인질 구출되고 마스다구미 대표와 쟁의단 대표 회견, 재해 부조금(360엔)과 제사비용(30엔) 결정하다
	12.16	도야마현 사회과, 조선인의 자치단체 조사. '조일회', '다카오카 협융회' '추에쓰 내선융화회'

1933년	
1.9 전협 '전국협의회 당면 임무' 가운데 조선인 노동자와의 공동 투쟁에 대해 '몇 번이고 외쳐왔지만 아직 구체적으로 진전되지 않은 것을 인정해야 한다.'고 자기비판	**1.28** 시내 거주 조선인 70~80명 '일자리와 빵을 달라'며 도야마시청으로 몰려들다
2.20 일본, 조선의 농작물 수탈을 강화하기 위해 '면화 증식 계획'을 만들다	**1.29** 시내 실업 조선인, '보국회' 알선 구제에 응하다
2.- 조선에서의 혁명 운동 탄압을 위해 '좌익분자의 반전 운동 엄금' 발표	**1.30** 도야마경찰서, '보국회'를 통해 궁핍 조선인에게 백미 한 석을 베풀다
2.24 국제 연맹, 일본의 '만주' 철퇴 권고, 42대 1로 채결	**2.4** 조선인 실업자 친목회 명목으로 시내 거주 좌경 조선인 70여명 모여 도야마 토목건축 노동조합 발회식 거행하려는 것을 경찰이 습격, 검거하다(서노재 외 간부 16명)
3.27 일본, 국제 연맹 탈퇴	
5.1 노동절에 조선인 노동자 전국에서 1,129명 참가, 225명 체포되다	
7.20 일본 '만주' 침략을 위해 '만주' 이민 계획 개략 발표.	**2.7** 7~8명의 조선인 여성, 20여 명의 아이를 데리고 남편의 석방 요구하며 도야마현 특고과에 몰려들다
9.9 일본은 만주사변 후 처음으로 정부 간부에 의한 조선인 이민을 서울에서 '만주'로 보내다	**3.27** 도야마 다카오카 간 니시구레하에무라 내의 국도 개수 공사장에서 일하는 조선인 40명, 처우 개선, 해고 반대를 외치며 일제히 태업 결행
11.30 전협의 중앙기관지 노동신문 조선어판 창간	**4.1** 호쿠리쿠기선(주) 후시키-웅기 간 **직통 정기 항로 개시**
11.- 전협 토건 전국대회 대표자 대회 (도쿄) 개최 중 특고, 대표 13명 전원(조선인 10명, 일본인 3명)체포하다	**4.7** 조선인 농부 2명, 농업 실습생으로 도야마현 방문
	4.23 도야마시의회 선거(5·1)의 조선인 유권자 16명
	4.28 도야마시립 진즈중학교 교사, 일본 최초의 조선 사전 『조선 역사지리 사전』 저술하다
	4.30 『후시키 부둣가에 핀 내선內鮮 사랑의 꽃』 조선인 자전거상과 젊은 아가씨의 결혼을 부모가 이해해 준 사실에 "주민들이 크게 놀라다"라고 되어 있다

5.1	구레하에 국도 개수 공사장의 조선인 노동자 약 150명, 노동절 참가, 노동가 소리 높여 부르며 시내 행진
5.3	도야마현 당국, 노동절 참가 조선인 노동자 전원 해고
	해고에 격분한 조선인 노동자 약 170명이 도야마현 토목 출장소에 몰려가 농성. 서노재 이하 9명의 선발대, 현청으로 진입하려는 것을 일제 검거. "출장소의 불온 분자 약 50명 검속"
5.4	도야마사범학교 4학년 '만주 몽고 조선 견학 여행' 출발
5.5	도야마현 대안무역척식진흥회가 웅기에 '북선 출장소' 설치
7.3	후시키에 '일만日滿 연락 여행 안내소' 설치. '북선 상업 시찰' 단체 불러 모으다
7.14	'만주' 조선 산업 건설 시찰 여행단 출발, 전국 대학 고등전문학생 1,000명, 도야마현에서 2명 참가
7.28	웅기의 일류 상공 실업가 망라하는 시찰단 일행 15명 도야마현 방문
8.25	"북선에서 소년(15세~17세) 구인" 이후에도 여러 차례 모집
9.1	도야마 현회의원 일행 11명, '만선 시찰'
9.9	"조선 좌익의 촉수에 경계" 후시키항 '적화분자'의 왕래에 전력을 다해 경계
	"청진, 성진, 웅기 지역을 중심으로 좌익사상, 맹렬한 기세로 민족운동에 파고들어 경계 필요"라고
9.14	"북선에 숨어 있는 좌익분자" 경계를 위해 후시키에서 출발하는 회항

<table>
<tr>
<td></td>
<td>선에 형사 승선, 후쿠이현 중심의 대연습에 대비하다</td>
</tr>
<tr>
<td></td>
<td>9.29 "트럭을 부수고, 선인 철도 자살" 우오즈 어항으로의 옥석 수송에 무면허로 운전</td>
</tr>
<tr>
<td></td>
<td>10.8 나시모토노미야梨本宮 전하 내현, '내선융화'의 '순화회淳和会'(도야마 시내 거주 조선인 약 200명, 간사장 김돌파) "어시좌御視座의 영광"을 받다</td>
</tr>
<tr>
<td></td>
<td>10.20 도야마현 농회農会에서 '대선래台鮮来' 이입 통제 진정</td>
</tr>
<tr>
<td></td>
<td>10.28 북조선, 성진 일대에 훌륭한 금광맥 발견. "대안 본 현인의 활약을 기다리는 처녀지!"라고</td>
</tr>
</table>

1934년	

1.1 일본 반제 동맹(구성원 70%는 조선인) 반제신문反帝新聞 조선어판 발간(조선 독립 운동 강화를 위해)	**1.18** "구제의 손길을 기다리는 불쌍한 선인 300명" 대설로 실직한 조선인의 비참한 생활을 특고과가 시찰, '내선융화'의 구제로 8가족 37명에게 백미 7말 2되를 주었다고 보고
3.9 만주 삼강성에서 식민지 토지 수탈에 대해 반일 조선 농민의 무장 봉기	**2.4** 후시키항 입항하는 고베 기선 '기쿠마루'에서 "선인 밀행자 발견"
4.8 조선 총독부, 학교 교육의 군사화 강화를 위해 고등보통학교에 '현역 장교' 배치	**4.13** 도야마현 농회, '도야마 쌀 만선 출항조합 연합회' 조직, 북조선에서 견본시見本市 개최(5월 하순~6월)
4.11 농촌 수탈 강화를 위해 '조선 농지령' 공포	**4.17** 개성 상공회의소 부회장, 현청에서 본현 매약과 제휴 협의하다
5.1 노동절. 조선인 노동자 도쿄 외 7개 지방에서 3,510명 참가. 107명 체포되다	**4.27** "좌익, 우익 선인이 충돌하는 형세, 도야마 경찰서 긴장"
8.16 내무성 경보국, '조선인 유학생의 재학 증명에 관한 건' 증명서에 사진 첨부를 의무화	좌익-네이군 미야가와무라, 진즈강 개수공사장의 조선인 노동자 약 300명, 도야마시에서 적색 데모 감

	11.18 "일본전력 공사장 인부 일제 단속, 근처 우오즈검사국 결행" 각 방면에서 악한 일을 하고 몸을 숨기기 위해 잠입해 있는 자가 적지 않다는 판단에서
	12.28 "감동을 주는 선인" 우동제조 판매업 김학용, 다카오카 양로원에 4년간 매월 소바 기부
	△ 이 해 조선, 도야마의 시찰단 보고서, 보고회 등을 다수 볼 수 있다.
	· '만선滿鮮 시찰'(1)–(17) 《호쿠리쿠타임스》 기자
	· 도야마현 교육회 '만선 시찰 보고회'
	· 현 농산과 과장 '만선 시찰 보고회'
	· 니시도나미군 연합청년단 '만선 시찰'
	· '만선농업시찰단' 보고회
	· 소학교 교원단 '만선 시찰'
	· 조선 총독부 중추원 참의, '경성' 상공회의소 부회장 일행 도야마현 방문 시찰
	· '만선 시찰기' 1–15 (도야마현 농산과) 기타

| **1935년** ||

2.18 천황기관설 사건	**2.17** 구로베강 수계 우나즈키 발전소, 하청 3개 업체의 노동자 약 800명 일제 파업. 구로베강 수력발전 댐 공사에서 하청과 가토구미와의 공사비 견적 차이가 원인
3.28 조선 총독부, '조선 총독부 이민 계획' 작성 **조선 농민을 중국 동북 지방으로 이민. '강제 연행' 50만, '자유 이민' 30만**	
4.- 조선 총독부, '황국신민'화 강제하기 위해 도지사, 학교 관계자에게 '국체명징国体明徵' 강화 훈령	**3.14** "도야마현 융화대회" 현회 의사당에서 거행. 150명 참가 **3.29** 도야마시 소학교에 조선 아동 14명 입학 신청
5.1 노동절 조선인 노동자 참가자는	**4.2** 조선인 토공 4명 매몰, 1명 사망, 3명

도쿄 650명, 오사카 1,701명, 아이치 91명, 도요하시 120명, 시즈오카 46명, 체포 15명

7.25 제7회 코민테른대회(모스크바)에서 인민전선 테제 선택

7.- 조선 남포제련소 노동자, 8시간 노동제 실시와 민족적 차별 대우 철폐를 요구하며 파업

8.3 정부, '국체명징' 성명

8.- 부산 삼화고무공업 노동자 파업

12.31 《조선신문》(조선어판) 창간 준비호, 김천해, 이운수 등이 발간(월 2회 발행, 1회 3천부)

구조. 오쿠라구미 배하, 일본전력 네코마타 발전 공사장의 조선인 토공 1,000여명, 공사 부주의로 인한 사고라며 소동, 미카이치 경찰서 경계

4.16 **현 청사 신축 공사에서 일**하는 '선인 토공 반장'의 아내, 같은 함바 토공과 밀애, 도피

4.28 "도야마현 발전공사장에서 적화 불온 계획, 노동절을 기해 결행 음모" 각 지역 수력발전 공사장에서 일하는 조선인 노동자, '내선노동친애회', 시내 극장에서 대회 '내선 융화'의 도야마 순화회, 동회 사무소에서 친애회 격퇴에 대해 협의회(4.26) 대회 후, 순화회 회원 1명, 친애회 회원에게 싸움을 걸었다가 역으로 당하다. 도야마 경찰서, 친애회 회원 20명 조사, 이 가운데 6명 상해죄로 구금 "피로 피를 씻는 선인 동지"

5.2 **"구로베 터널 공사, 완연한 감옥"** 나가노에서 우치야무라 터널 공사에 돈벌이하러 온 인부 3명, 12시간에 걸친 가혹한 노동, 엄중한 감시, 무시무시한 낭떠러지, 절벽에서의 토목 작업에 두려움을 느껴 부모님께 구조 요청하는 편지 보내다

5.13 구로베 오쿠야마 고야다이라 일본전력 공사장 "내선 토공 100명 큰 싸움"(조선인 70명, 일본인 30명) 오바야시구미 배하. 일본인 노동자의 조선인 노동자에 대한 괴롭힘, 칼로 상처를 입힌 것이 원인. 14명 검속

5.24 니시도나미군 현영 자타니강 저수지 공사장, 모리모토구미 배하(조선

縣下發電工事場で
赤化の不穩計畫
メーデーを期して決行の陰謀
右翼の富山諄和會之に對抗

黑部發電工事
毎日四、五十名重輕傷
小屋平に鐘釣療養所を建設
近日開所慘禍の醫療に活

인 토공 약 200명 일하다) 작업 할당 문제로 함바 간 대립, 조선인 토공 약 100명이 대결, 9명 검속되다

6.3 아이모토 발전 공사장 노동쟁의. 추오토목 배하, '내선 토공' 백 수십 명 파업

임금 성과급제를 그만두고 일급제로 개정 요구, 임금 인상 요구

파업단은 친애회가 결성

6.4 추오토목, 파업 토공 전원 해고 통고. 파업단, 토목사무소에서 농성, 쌍방 대치

6.5 파업단 굴복. 파업단의 중심 가나야마 함바 조선인 노동자 23명, 추오토목의 요구로 퇴거 결정하다. 그 외 전원 복직(일본인 42명, 조선인 48명)

6.26 "도야마현 발전 공사장의 사상자, 자그마치 1,600명 그것도 1월에서 5월 사이에만"

현 토목과의 조사, 노동자 재해사고 발생 수(금년 1월~5월) 사망 25명, 중상 1,500명, 경상 520명, 대부분이 발전 사업소

일본전력 구로베강 제2발전 수로 공사장 사망 8명, 중상 678명, 현전 아이모토발전소 수로공사장 사망 17명, 중경상 1,272명

7.21 조선인 토공 2명, 곤돌라와 충돌 추락사, 무라카미구미 구로베 오쿠야마 고야다이라 일본전력 제2기 공사장, 조선인 쟁의단 12명 위자료 청구, 사체를 무라카미사무소에 싣고 가서 데모 감행

무라카미구미, 2명의 부의금 40엔, 재해보험(부조금) 360엔, 위자료(위

	로금) 400엔 보낸다고 회답
7.23	**"사상자 속출, 생지옥 참사, 매일 40~50명 중경상자"**
	구로베 오쿠야마 고야다이라, 일본 전력 제2기 발전 공사, 오바야시구미, 철도공사, 하자마구미, 오쿠라구미의 내선 토공 4,500~4,600명 일하다
	오바야시구미, 고야다이라에 '가네쓰리 요양소' 건설, 의사 1명, 조수 1명, 간호사 몇 명 고용
7.27	구로베 오쿠야마 고야다이라 일본 전력 제2기 공사장 쟁의단, 1,300엔의 장례비 청구하고 다시 시위. 미카이치 경찰서, 강제 연행 조사
8.30	"일선 폭력단 무리의 포학 난폭하기 그지없어" 토목 건축가의 부정을 들추어내어 위협
	김돌파 외 8명을 도야마 검사국으로 송치
9.3	조선인 토공 3명 중경상, 다이너마이트 폭발, 무라카미구미, 구로베 오쿠야마 가네쓰리다이라 일본전력 제2 발전 공사장
9.19	"도야마현 발전 공사장의 참담한 희생자"
	구로베와 아이모토에서 참사자 53명, 중상 2,450명(최근 1년간)
9.20	오타, 야마무로 조간지강 제방공사에 조선인 토공 약 100명 들어가다
10.1	"조선 통치 25주년 기념일"
	《호쿠리쿠타임스》 기자, 도야마시 아타고소학교(조선아동 18명 재학) 방문기. 조선 아동의 일본어 매우 유창, 학부형들 조선어 잊지 않도록 조

			선어 야간 교육 개시
		12.3	"일본전력 제2기 공사 동절기에도 공사 수행" 현재 공사장에서 일하는 '내선 노동자' 5,000명 중 4,000명 하산, 잔류 1,000명
		12.3	조선인 토공 4명 다이너마이트 폭발 중상, 사토구미 배하, 현영 아이모토 발전공사장

1936년				

1.10	《조선신문》 발금 처분되다	1.1	도야마 시장 새해 담화 "대 도야마시 건설과 일만 박람회日滿博 개최"
1.15	일본, 런던 군축 회의에서 탈퇴 통고, 무제한 건함 경쟁이 시작되다	1.18	"눈을 치우는데 조선인을 고용해 주세요" 도야마 시청 알선
2.-	《조선신문》 창간호 4,000부 발간되다		적설 때문에 실업 조선인 80여 세대 약 250명은 '일을 주세요'라며 시청, 현청에 탄원
2.26	2·26사건, 육군 황도파皇道派, 청년 장교 1,400명의 부대를 이끌고 수상, 육군대신 관저, 아사히신문사 등 습격하다	1.26	호경기 도래로 공장 급증, 남녀 직공 약 5,000명 증가
	재일 조선인, 관동대지진 때의 학살이 떠올라 불안에 빠지다	1.26	북조선 경유로 만주 대두를 유럽에 수출, 후시키항, 국제항으로서 중요성 더해지다
3.24	내무성, 노동절 전면 금지 통달	1.30	조선인 토공 참사, 사토구미 배하, 아이모토 발전공사장의 큰 눈사태, 함바 붕괴
5.1	일본 정부 당국이 노동절 금지, 조선인 노동자는 좌담회, 꽃놀이, 피크닉 등으로 단결 도모		
6.9	일본, 전력 국가 관리 법안 발표	2.17	아이모토무라, 현영 야나가와라 발전소 댐 공사장 큰 눈사태, 토공 4명 깔리는 사고(조선인 1명 중상) 사토구미
6.15	재일 조선인 탄압 강화를 위해 '불온 문서 임시 단속법' 공포		
6.13	《호쿠리쿠타임스》, "만주 수비대의 선인 부대 일본 장병 6명 살해, 러시아가 마수를 뻗쳐 국경을 넘어 진출"이라고 보도	2.18	"호쿠리쿠 기선의 밀항자 선인 수사에 경찰이 혈안" 후시키항 정박선, 호쿠리쿠기선 정기선 '호쿠센마루'의 웨이터 돌연 행
7.13	도쿄에서 김천해 등 조선신문 관		

	계자 십 수 명이 치안 유지법 위반 혐의로 체포되다
8.-	내무성, '융화사업 단체 설치 요강' '융화사업 실시 요지'를 내고 각 지역의 협화회 설립을 촉진
8.1	조선 총독부, 국민정신의 진흥을 도모하는 거국일치 체제를 진행하기 위해 신사 규제를 전면 개정, 고쿠헤이샤식国幣社式 제정
8.5	육군대장 미나미 지로, 조선 총독 재취임
8.9	조선 총독부 '조만朝滿 척식 주식회사' 설립, 만주로의 조선인 이민을 도모하다
8.25	제11회 베를린 올림픽 마라톤에서 우승한 손기정의 가슴에 '일장기'를 지우고 보도한 동아일보에 무기한 정지 처분
8.-	'황민화' 정책, 병참 기지화 강화를 위해 조선 산업경제 개발에 관한 일반 방침을 정하다
8.-	항일, 무장투쟁 중심으로 하는 조선 인민의 반일 민족 해방 운동 고양
12.12	조선 총독부, 반일 투쟁 탄압을 위한 '조선 사상 보호 관찰령' 공포

	방을 감추다
2.25	'내선 노동 친애회'의 김태식 등이 조선신문 도야마 지국 설립하다 (『재일 조선인사 연표』)
3.1	'내선 노동 친애회'는 조선인 노동자 교육을 위해 매주 강연회 개최하다 (『재일 조선인사 연표』)
3.6	대안무역 척식 진흥회 정기 총회, '북선 출장소'의 시찰원 파견, 선전 시설, 회보 발행, 무역 척식 장려 시설에 대해 토의
3.9	'내선 노동 친애회' 간부 정암면이 도야마시내 '선인 아파트'에서 순화회 간부 서두순에게 행패
3.14	"국민 융화의 날" '도야마현 융화회' 총회 개최(현 사회과의 후원) 국민 융화 협조·차별 관념 타파
3.14	'내선 노동 친애회'의 김태식 등 야간 학교를 이용하여 민족적, 계급적 학습의 장으로 민족 독립 자각을 주는 활동과 노동 운동을 병용하여 활동을 전개하다(『재일 조선인사 연표』)
4.12	"신미나토마치 선인 공동 주택의 부인들, 매일 리어카로 쓰레기 줍기 부업" 후시키 부두 하역장의 철물 절도
4.15	'일만日滿 산업 대박람회' 개회. 6.8까지 55일간
4.21	조간지강 호안護岸 제방 공사의 하청과 조선인 토공 20명 임금 3개월 미불 문제로 폭동 양상, 신조 경찰서 알선하여 공사업체에서 200엔 위로금 보내다. 원만히 해결
5.27	"전율의 발전 난공사 귀기鬼氣 감돌아 엄청난 희생자" 구로베강 수계 일본전력, 현영, 양

戰慄の發電難工事 救濟する安全委員會 縣工事課、關係者へ組織慫 今春から死傷者六百八

발전소 공사장에서 재해 발생 상황, 작년 한해 사상자 5,000명 돌파 올해 1월~4월 사망 11명, 중상 408명, 경상 265명 합계 684명 현 공사과, 관계자에게 안전 위원회 조직과 안전 대책을 요구하다. 가토구미

추오목공, 성의 보이지 않다. 가토구미 기꺼이 수락

5.- 구로베 현영 수력발전 공사장의 조선인 노동자, 청부액에 상해 부조금 요구하여 획득하다(『재일 조선인 운동사』)

6.4 '친애회'와 '순화회'의 항쟁, '선인 아파트' 거주 조선인, 일거리 쟁탈로 매번 대립

7.3 "반도인들의 자녀에게 황실 존숭 관념"을 강조하기 위해 현 노무과가 노력 도야마현의 조선인 학생 아동 152명(초등 149명, 중학 3명) 일본 정신과 황실 숭배 관념 높이도록 유의

7.10 히미군의 어부 26명, '북선'을 향해 '호쿠센마루'로 출발

8.21 '반도인 부락'과 도살장 이전 문제로 호리가와마치, 우시지마마치의 분규

9.6 **"조선 신문의 이면에 조선 독립 음모"** 《조선신문》은 재류 조선인 친목 향상을 내세워 4,000부 대량 발행, 이면에 조선 독립을 노리는 극좌 인민 전선의 암류가 있음이 밝혀지다 "도야마, 이시가와 기타 각 현에서 대검거 시작되다"

9.12 "조선 독립 공산주의 운동에 관련된 13명 검거되다"

		"조선인 김 모某에게 친애회 가입을 거절한 것을 이유로 린치를 가한 김수성을 검거, 취조하여 조선 독립, 공산의 불온운동에 관여한 것을 발각, 시내 모처에서 불온문 게재한 조선신문을 인쇄 출판, 동료에게 배포하고 있던 것을 발각하고 홋카이도에서 거행하는 육군 특별 대연습을 앞두고 일제 검거했다"고 되어 있다
	10.23	내무성, '도야마현 융화회'에 융화사업 조성금 1,500엔을 현 사회과를 통해 교부
	10.24	나메리가와 거주 조선인(16가구, 60명) '선치회善治숲' 발회식 거행
	10.25	체포 조사 중인 친애회 권차식 외 십수 명의 가족들, 연일 도야마 경찰서로 대거 몰려들다 '먹고살 수 없으니까 남편을 석방하라'고 종일 슬프게 부르짖다. 도야마 서장, 생활 보조 금일봉 전하다
	11.1	'전력 국영 시비' 연재, 이 해부터 전력 국영화 반대 캠페인 기사 다수

1937년

3.-	조선 총독부, 지하자원 약탈, 금은 화폐 준비를 위해 금 생산량 증산 5개년 계획 만들다	2.6	**"발전 공사의 제물, 1년에 37명, 중경상2,600명"** 도야마현 공사과 조사, 재작년 사상자 6,000명에 비해 감소했다, 원인은 구로베 제2 발전의 완성에 있다. 올해 현영 아리미네, 일본전력 구로베 제3 공사 착공에 의해 전무후무한 **사상자가 나올 전망**
3.17	조선 총독부, 각 관청, 조선인의 민족성을 말살하는 '일본어 사용 철저' 통첩하다		
4.-	조선 총독부, 조선 인민을 '황국 신민'화하기 위해 도지사 회의를 열고 '국체명징' '내선 일체'의 용어 발표	3.4	다테야마 산로쿠, 아시쿠라 사방공사장 조선인 토공, 관할 고햐쿠고쿠 경찰서의 인감 위조하고 '귀선帰鮮
7.-	조선 총독부, 조선 인민에게 '애국		

의 날', 신사 참배, 일본 복장 강요

7.7 **루거우차오교蘆溝橋 사건**, 중일 전쟁 발발

9.1 조선 흥남제철 노동자, 일제의 군수품 생산에 반대하며 파업

9.30 야마구치현 원용산 '일본은 전쟁에 진다. 내가 종군하면 일본군을 해치운다. 그러면 조선은 독립할 수 있는 것이다'라고 말해 체포되다(《호쿠리쿠타임스》)
오사카 조선인 부인 '국방 부인회' 입회 권유에 '병사들을 배웅해서 뭐하냐는 말'을 듣다(《호쿠리쿠타임스》)

10.1 조선 총독부, '황국 신민의 맹세' 제정, 제창 강요
'황국 신민의 맹세'란 다음과 같은 것이다.

一 우리는 대일본 제국의 신민입니다
二 우리는 마음을 모아 천황 폐하에게 충성을 다하겠습니다
三 우리는 인고 단련하여 훌륭하고 강한 국민이 되겠습니다

一 우리는 황국 신민이며 충성으로 군국에 보답한다
二 우리들 황국 신민은 서로 믿고 협력하여 단결을 강화한다
三 우리들 황국 신민은 인고 단련하고 힘을 키워 황도를 선양한다

전자가 소학교의 아동, 후자가 중학교 이상의 학생 및 일반인용

증명서' 위조하여 조선에 빈번하게 왕복

3.20 도야마 시내 거주 조선인 극빈자에게 도야마 경찰서가 시 사회과와 협의하여 10가구에 쌀을 나눠주었다며 '내선 융화'를 칭송하는 기사

4.29 나메리가와 선치회, 화재 피해를 입은 가구에 위로금 알선 기탁 신청하다

5.6 '내선노동친애회' 내 비합법 모임 김태식 등 7명 체포되다(『재일 조선인사 연표』)

5.6 도야마사범학교 학생 28명 '만선 시찰 여행'

5.14 조선 청년단, 내지 견학, 모범촌 다카노스무라 시찰

7.- 현영 아리미네 발전공사장의 조선인 노동자 86명, 처우 개선을 요구하며 파업(『재일 조선인 운동사』)

7.16 조선인 13명, "북지사변北支事変에 자극받아 노동 임금의 1일분, 폐품 이익의 일부를 국방헌금, 합계 18엔 50전"
이후 조선인의 국방헌금이 연이어 게재되다

7.20 조선인 토공 1명 즉사, 3명 중경상, 다이너마이트 폭발. 구로베 오쿠야마, 시아이다니 일본전력 제3공사장

7.25 다카오카 협조회 회원 80명 참가하여 이미즈신사에서 '황위선양 무운장구皇威宣揚武運長久 기원제' 집행

7.30 도야마시내 조선인 노동자 부인들 27명, 황군 장병에게 위문금 12엔 20전 보내다

8.4 "반도동포 적성赤誠" 신미나토마치 거주 20명, 성전聖戦의 제1전에 참

12.13 일본군 난징 점령, 난징 대학살 사건	가할 수 없어서라며 20엔 70전 갹출
	8.30 도야마시 호리가와, 일본 이름이 가나이 도쿠타로인 조선인 김명석(34) 10엔 국방 헌금
	구로베 오쿠야마 일본전력 제3기 공사장, 사토구미 배하 기타 함바의 토공
	9.15 "응소応召 미담 가화佳話 수집 편" (고치) "종군 요청 각하되어 피로 얼룩진 일장기, 반도인의 정성"
	△ 이 해부터 '**미담**' '**미학**' 등의 표제로 조선인의 융화 활동 다수 소개
	12.30 구로베 오쿠야마, 일본전력 공사장, 눈사태로 2명 매몰, 사토구미 선처

1938년	
1.- 상하이의 일본군 특무부, 육군 위안소 설치, 일본인, 조선인 여성 104명 모으다(『천황의 군대와 조선인 위안부』)	**1.16** "특산 반도리 반도 목표로 진군"
	1.22 "반도인을 소방조원으로 채용, 후방의 정성" 사상 견실한 조선인
2.26 '**조선 육군 특별 지원병령**' 공포	**2.1** 조선 총독부 학무국, 초등학교 교원 600명 대모집, 도야마현 응모자 15명, 조선 소학교 또는 보통학교 교원 등에 임용, 조선 근무 수당 추가, 벽지 근무 수당 추가, 연금기한 가산 등 우대
3.4 '신조선 교육령' 공포, '국체명징' '내선일체' '인고 단련'으로 '**황국신민**'화 강화	
4.1 '국가 총동원법' 공포	
5.4 '조선, 대만, 사할린, 국가총동원법 시행령' 공포	**5.31** 조선인 토공, 암석에 깔려 참사, 사토구미 배하, 구로베 오쿠야마, 일본전력 공사장
6.- '조선 육군 특별 지원병' 3,000명이 응모, 그중 200명이 조선 총독부 육군 지원자 훈련소에 입소	**6.13** 조선인 토공 다이너마이트 폭파 참사, 오야마무라 아리미네 현영 와다 강 발전
7.7 조선 총독부 학무국, '국민정신 총동원 조선 연맹' 발족	**6.27** "**불령 반도인 결박에, 새벽녘 함바 습격전**" "불령 반도인의 입산 방지 엄중경계 중 경계망 뚫고 교묘하게 잠
7.30 전시 체제에서 산업보국정신을 철저히 보급하기 위해 '산업보국단	

연맹' 창립 **11.7** 국민정신 작흥 주간 시작 **12.26** 일본군, 충칭 폭격 시작	입하여 아리미네에 불온문서 갖고 들어와 암약하고 있는 불령 반도인 있는 것을 알아내고 현 특고, 관할서 동틀 무렵 함바 습격" 3인 검거
	6.28 '내선 토공' 2명 토사 무너져 즉사, 아리미네 와다강 발전 공사장
	7.11 조선인 4명, 폭약으로 사상(2명 사망) 구로베 오쿠야마 아조하라
	7.17 조선인 토공, 낭떠러지에서 추락 즉사, 사토구미 배하, 구로베 오쿠야마 수평보도에서
	8.5 조선인 토공 톱니바퀴에 말려들어가 즉사, 오바야시구미 배하, 구로베 오쿠야마 시지미다니, 일본전력 제3기 발전 공사장
	8.22 조선인 토공 7명 중경상, 다이너마이트 폭발, 구로베 오쿠야마. 일본전력 터널 공사(고열 터널), 사토구미 기타 배하
	8.28 "다이너마이트 폭발 13명 사상 참사"(조선인 6명 참사, 조선인 4명, 일본인 2명 중상) 구로베 오쿠야마, 아조하라, 일본전력 제3기 발전 터널 공사장(고열 터널)
	8.30 "국방헌금 운동 일으키다" 오야마무라 아리미네 발전 공사장, 조선인 함바 반장, 동 공사장 약 500명의 조선인에게 호소하다
	12.3 우오즈의 조선인, 융화 단체, '명방회明邦会' 설립 총회, 조합원 47명 매월 2회 신메이궁神明宮에서 출정 군인의 무운장구 기원제, 군인 유족에 대해 동절기 지붕 눈 치우기 무료 봉사, 동절기 일반 눈치우기로 번 돈을 헌금, 출정 군인에게 신문 증정

	12.24 "보라, 반도인의 정성" 도야마현 거주 조선인 약 3,500명, 중일 전쟁 이후 국방헌금, 출정 군인 격려, 가족 위문 다수, 현 특고과 조사에 의하면 헌금 총액 518엔에 달하다
	12.24 구로베 오쿠야마 오리오다니, 일본 전력 공사장 '아와'로 불리는 눈사태, 조선인 2명 매몰
	12.27 "오쿠구로베 시아이다니, 함바가 눈사태로 붕괴, 75명 매몰"《도야마일보》에 의하면 84명 참사, 조선인 37명(정확한 인원 불명)
	△ 이 해 '조선인의 국방헌금'은 신문기사에만 10건, 또한 '신사참배' '부상병 위안' 등 5건

1939년

6.28 '중앙협화회' 창립	**1.1** **"오쿠구로베 참사에 구호금 하사"**
7.8 '국민 징병령' 시행	**1.15** 구로베오쿠 일본전력 공사장, 겨울을 보낼 동영冬甞 공사 진행. 약 700명의 인부, 노동 시간 줄이고 식비는 회사 부담, 1일 임금 2엔 50전으로 늘려(월 75엔), 한 사람의 하산자도 없이 공사 착착 진행
7.− 내무, 후생 양 차관 통첩 **'조선인 노동자, 내지 이주에 관한 건'** 공포 **조선인 노동자의 강제 연행을 결정**	
10.1 조선 총독부, '국민 징병령' 시행으로 조선인의 강제 연행을 개시하다 '총동원 관계 법규' 등 악법 공포	**1.26** "일본전력과 사토구미가 희생자에게 온정"− '노동자 재해 부조금' 교부
	2.10 오야마무라 마을 도로 개수 공사장에서 조선인 노동자, 구정 수당 요구하며 쟁의 일으키다. 경찰 개입으로 해결《특고월보》
10.10 후생성 사회국장, 내무성 경보국장 '협화 사업 확충에 관한 건' 명령에 따라 통첩. 회원증 소지, 노동 관리에 대해	
	2.15 조선인 토공 22명, 다이너마이트 폭발로 위독, 아리미네 발전 터널 공사장
11.10 2개의 제령 공포(제령 제19호 '조선 민사령 중 개정 건', 제령 제20호 '조선인의 성명에 관한 건' 조선의 성을 일본 성으로 변경 강요하	**2.17** "공사장의 참사" 작년 도야마현 재해조사. 사망 147명, 중상 1,435

고 조선 민족 말살을 노리는 **'창씨 개명'**을 위해

–1940년 2월 11일 시행

	명, 경상 1,460명 합계 3.242명, 90%가 발전 공사장
2.26	"조선 부인 가운데 간호부를 채용" 일본 적십자사 구호 간호부로 올해 고등여학교 졸업생 중에서 약간 명 채용
3.7	조선인 토공 2명, 눈사태로 사망, 구로베 오쿠야마 게야키다이라 일본 전력 공사장
4.14	도야마현 군수 관련 생산액 1억 2,900만 엔 "본현의 군수 경기 가히 짐작할 만하다"
6.17	생산 확충 시대의 각종 공사 160곳에 16,000명의 사람을 구하다, 현재 종업원 36,000명
6.27	"반도인 미학" 우나즈키 거주, 사토구미 배하, 가네모토 함바 일본 명 가네모토 마사이치 감독, 김태경, 6·20 우나즈키 파출소에 100엔, 거주 출정 유가족 위문에 쓰라고
7.5	도야마현청 채용시험 수험자 50명 중 조선인 청년 1명, "3번째 도전, 올해는 패스?"
8.8	가타카이강 제방 3곳 무너짐, 현영 사방공사장 조선인 매몰
8.12	'만선 북지滿鮮北支' 교육 시찰 보고회
8.28	"개고기 먹고 반도인 14명 복통"
8.30	1936년 9월에 체포된 친애회 내 비합법그룹 7명의 예심 종결 공판. 김태식, 박학수, 한동술은 기소, 나머지는 기소유예(『재일 한국인사 연표』)
10.28	'내선 융화'의 '협화회' 설치, 현 사회과 내 병치로 결정하다
12.1	조선인 토공 1명, 눈사태로 사망, 일

	본해전기 가타카이강 발전 공사장
	12.29 "도야마현의 반도인들, 내선 협화 확립" 현 거주 약 4,000명의 조선인 '내선 협화회' 설립. 회장은 도야마현 지사, "회원증을 패용하고 활약" 다음 봄까지 22개 지회 결성 계획
	12.29 "노무자 시대 도래, 공급하는 현에서 수요 현으로" 11월 현재 현내 노무자의 일급 남자 최고 2엔 30전, 최저 1엔 50전, 평균 1엔 80전
	△ 이 해도 "반도인 미학" "감동을 주는 반도인"이라는 제목으로 조선인의 '국방헌금' 기사 다수

■ 전시 체제 돌입과 조선의 병참 기지화

일본은 세계 경제 공황에 의한 만성적 불황의 출구를 대륙 침략에서 찾았다. 1931년 만주사변을 일으키고 이른바 15년 전쟁에 돌입한다. 만주국 조작, 국제연맹 탈퇴부터 루거우차오교 사건을 발단으로 중일 전쟁에 전면적으로 밀려들어 갔다. 국민생활 전반에 전시 체제의 긴장감이 퍼져간 시기이다.

조선은 일본의 아시아 대륙 침략을 위한 '병참 기지'로 자리 매김되어 중화학 공업을 중심으로 공업이 발달하고 노동자도 급속히 증가하였다.

한편 일본은 농업 공황으로 인한 쌀값 폭락으로 일본 농민이 조선 쌀의 이입 반대를 요구하고 '산미 증식 계획'은 중단되었다. 이로 인해 다시 소작농으로 전락하고 기아에 허덕이는 농민이 증가하였으며 조선인의 해외 유랑은 멈추지 않았다.

도야마에서는 만주사변 이후 군사비 지출 증대에 힘입어 중화학 공업 중심으로 눈부신 발전을 이루었다. 도야마항 주변에는 일만日滿알루미늄 昭和電工을 비롯해 카바이드, 알루미늄, 소다, 펄프, 합금철이라는 대공장이 속속 건설되었다. 현저한 공업 생산액 증가로 1930년대 후반에는 전국에서 높은 순위를 점하게 된다.

대안 무역, 특히 만주·조선과의 무역도 호쿠리쿠 기선회사의 후시키항 북조선 간 직통 항로 개설(1933.4)을 계기로 크게 증가하기 시작했다. 게다가 중화학 공업 발전에 따른 연료와 원재료 수입이 더해져 1940년경의 후시키항 하역고는 정점에 달했다. 이들 공업을 중심으로 한 경제 발전도 항세港勢의 비약도 전시 체제로 향하는 가운데 생겨난 것으로, 전쟁 국면의 확대와 함께 전면적인 전시 협력 아래 편입되어 갔다. 공업 발전의 원동력이 된 수력발전 사업의 신장도 현저하여 1935년에는 전국 최대의 전력을 생산하는 현으로서 '전기 왕국 도야마'의 이름을 전국에 떨쳤다. 전력 개발 또한 전시 체제 하에서는 국가적 시책으로서 수많은 폐해 사고로 인한 희생에도 불구하고 공사는 강행되었다.

■ 조선인 노동자들의 투쟁

도야마에서도 세계 경제 공황에 의한 불황 시기, 많은 실업자를 낳고, 자본가 측의 해고와 임금 인하 공격에 대해 노동자의 조직적인 싸움이 전개되어 갔다. 1930년대 전반은 고조되는 노동 운동에 대한 가차 없는 탄압이 계속 반복된 시기이기도 하다. 그중에서도 조선인에 대한 일상적인 감시 체제, 치안 단속이 강화되었다. 여러 차례에 걸쳐 조직적인 괴멸을 당하면서도 전협 도야마 토건(전협=비합법 조직 '일본 노동조합 전국 협의회', 도야마 토건='도야마 토목건축 노동조합')을 중심으로 조직된 싸움은 도야마의 노동 운동 중에서도 가장 선두에서 전개되었다. 비합법 하에 줄기차게 이어진 싸움의 궤적을 통해 재일 조선인이 놓인 상황의 절실함과 불굴의 민족적 긍지를 볼 수 있다.

『도야마현 전전 사회운동사』, 『도야마현 경찰사』 등을 중심으로 조선인 노동자의 싸움을 정리해 보았다.

• 도야마 토건의 싸움

전술한 '조선인 노동자 고문사건' 이후 일본인 노동자와 조선인 노동자 사이에는 깊은 신뢰관계가 생겼다. 그것은 1930년 모시 쟁의로 한층 깊어졌다. 모시방적의 3할 임금 삭감에 반대하여 전 직공 1,200명은 파업으로 싸웠다. 회사 측과 관헌이 일체가 된 해고, 검속의 탄압에 맞서 선두에서 싸운 쟁의단 100명 중 절반은 조선인 노동자였다. 당시 조선인 노동자 조합의 조직책으로 도야마를 담당하고 있던 박광해 씨가('『듣고 적은 글』박광해 씨, 노동 운동에 대해 말하다'『재일 조선인사 연구』19호) "일본 공산당의 중앙위원, 이와바야시 도라노스케라는 사람이 모시방적 공장에 있을 때 조선 노동조합의 영향을 크게 받았던 것입니다. 결국 일본의 노동조합을 조직했던 것"이라고 말하듯이 조선인 노동자의 싸움은 일본인 노동자에게 강한 영향을 주었다. 또한 이 투쟁은 박세용이라는 활동가를 만들어냈다.

박세용은 전협의 중심적 지도자가 되어 전협 일본 방적모시 분회를 발전시키고 또한 오야마무라에 거점을 두었던 재일 조선인 노동 총동맹계의 호쿠리쿠 조선 노동조합(대표 김태문, 조합원 200명)을 전협 도야마 토건으로 이행시켰다(1931.1.1.). 이 해 1931년 도야마시 첫 노동절엔 전농(전국농민조합) 도야마현 연합회와 함께 조선 노동조합도 참가, 도야마 시내를 데모 행진하고 있다. 『도야마현 경찰사』에는 "1931년 도야마현에는 약 2,000명의 조선 노동자가 거주하고 있었다. 그들 노동자의 중심이 되어 활동한 것은 전협 조직책 박세용, 서노재. 1931년 9월 6일 국제 무산자의 날에는 4명의 선전 공작원을 편성하고 제1모시 모범공장, 고칸도, 구레하에 방적 등에 전단을 넣고 같은 해 11월 다테야마마치 작업장의 노동자들을 지도, 전협계 비합법 단체 도야마 토목건설 노동조합을 결성"이라고 되어 있다.

이 해 연말에 이루어진 공산당 일제 검거로 박세용은 체포되고(3년 후 중태로 가석방되지만 곧 사망) 전협 토건 도야마 지부는 괴멸되었다. 그러나 다음 해 1월에 서노재, 정태술을 중심으로 도야마 토건은 재건되었다. 조합원이 약 80명으로 인원은 줄었지만 탄압에도 굴하지 않는 강고한 노동자 집단이 형성되어 조선인 노동자의 대우 개선 투쟁의 중심을 담당했다. 그해(1932년) 4월 도야마시 가미이치 간 현도 제2구 개수공사에 일하고 있던 조선인 노동자 약 50여 명은 도야마 토목조합의 지도 아래 5개조의 요구를 내걸고 공사 담당자와 교섭하고 있다.

(一) 오전 6시부터 오후 6시 30분까지인 노동 시간을 오전 8시부터 오후 4시까지로 한다

(二) 고마제小間制(1평 청부) 임금 8전을 10전, 7전을 9전, 6전을 8전으로 각각 인상할 것

(三) 상용 인부 임금 70전을 1엔으로 한다

(四) 설비를 개선할 것

(五) 부상 입었을 시에 치료비 외에 일급 1엔 지급할 것

도야마 토목조합 가운데 서노재를 중심으로 전협 토건 지부가 재건된다. 1932년 노동절은 전농현련全農県連과 이 도야마 토건 노조를 중심으로 계획되었는데 도야마시 가미이치 간 현도 개수공사에서 일하던 인부를 중심으로 조선인 노동자 약 70여 명은 노동절 참가 도중 경관대에 저지당하고 22명이(특고월보에서는 30명) 검속되는 탄압을 받았다. 그러나 5월말에는 후간 운하에서 일하는 조선인 노동자에게 '해고, 임금 인하, 노동 강화, 절대 반대'를 외치는 전단을 뿌리며 활동을 계속하고 있다.

이 해 10월~11월, 두 번째 공산당 탄압이 행해진다. '11월 5일 다테야마무라 쇼묘강 수력발전 공사장, 마스다구미 조선인 함바 17개의 조선인 262명의 검색, 전협계 도야마 토목조합원 3명 검거(서노재, 김영하 외 1명, 특고월보 1932.11.)가 이루어지고 전협계 도야마 토건 노조는 다시 괴멸되었다.

그 해 12월 다테야마무라 쇼묘강 현영 발전소 고쓰라타니 터널 내에서 조선인 노동자 2명의 독가스 질식 사건이 일어난다. 공사장의 조선인 노동자 약 40명은 결속하여 위자료, 설비 완비를 요구하였다. 각지에서 조선인 노동자가 엄중한 경계망을 뚫고 속속 쟁의단에 집결하여 도야마현의 각 경찰서에서 비상 소집된 경찰대와 대치하였다. 그 결과 마스다구미 대표와 조선인 대표의 교섭으로 재해 부조법에 기초하여 사망 조선인 1인당 360엔의 위자료와 장례비 30엔이 지급되었다.

이 위자료를 둘러싸고 쟁의단은 사망자가 떠도는 생활을 했기 때문에 유족을 찾는 것이 쉽지 않으므로 조합에 지급하라고 주장하였으나 마스다구미는 조선의 본적지에 문의하여 유족을 찾겠다고 거절하였다. 많은 재해와 사고에서도 과연 위자료(재해 부조금) 전액이 유족에게 제대로 전해졌는지 매우 의문스럽다.

이 쟁의단의 중심이 된 서노재는 그 후 해고되어 도야마 시내에 토건 사무소를 차린다. 현 경찰서는 유랑하는 실업 조선인이 매일같이 방문하여 등걸잠을 자고 있었다고 기록하였다. 1933년 1월 대설로 실직한 시내 거주 조선인 약 80명은 결집하여 '빵과 직업을 달라'고 도야마시청에 몰려들었다. 경찰은 '전협계 불량분자'에게 선동되었다는 이유로 일방적으로 해산시켰다. 그러나 '다시 아내, 아이를 데리고 시청에 쇄도, 소란을 피우기' 때문에 대표와의 교섭을 통해 "빵과 직업이 필요하면 선인 단체, 보국회와 협의하라"고 전협계와 대립하는 조직인 '일선 융화' 단체로의 전향을 조건으로 내세웠다.

더욱이 신문지상에서 "보국회는 선인의 합법 단체로서 사회를 위해 적지 않게 애써 왔기 때문에 금후 보국회원임을 증명하는 선인에 대해서는 동포를 구하는 의미에서 많이 고용하길 바란다."(1933.1.29.)고 도야마 시민에게 메시지를 발표하고 굶주림이냐 보국회냐 확실하게 선택하게 하여 조선인의 분열을 노렸다. 많은 실업자는 보국회의 구제알선을 받아들이기로 결정한다. 이는 당시의 조선인이 얼마나 비참한 생활에 신음하고 있었는지 말해주고 있다.

그 해 2월 서노재의 사무소에 조선인 실업자 친목회 명목으로 조선인 노동자 약 170명이 결집하여 도야마 토건을 재건하고 발회식을 거행하려는 것을 염탐 중이던 경찰대의 습격으로 서노재 외에 간부 16명이 검속되었다. 이 해(1933년)의 대표적 노동운동은 도야마 다카오카 간 국도 개수 공사장(구레하에)의 조선인 노동자 70명의 싸움에서 볼 수 있다. 검속되었다가 석방된 서노재의 지도하에 2월과 4월, 2회에 걸쳐 '7시간 노동제'를 요구하며 태업을 반복하였다. 5월 노동절에는 이 가운데 128명이 참가하여 '해고 반대, 임금 인하, 노동 강화, 절대 반대' 등의 슬로건 아래 시내를 시위 행진하였다.

당국은 이들 노동절 참가자를 전원 해고하는 폭거에 나선다. 격앙한 조선인 노동자는 '해고를 취소하라'며 현 토목 출장소에 몰려들어 점거하고 대표를 선출하여 현청을 향해 취소 요구 데모를 결행하려고 했다. 도야마 경찰서는 총동원 진입하여 60명을 체포하였다. 다시 반동 단체 '순화회'가 쟁의 방해에 들어가고 쟁의는 패배로 끝났다. 이해 가을 제3차 공산당 대탄압으로 도야마현에서 전협의 활동은 사실상 끝나게 된다.

1934년 노동절은 '조선인 55명이 3곳의 함바에 집합하여 좌담회를 개최한 것'으로(《특고월보》 1934.5.) 끝났다. 다음 다음해 노동절은 금지되고 이것이 도야마에서 전쟁 이전 마지막 노동절이 되었다.

• '내선 노동 친애회'

1930년대 후반 군부 세력의 대두로 '비상시'의 이름 아래 오로지 군사 국가로 나아가는 시기에 도야마에서도 군수 생산을 지탱하는 전력 개발이 빠른 속도로 진행되어 갔다. 특히 전무후무한 전력의 보고, 구로베 강 수계에서는 현영 아이모토 발전소, 일본전력(주)의 구로베 제2, 제3 발전소 건설로 총 17만 6천kW의 전력이 생산된다(자세한 내용은 제1장) 그것은 또한 수많은 노동자의 희생이 뒤따른 것이기도 하다.

준험한 암벽 작업과 예측할 수 없는 눈사태가 발생하는 곳에서의 노동은 항상 죽음과 마주하는 작업이었고 타지에 돈벌이를 하러 온 일본인 노동자가 "마치! 감옥같다"며 놀라서 도움을 요청하기도 하고 신문이 때때로 "사상자 속출, 생지옥의 참상"이라고 보도할 정도로 무시무시한 것이었다.

공사 착공 전부터 수많은 사상자가 예상되었던 구로베 수력발전 공사장에는 많은 조선인 노동자가 투입되었다. 군수 경기로 공장의 직공이 부족한데도 전문적인 기능이 없는 조선인은 고용되지 않아 실업자가 늘어갔다. 특히 동계 작업장, 눈 때문에 공사가 중지되어 해고된 조선인 가족이 "빵을, 직업을" 구하러 매년 그랬듯이 도야마 시청으로 몰려가고 있다.

먹고 살기 위해서는 어떤 재앙이 예상되는 공사장이라도 일하러 가야만 했다. 또한 조금이라도 높은 임금을 얻기 위해 굳이 위험한 공사장을, 위험한 작업을 선택하지 않을 수 없었던 것이다.

"구로베강 줄기의 일본전력, 현영 착공 공사를 따라 전국 각지에서 많은 선인이 들어온다. 금세 500명을 돌파"(1934.7.20.)한 조선인 노동자가 결속하여 가혹한 노동과 힘든 생활의 개선을 도모하기 위해 상호 협력을 목적으로 결성한 것이 '내선 노동 친애회'(1934년 7월 결성)였다. 융화적 친목 단체로서 발족한 모임의 첫 활동이 배우지 못한 사람들을 위한 야간 강좌 개설이었다.

당시 전국적인 재일 조선인 운동은 '반파쇼 인민 전선, 반제 민족 해방 통일 전선 방침에 따라 새로운 운동으로의 움직임, 특히 민족 해방 운동의 한 부분으로서의 투쟁이 보다 활발하게 전개되고'있었다(박경식『재일조선인 운동사』). 합법 출판물로《조선신문》(도쿄)과《민중시보》(오사카)를 발행하고 합법적 노조와 실업 구제 동맹 결성, 친목회 조직 결성으로 해고 반대 투쟁, 민족 차별 반대 투쟁, 일용품 가격 인하 투쟁 등을 전개해 갔다. '도야마 내선노동 친애회'에도 1935년에는 이러한 운동에 참여하는 지도자 김태식, 박학수가 가입하고 융화 친목 활동에서 점차 합동 노조 결성을 목표로 하는 활동으로 전환해 갔다. 구로베강 발전 공사장의 조선인 노동자를 대상으로 우나즈키 지부 결성, 조선민보와 사회운동 통신을 배포하고 공부하는 모임과 강연회 등 계몽 활동으로 민족의식이 높아져 갔다. 도야마 시내에 이나리, 진즈, 다카리야의 삼반三班 설치, 가미이치반, 우오즈반, 나루코반, 다테야마 분회와 그 조직은 확대되어 다가오카 협조회26)도 그 산하에 들어갔다고 한다(『도야마현 경찰사』).

이 해 1935년 수력발전 공사장의 주요 쟁의를 보면 다음과 같다.
·2월 구로베 공사장 노동자 800명 총파업. 공사를 맡은 가토구미와 하청업체 3곳의 공사 견적 비용 차이에 기인한다.
·4월 구로베 오쿠야마 네코마타 발전 공사장의 1,000명 조선인 노동자 "소동, 형세 불온". 터널 암석 붕괴로 4명 매몰되고 이 중 1명 사망, 공사를 맡은 오쿠라구미에 대해 공사장 부주의라고 분노

---

26)   1934년 5월 다가오카 거주 조선인 약 80명으로 결성. 융화 단체 다카오카 '조일회'와 '다카오카 협융회'가 병합. 회장 김학용. 전시 체제에서는 활발한 국방헌금, 협화회호協和会号 헌납운동, 근로봉사 등을 전개

· 5월 구로베 오쿠야마 고야다이라에서 일본전력 공사장의 '일선 노동자' 100명(조선인 70명 대 일본인 30명)이 큰 싸움. 조선인에 대한 일본인 노동자의 차별적 발언, 흉기로 찌르고 폭행한 것에 대해 조선인의 분노가 폭발하다

· 6월 아이모토 발전 공사장에서 노동자 120여명 파업(조선인 80여명, 일본인 40여명) 임금제도 개선을 요구하다

1936년에는 김태식, 박학수와 친애회 중심 멤버 4명을 더한 6명의 '비합법 그룹'이 결성되어 친애회 활동의 지도적 역할을 하게 됨으로써 조선인 노동자의 대우는 상당히 개선되어 갔다고 한다.

· 2월, '조선신문 도야마지국'을 설립하고 매월 300부(150부?) 입수하여 각 지부, 회원에게 배포하였다.

· 3월, 매주 강연회를 개최하고 야간 학교를 이용하여 민족 독립 자각과 노동운동을 교육하였다.

· 5월에는 구로베 수력발전 공사를 맡은 사토구미에게 대우 개선과 재해 부조금을 요구하며 쟁의를 일으키고 이를 획득해 갔다. 또한 네이군 스기하라반杉原班의 노동 시간 단축을 비롯한 대우 개선 요구 투쟁의 지도(『도야마현 경찰사』)와 비합법 노동절 개최, 8월 29일 국치기념일 투쟁[27] 등을 전개하고 있다(《특고월보》 1937.12.)

생활의 어려움 때문에 서로 돕기 위해 결집한 조선인 노동자가 노동자

---

[27]   8월 29일은 '한국병합조약' 체결이 발표된 날

로서의 권리에 눈뜨고 조선 민족으로서의 자각을 획득하여 주체적으로 요구를 하는 과정이었다. 한편 노동자로서, 조선 민족으로서 그들의 자각은 일본의 위정자에겐 당연히 좋지 않은 것이어서 특고의 감시 체제가 강화되어 갔다. 일본의 정치에 따라 민족으로서의 권리를 가능한 한 지키려고 하는 '순화회' 등 융화 단체와의 치열한 항쟁도 특고에게 탄압의 기회를 주게 되었다.

1936년 9월 6일《호쿠리쿠타임스》에는 "조선신문의 조선 독립 음모"라는 큰 표제로, "재류 선인 친목 향상을 명목으로 4,000부 발행"한 조선신문의 뒤에 "조선 독립을 노리는 극좌 인민 전선"이 있음을 밝혀낸 '특고'는 "도야마·이시가와 기타 전국 일제 대 검거"에 나섰다. 홋카이도에서 행해지는 육군 특별 대연습을 앞둔 일제 검거였다. 도야마현 특고는 공산당 재건 운동에 가담한 친애회에 탄압을 가하고 다음해에 걸쳐 '관계자로 인정되는 자 19명'을 검거해 나갔다.(《특고월보》 1937.2.)

이에 따라 친애회 조직은 파괴되었는데 1937년 7월에는 현영 아리미네 발전 공사장의 조선인 노동자 86명의 처우 개선을 요구하는 파업 투쟁이 일어났고 운동의 싹을 완전히 제거할 수는 없었다.

김태식 등의 지도를 받은 정암면, 이순용 등에 의해 9월에는 사회대중당 도야마 지부 구로베반이 결성된다. 거듭되는 노동 운동의 탄압과 '내선 융화'의 대 합창 아래 큰 제약을 받으면서도 '진정 자각할 수 있는 노동자가 되고자' 하며 '부당한 중간착취의 철폐를 기'하고 '무도한 자본가에 대해 스스로를 방위하고자 한다.'고 선언하고 있다(특고월보 1937.9.) 이후 구로베반의 구체적인 활동은 알 수 없다.

〈표 12〉 재일 조선인의 노동 쟁의

년	노동운동 단체 수	인 원	노동 쟁의 건수	참가 인원	특고요 감시인	치안 유지법 검거자 수
1930			468	약 13,800		
1931	195	24,287	483	약 15,000	356	
1932	298	35,977	414	15,524	385	338
1933	819	52,994	394	8,851	371	1,820
1934	314	24,076	382	9,517	513	884
1935	338	22,069	356	6,378	513	232
1936	363	23,761	386	8,228	461	193
1937	364	23,325	297	3,650	426	144
1938	284	24,287	116	9,630[※]		117
1939	256	20,758	153			50
1940	220	20,520	228			165
1941	190	1,762	96			293
1942			172[※]			168

※ '이주 조선인 노동자'의 쟁의 건수, 인원 증가

– 내무성 '사회 운동 상황' (박경식 『재일 조선인 노동사』 등에서 발췌)

〈표 13〉 도야마현 내 조선인 노동자의 노동 쟁의

		년·월	1929 1월~9월	1929 10월~1930 9월	1930 11월~1931 10월	1932 11월~1933 12월	1934 1월~12월	1935	1936	1937	1938	1939	1940	1941	1942
쟁의요인	임금지불요구	건수	1	3											
		인원	19	97											
	해고반대	건수	1	2		1									
		인원	19	6											
	임금인하반대	건수	1	3							1	1			
		인원	60	92											
	임금인상요구	건수			3	3	1	3		6	5			1	
		인원			57										
	해고수당요구	건수			1										
		인원			5										
	기타	건수			1	1	1		1	9	5	1	2 △1	1	4
		인원			2										
계		건수	3	10	5	5	2	3	1	15	11	2	2 △1	2	4
		인원	96	201	64	92	21	202	8	457	438	14		85	62
쟁의결과	요구관철					1				6	3	1	1		
	타협					1		2	1	7	6	1	1 △1	1	4

요구 철회 · 거절			1	2	1		1			1	
자연 소멸 · 기타			2				1	2			
계			5	2	3	1	15	11	2	3	2	4

△는 모집에 의한 이주 조선인

- 내무성 경보국 (박경식 『재일 조선인 관계 자료 집성』 전5권에서 발췌)

1937년 7월 일본은 본격적인 중일 전쟁에 돌입하고 국민정신 총동원 운동을 시작한다. 일본 무산당, 전평全評 등 노동자 조직은 점차 해산되고 사상 언론 통제가 강화되어 갔다. 일본노동 총동맹은 '동맹 파업의 절멸을 기한다'고 선언하고 1938년에는 '산업보국회'로 개편하여 조직적인 노동 운동, 반전 투쟁, 민족 운동은 곤란해졌다. 그러나 재일 조선인은 비합법적 그룹이나 서클 조직을 통해 민족의식, 독립 사상을 높이는 학습회를 계속하고 분산적, 고립적, 혹은 자연 발생적인 쟁의를 각지에서 끊임없이 계속해 나갔다. 1930년대 조선인 노동자의 노동 쟁의 발생 건수 는 〈표 12〉, 도야마현에서의 노동 쟁의는 〈표 13〉에 정리하였다.

신문에 의하면, 1938년 6월 27일 "아리미네에 불온 문서를 가지고 들어가 암약하고 있는 불령 반도인이 있음을 알아낸 현 특고와 관할서가 새벽에 함바를 습격하여 좌익 사상을 지닌 불령 반도인 3명 검거"에서 볼 수 있듯이 1,000명 이상의 조선인 노동자가 일하고 있던 아리미네와 구로베강 수력발전 함바에는 "입산 방지 엄중 경계"에도 불구하고 좌익 활동가의 비합법적 활동이 계속되었던 것으로 보인다. 이후의 투쟁으로서 오야마무라 마을도로 개수 공사장(1939년)과 나카니가와군 히가시타니무라 마을도로 신설 공사장의 조선인 노동자의 쟁의(1940년)를 볼 수 있는데 수력발전 공사장, 특히 엄청난 사상자를 낸 〈구로3〉에서 일하는 수많은 조선인 노동자의 동향에 관한 정보는 거의 없다. 1937년의 '신문지법'으로 특고의 전쟁 수행을 위한 언론 통제가 이루어지고 국가적 사업으로 완성을 서둘렀던 〈구로〉에서는 특히 공사 진행에 방해가 되는 기사는 엄격하게 통제되었던 것으로 보인다.

■ 국가 총동원 체제와 '협화회' 결성

중국 침략부터 아시아 대륙 침략의 야망으로 달려온 일본에게 조선은 '병참 기지'로서의 역할과 함께 풍부하고 강력한 '인적 자원'의 공급지여야 했다. 1934년 일본 정부는 '내선 융화사업'의 근본 개요를 결정하고 그에 의거하여 '조선인 이주 대책 건'[28]을 각의 결정하였다. 그것은 조선의 '병참 기지'화의 일환으로서 조선인의 북부 이주 그리고 침략 가담을 위한 '만주' 이주를 촉진할 것과 재일 조선인에 대해서는 한층 치안 강화를 도모하고 국가적 지도로 '동화 정책'을 진행한다는 개전에 대비한 조선인 관련 기본 방침을 제시하고 있다.

---

[28]　'조선인 이주대책 요목'(1934년 10월 각의 결정) (가) 조선 내에서 조선인을 안주하도록 조치를 강구할 것 (나) 조선인을 만주 및 북조선에 이주시키는 조치를 강구할 것 (다) 조선인의 내지 도항이 더욱 감소하도록 할 것 (라) 내지에서 조선인의 지도 향상 및 내지 융화를 도모할 것

중일 전쟁 돌입과 함께 일본은 인적·물적 모든 자원을 전면적으로 전쟁 수행에 투입하기 위해 '국가 총동원법'을 제정하였다. 이어서 '노무 동원 계획' 등을 제정, 1939년 7월 '국민 징용령'을 발표하고 대대적인 군사 동원을 개시하였다. 그것은 조선인에게도 적용되는데 하나는 '징용·강제 연행'이라는 형태로, 또 하나는 '내선 일체'[29] '황민화 정책'에 의한 조선인의 '일본인화'라는 형태로 지배 정책을 만들어냈다.

1939년 '조선인 노무자 내지 이전에 관한 건'을 공포하고 조선 총독부, 경찰 당국, 직업소개소, 협화 관련 단체 등의 치밀한 계획 아래 '모집' 형식으로 강제 연행을 개시하였다. 1939년도의 연행은 탄광이나 금속 광산, 토목 사업 등에 85,000명 허가되었다.

전쟁의 확대는 또한 조선인 노동자를 전시 중요 산업으로의 '강제 연행'과 함께 직접적인 전력으로서 전장에 투입할 것을 요구하였다.

조선 총독부는 1938년 '육군 특별 지원병령'을 공포하였다. 총독부의 위신을 건 철저한 강제와 피폐한 농촌에서 '굶어죽는 것보다는 지원병 쪽이 나았던' 소작농들의 응모로 다수의 지원자를 볼 수 있다. 총독부는 2회에 걸쳐 선발하고 합격자를 6개월간 '지원병 훈련소'에 입소시켜 철저한 '황국 신민' 교화에 힘썼다. 이는 강인한 민족의식을 지닌 조선인에게 총을 쥐어주고 함께 전장에 나가는 것에 대한 헤아릴 수 없는 공포가 있었음을 보여준다. 조선인을 안심하고 전장에 내보내기 위해선 그들 안에

---

29) '내선 일체'란 제창자 미나미 총독에 따르면 '반도인으로서 충량한 황국 신민이 되게 하는' 것이다. '내선 평등'과는 완전히 다른 사상이었다. '황국 신민'이란 조선인의 민족성을 완전히 말소하고 모든 생활을 일본인화하여 천황의 충실한 종복이 되게 하는 것이다.

'내선 일체' '황국 신민' 의식을 확실히 심어두지 않으면 안 되었다. 이를
위해 이른바 '황민화 정책'이 강요되었다. '육군 특별 지원병령'과 함께
민족별 교육을 철폐하고 일본어 사용을 강제한 '교육령 개정', 조선 민족
고유의 이름을 빼앗고 일본의 이름을 강요한 '창씨개명'(1940.2. '조선인의
이름에 관한 건')이 중심 정책이었다.

이러한 정책은 재일 조선인에 대해서도 적용되어 '중앙 협화회'를 중
심으로 전개되었다. 1939년 6월 전국의 융화 단체를 통합하는 것으로서
'중앙 협화회'를 결성하고 이후 재일 조선인의 전시 협력과 동원 확보의
중심적인 역할을 수행해 갔다.

히구치 유이치 편 『협화회 관계 자료집I』에 의하면 '중앙 협화회'의
조직 담당은 후생성이었지만 조선인을 실제적으로 통제하는 '지부 조직'
은 전부 각 경찰서가 담당하였다.

지회장=경찰부장, 간사장=특고 과장, 간사='특고 내선 담당자' 지도
원 및 보도원補導員은 조선인, 즉 실질적 지도는 내무성 경보국이 장악하
고 조선인 가운데 협력자를 만들어 '황민화 정책' 전면에 내세움으로써
조선인의 의식적인 분열을 기도하였다고 한다.

협화회의 주요 기능은 다음과 같은 사항이었다.

① 치안 대책 – 주민 파악, '협화회 수첩' 발행, 좌익 민족운동 탄압과
   감시

② 황민화를 위한 시책 – 신사 참배, 국기 게양, 헌금, 창씨개명, 일본
   어 강요, 일본 복장 강제 등 조선인의 생활 모든 분야에 걸친 일본인
   화(황민화)를 강제

③ 노동력 대책 – 강제 연행 노동자 대책, 재일 조선인의 징용 등 전시 동원을 도모

④ 지원병·징병 – 전쟁 말기에 실시된 징병제를 재일 조선인에게 실시한 기관

⑤ 도항 관리 – 도항 증명 발행권 장악. 한편으로는 강제 연행하고 한편으로는 불필요한 사람(요주의 인물·병이 있음·일정한 직업이 없음)은 강제 송환

전시하의 재일 조선인은 협화회의 통제를 떠나서는 살아갈 수 없게 되었다. 모든 회원에게는 '협화회 회원증' 소지를 의무화했다. 쌀이나 의류 등의 배급도 회원증이 없으면 받을 수 없고 일을 할 수도 없었다. 사진이 붙어 있는 회원증은 특고과가 발행하는 조선인이라는 신분 증명이고 이를 소지하지 않는 자는 단속의 대상이 되었다. '일제 검사'로 '강제 연행 도주자 발견'이나 '밀항자 발견'에 이용되고 '부정 도항자'로 송환되는 일도 있었다.

1940년에는 오키나와를 제외한 모든 도부현道府県에 협화회가 설립되어 거주자 모두가 협화회 아래 조직되었다고 한다.

도야마현 내에서도 '친애회' 탄압 이후 다카오카 '협조회', 시모니가와·나카니가와군 '선치회', 우오즈 '명방회' 등의 융화 단체가 당국의 비호 아래 조직을 확대해 갔다. 중일 전쟁 개전 후에는 조선인의 '미담'을 부추기듯이 조선인의 '국방헌금' 기사가 신문에 많이 게재되고 있다. 그 중에서도 도야마현에서 가장 많은 조선인 노동자가 일하고 있던 수력발전 공사장의 조선인 함바 반장의 '국방헌금'이 눈에 띤다.

·구로3 공사장의 조선인 토공 가나이 도쿠타로(김명석, 2장 김종욱 씨의 부친)의 '국방헌금'(1937.8.30.)

·조선인 함바 반장의 호소로 아리미네 발전 공사장 조선인 노동자 약 500명의 '국방헌금' 운동(1938.8.30.)

·사토구미 배하 함바 반장 김태경(제2장 참조)의 100엔, 출정 유가족 위문금 헌납(1939.6.27.)

·구로3 공사장 시아이다니 사토구미 배하 기타구미 배하 토공 김명석의 10엔, '국방헌금'(1939.9.26.)

·시아이다니 큰 눈사태로 조난당한 조선인 노동자의 1엔 50전 '국방기금' 협력(1939.11.10.) 등이 그 일례이다.

위험한 공사장에서 노동자를 효율적으로 일하게 하여 공사의 진척을 꾀하는 것은 함바 반장으로서의 실력을 보여주는 것이었다. 이를 위해서는 노동자의 생활을 돕고 보살펴서 신뢰를 얻을 필요가 있었다. 설령 '위장'이라 하더라도 일본에 대한 '적성'을 맹세하고 '충군애국'의 열매를 보여줌으로써 당국의 눈을 속이는 것이 살아가기 위한 수단이기도 했다.

1939년 11월 도야마현 사회과 내에 '내선 협화회'를 설립하여 거주 조선인 4,876명을 대상으로 회장에 도야마현 지사를 두고 '회원증'을 달고 활동하였다. 구로베 아조하라, 히토미다이라에서도 200명의 조선인에 의해 '협화회 상회常会'가 결성되어 '궁성 요배' '황군 전사자에 대한 묵도' 등의 협화회 활동이 행해지고 있다.

■ 도야마현 수력발전과 조선인 노동자

도야마현의 수력발전 공사에 종사하는 조선인 노동자의 존재를 최초로 기록하고 있는 것은 1917년 도야마전기 주식회사의 진즈강계 아오리다니 제2 발전소 확장 공사이다. 사토구미 배하의 함바 반장 홍윤기가 자신이 경영하는 함바의 갱부를 다른 회사로 보냈다고 폭행하고 협박하여 검거되어 있고 그 밑에 몇 명의 조선인 노동자가 일하고 있던 모습을 엿볼 수 있다. 이후 도야마현 공업 발전의 초석이 된 수력발전소 건설 대부분에 조선인 노동자의 노동력이 투입되었다. 그들의 존재를 뒷받침하는 신문기사(쟁의, 사고, 재해 등)를 통해 그들이 일했던 것으로 보이는 수력발전소를 적어 보면 〈표 14〉·〈그림 10〉과 같다.

〈표 14〉 조선인 노동자가 일했던 것으로 보이는 도야마현 내의 수력발전소

水系	番号	取水河川	発電所名	開発業者
黒部川水系	①	黒部鉄道第二期線工事	(黒部川水電開発の為の資材運搬用)	
黒部川水系	②	黒部川	黒部川第一	黒部川電力
黒部川水系	③	〃	黒部川第五	県営
黒部川水系	④	〃	愛本	県営
黒部川水系	⑤	〃	柳河原	日本電力
黒部川水系	⑥	〃	黒部第二	日本電力
黒部川水系	⑦	黒部川	黒部第三	日本電気
	⑧	片貝川	片貝第四	日本海電気
	⑨	早月川	中村	立山水力
常願寺川水系	⑩	真川・和田川	上滝	日本電力
常願寺川水系	⑪	小口川	小口川第二	県営
常願寺川水系	⑫	〃	小口川第三	日本海電気
常願寺川水系	⑬	真川・称名川	小見	日本電気
常願寺川水系	⑭	和田川	和田川	県営
常願寺川水系	⑮	真川	真川	日本海電気
常願寺川水系	⑯	称名川	称名川	県営
常願寺川水系	⑰	〃	称名第二	〃
常願寺川水系	⑱	和田川	有峰(中断)	日本電気
神通川水系	⑲	牛ケ首用水	成子第二	高岡電灯
神通川水系	⑳	久婦須川	久婦須川第一	飛越電気
神通川水系	㉑	〃	久婦須川第二	日本電力
神通川水系	㉒	高原川	猪谷	神岡水電
神通川水系	㉓	宮川	蟹寺	日本電力
庄川水系	㉔	庄川	小牧	庄川水電
庄川水系	㉕	〃	祖山	昭和電力
庄川水系	㉖	〃	小原	日本発送電
庄川水系	㉗	湯谷川	湯谷川(途中で中止)	五ケ山電気

이것은 현내의 주요 수력발전소 대부분에 조선인 노동자가 일하고 있었음을 보여준다.

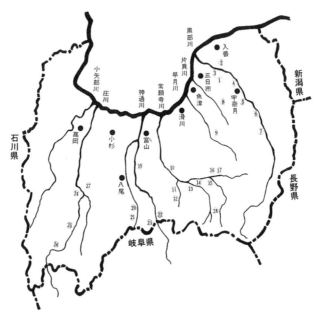

〈그림 10〉 도야마현 수력발전소 개략도

1920년대 중반 수력발전소 건설이 활발해짐과 동시에 도야마현으로의 조선인 이입도 증가하고, 일본인 노동자와의 사이에 살상 사태를 동반하는 싸움도 많아졌다. 이에 대해 《호쿠리쿠타임스》는 논설(1923.6. 13.) '조선인의 입래入来'에서 "수력발전 개발은 앞으로도 더욱 많아지는데 최초의 시설은 모두 사람의 노동으로 해야 하기 때문에 현지 노동 외에 조선인 노동자를 한층 더 반입하게 될 것이다. (중략) 때문에 함부로 선인을 이유 없이 싫어할 게 아니다"라면서 수력발전 사업에 대한 조선인 노동력의 필요성을 설명하고 있다. 수력발전 공사장에서 조선인 노동자는 차별적인 저임금, 위험한 일, 일본인의 민족 멸시라는 상황 속에서 고용자 측의 사정에 따라 언제라도 배척되는 불안정한 상황이었다.

"일본전력 가니데라 발전공사 준공으로 토공 정리, 1,300명 넘게 일하고 있던 선인 토공 850명으로 감소. 불경기로 인해 현지인 토공이 현저하게 많아지다"(1925년)

"동절기가 되면 실업 선인 증가하다. 쇼가와. 구로베강에 일하는 선인 1,200명 정도 산에서 마을 쪽으로 들어오다. 도야마역 구내, 매일 20~30명 정도 스토브를 둘러싸고 등걸잠"(1925년)

"불경기 때문에 선인도 줄다. 경기가 좋을 땐 4,000~5,000명이나 거주. 현재는 2,000여 명"(1927년)

"소야마 쇼와전력, 동절기 작업 능률 부진, 선인 토공 150명 해고"(1928년)

"쇼가와 발전소 댐 사리 채취 공사 노동 선인 전부 해고, 금후로는 지방인으로 하여금 종사하게 할 방침"(1928년)

"구원의 손길을 기다리는 가엾은 선인 300명, 큰 눈으로 공사 중지. 실직으로 비참한 생활"(1934년)

이와 같은 기사에서도 공사 준공, 동절기 작업 중단, 불황, 일본인 노동자 고용 우선으로 인해 가장 먼저 해고당하는 수력발전 공사장의 조선인 노동자의 상황을 알 수 있다.

그러나 한편으로 불황으로 현지인 노동자의 실업이 증가하고 가미니가와군 내의 공사장에서는 "선인 토공을 고용하지 않는다."(1928.4.5.)고 통지했을 때도 "수력발전 공사장 이외"로 하고 있는 것을 보면 위험하고 더럽고 대우가 좋지 않은 수력발전 공사장은 현지 노동자들이 꺼려해서 조선인 노동력이 필요했음을 알 수 있다. 정규직에 취업할 수 없는 하루 벌이 조선인 노동자가 그날의 양식을 얻기 위해서는 수력발전 공사장으로 들어서지 않을 수 없었다고도 할 수 있다.

〈표 14〉에 1920년대 후반 조선인 노동자의 재해 상황의 일부를 기록했는데 견고한 암반을 굴삭하고 다이너마이트로 발파하는 터널 공사, 가파르고 험한 하천을 따라 기계와 자갈을 운반하는 작업 등 수력발전 공사장에서의 사고는 엄청난 것이었다. 그 중에서도 준험하고 적설량이 많아서 미증유의 전력 보고로 주목받은 구로베강 수계에서는 야나가와라, 아이모토, 구로베 제1, 제2와 점차 큰 출력을 자랑하는 수력발전소가 건설되어 갔는데 그것은 또한 엄청난 노동자의 희생도 만들어내는 것이었다.

구로베강 수계의 사고 개요를 보도한 기사를 보면 1935년 "일본전력㈜ 구로베강 제2 발전 공사장 등에서 사고가 많이 발생하여 작년 8월 착공 이후 1년간 사망자가 53명, 부상자는 2,450명" "올해 1월에서 5월까지 사망자 8명, 중경상 678명" 1936년 5월 "전율의 발전 난공사, 구로베강 수계. 일본전력 현전 양 발전 공사장에서 작년 한해 사상자 5,000명 돌파, 올해 1월에서 4월까지 이미 사망자 11명, 부상자 673명" 1936년 8월 "구로베 제2기 발전 공사의 사상자는 6,500명, 제3기는 두 세배인 2만 명에 달할 전망"

착공 전부터 2만 명이나 사상자를 전망한 〈구로3〉에서는 약 1,000명 이상의 조선인 노동자가 일하고 있었던 것으로 추정된다. 온천 용출지대에 부딪혀 작열지옥이 된 고열 터널, 다이너마이트의 자연 발화로 인한 폭발 사고, 동절기 작업 중 시아이다니와 아조하라의 큰 눈사태, 당초의 예상을 훨씬 넘는 난공사, 희생자의 속출에도 불구하고 국가적 사업이라는 이름 아래 노동자를 제물로 하여 건설된 것이 〈구로3〉이었다.

'신문에 기록된 〈구로3〉 공사장의 조선인 사고'를 보면 다음과 같다.
- 1937.7.20. 다이너마이트 폭발, 조선인 토공 1명 즉사, 3명 중경상
- 1938.5.31. 암석에 깔려 조선인 토공 참사
- 1938.7.11. 아조하라 터널 내 다이너마이트 폭발로 조선인 2명 사망, 2명 중상
- 1938.7.17. 90kg이 넘는 아연판 짊어지고 수평보도 통행 중 낭떠러지로 추락한 조선인 토공 사망
- 1938.8.5. 톱니바퀴에 말려들어가 조선인 즉사
- 1938.8.22. 다이너마이트 폭발로 조선인 토공 7명 얼굴 등에 폭발 상처(2명 실명)
- 1938.8.28. 다이너마이트 폭발로 13명 사상(조선인 6명 참사, 4명 중상, 일본인 3명 중상)
- 1938.12.24. 오리오타니 눈사태로 조선인 2명 매몰
- 1938.12.27. 시아이다니 눈사태로 84명 참사(이 가운데 조선인 37명)
- 1939.3.7. 게야키다이라 눈사태로 조선인 1명 행방불명
- 1940.1.9. 아조하라 큰 눈사태로 행방불명 26명(조선인 17명) 중경상 35명(조선인 21명)

시아이다니 눈사태 이후 고열수도 공사는 더없이 처참해져 갔음에도 불구하고 사고 보도는 믿을 수 없을 정도로 축소되어 있다. 당시 〈구로3〉에 비견되는 난공사로 일컬어지며 마찬가지로 1,000명 이상의 조선인 노동자가 일하고 있던 것으로 보이는 현영 아리미네 발전소의 사고에 대해서는 건설 중지에 이르기까지 빈번하게 기록되고 있다. 특고의 보도 통제가 이루어지던 시기이기도 하고 〈구로3〉은 노동자의 희생을 무시하고라도 하루 빨리 완공하는 것이 지상명령이었음을 여기에서도 엿볼 수 있을 것이다.

〈구로3〉이 착공된 1935년의 신문에는 "호경기로 도야마현에 공장 급증, 남녀 직공 약 5,000명 증가" "대 도야마 건설의 제1보 대공장 유치에 힘쓰다"라든가 "후시키항의 정박선, 개항 이래 신기록, 짐꾼 부족" "일만 日滿 산업 대박람회 대성공, 약진하는 도야마의 모습 그 자체" 등 군수 경기로 혜택을 본 기사가 이어지고 있다. 한편 "눈 치우는데 선인을 고용해 주세요. 80세대 약 250명의 조선 동포, 적설 때문에 일이 없어 도야마시로 흘러들어오고 있다"에서 볼 수 있듯이 조선인의 힘든 생활은 변함없었다. '물의 나라 이야기, 구로베강 전원電源 개발의 기록'(도야마TV 제작)에 '고열 터널은 조선인이 없었으면 완성되지 않았다'는 증언이 있는데 그들은 먹고 살기 위해 가족을 부양하기 위해 높은 임금을 찾아 목숨을 걸 각오로 〈구로3〉에 들어오지 않을 수 없었다.

1937년 중일 전쟁에 돌입하고 다음해에는 '군수 공업 동원법' '국가 총동원법'이 나온다. 긴급 군수 산업에 대한 노동력 확보를 위해 노동자의 통제 관리가 생활의 구석구석까지 강화되고 단속되는 상황 속에서 많은 조선인이 〈구로3〉에 놓여 있었다고도 할 수 있을 것이다. 때를 같이

하여 조선에서는 '육군 특별 지원병'이나 '포로수용소 감시 요원' 등에 많은 조선인이 응모하고 있다. 살아가기 위한 최대한의 활로를 찾는 몹시 가난한 농민들이 압도적으로 많았고 살기 위한 자유로운 선택이 허용되지 않았던 '지원이라는 이름의 강제 징용'(『조선인 BC급 전범의 기록』)과 다름이 없었다. 1939년 '조선인 노무자 내지 이주에 관한 건'으로 개시된 강제 연행 이전에 일본으로 건너가 〈구로3〉 등에서 일하고 있던 조선인 노동자 또한 상황은 마찬가지로 '지원이라는 이름의 강제 노동'이었다고 할 수 있다.

1940년 11월 4년여의 세월을 거쳐 〈구로3〉 건설은 완성되었다. 《기타니혼신문》은 "세계적 난공사 성공, 이 귀중한 세계 기록은 업자 일본전력 리더의 자랑과 여기에 종사한 옛추 혼의 큰 자랑"(1940.11.8.)이라고 보도하고 있다. 조선인 노동자의 엄청난 희생과 죽음을 불러온 작업이라는 사실에 대해서는 전혀 언급되어 있지 않다. 〈구로3〉을 비롯하여 현내 많은 수력발전 공사의 제물이 된 조선인 노동자의 발자취에 대한 기록은 거의 남아 있지 않다.

1940년대 전반 연표: 강제 연행과 황민화 정책을 중심으로

1941년 2월 8일, 일본군은 진주만을 공격하고 마침내 태평양 전쟁에 돌입하였다. 전쟁의 확대와 장기화는 병사의 증대와 심각한 노동력 부족을 초래하여 조선인 노동자의 강제 연행 단속 강화에 박차를 가하였다.

이 시기에 대해서는 강제 연행과 황민화 정책을 중심으로 사회의 움직임과 도야마현 내부의 상황을 간단하게 기록한다.

일본·조선의 동향	도야마현의 동향
1940년	

일본·조선의 동향	도야마현의 동향
2.11 '창씨개명' 시행 강요, 황기皇紀 2,600년의 기원절紀元節 날 신고 기간(2.11~8.10) 2월 15,746호(전체 호적수의 0.36%) 3월 45,833호(동 1.07%) 5월말(6개월째) 320,610호(동 7.6%) 강제 강화 대책 9월까지 3,200,116호(동 79.3%)(『창씨개명』) **8.10** 조선 총독부는 《동아일보》,《조선일보》를 강제 폐간시키다 **10.2** '대정 익찬회大政翼贊会' 결성 **11.23** '대일본 산업 보국회' 결성	**1.9** 아조하라 큰 눈사태로 행방불명 26명(조선인 17명) 중경상 35명(조선인 21명)《호쿠리쿠타임스》 **3.12** "**자랑스럽다. 동경하는 일본인 이름의 선두, 다카오카의 반도인 부부가 만족하며 기뻐하다**"라고 '창씨개명' 보도. 8월 13일까지 도야마 시내 거주 조선인의 개명 신고를 접수하였는데 마감까지 5가족만 신고.《호쿠리쿠타임스》 **5.25** 나카니가와군 히가시타니무라 마을도로 신설 공사장에서 조선인 노동자 15명, 임금 체불에 대해 쟁의 일으키다(『재일조선인사 연표』) **9.22** 구로베 오쿠야마 200명의 조선인, 아조하라, 히토미다이라에서 '협화회 상회' 결성《기타니혼신문》 **10.10** 고토, 고세이에서 협화회 중견 인물 양성 강습회《기타니혼신문》 **11.16** 미나미 총독, 후시키항 시찰, 다카오카, 고주파高周波공장으로. 남녀 협화회원 정열하여 맞이하다《기타니혼신문》 **11.10** 황기 2,600년 봉축 의식이 도야마현 각지에서 실시되다(『도야마현사』) **11.25** 일본전력 구로베강 제3 발전소 발전 개시. "약 4년의 세월과 250만 명의 노동력과 5,000만 엔의 경비를 쏟아 완성"《기타니혼신문》 △ 도야마현 토건 사토공업(주), 아리

	미네출장소·오하라 발전공사·우나즈키 출장소·일본해 부두 공사에 조선인 노동자 이입(1942년 중앙협화회 '이입 조선인 노무자 상황 조사')

1941년	
2.- 조선 총독부 비전향 사상의 예방 구속을 위해 '조선 사상범 예방 구속령' 제정 **3.10** '치안 유지법' 전면 개정 **10.8** 도조 히데키 내각 탄생 **12.8** 일본군의 진주만 공격, 태평양 전쟁이 시작되다	**2.13** 도야마 경찰서 관내의 협화회, 각부 결성 의식 거행 부인부-16세 이상 40세까지의 여자 120명 청년부-16세 이상 35세까지의 남자 150명(《기타니혼신문》) **10.30** 제2회 일본해 경제 연맹 총회 도야마현에서 개최(1도 1부 10현 참가) "내선만內鮮滿 재계인 한 자리에, 일본해를 주축으로 경제 공영권을 확립"(《기타니혼신문》)

1942년	
1.21 도조 내각이 의회에서 '대동아 공영권' 건설의 지도 방침 표명(대동아 선언) **2.-** 조선 총독부, **'선인의 내지 이입 알선 요강'** 발표 1939년부터의 '모집' 방식을 바꾸어 '관 알선' 방식으로 강제 연행 회사, 사업소 노무계를 중심으로 하는 '모집'보다 직업소개소 경유 조선 총독부 관청 중심의 '공출 및 수송 사무의 일원화'를 도모함으로써 강제 연행이 증가하였다. 1942년도 13만 명의 공출을 결정하고 석탄산, 토목, 철강으로 연행하였다	**6.-** 일본카바이드공업 우오즈 공장에 조선 노동자 이입 허가(사사社史 『30년사』) **8.1** 내무성 경보국 '협화 회원증' 검사를 전국에서 실시 현내 조사 총인원 3,848명 가운데 회원증 미소지자 30명 발견(『사회 운동 상황』)

5.8	조선인 '**징병제**' 실시 각의 결정 (1944년부터 실시)	
10.1	재일 조선인에 대한 국민 징용으로 해군성 직할 사업소의 토목 노동자 전국에서 4,293명에 징용 명령을 내리다	
10.15	징용 준비를 위해 재일 조선인에 기류 신고를 제출하게 하다	
11.27	도조내각 '화인華人 노동자 내지 이입에 관한 건' 각의 결정 중국인 강제 연행을 결정하다	

朝鮮に徵兵制度 十九年度から實施

1943년		
4.-	중국인의 '강제 연행' 시작되다 41,762명 연행, 6,872명 사망(『풀의 묘표-중국인 강제 연행 기록』)	**1943.4.-1944.10.** 현내 후시키항에 중국인 865명 연행(GHQ자료)
7.22	조선 총독부가 '학도 전시 동원 체제 확립 요강' 발표	**7.-** 스미토모금속이 도야마시 숲에 프로펠라공장 건설 착수, 많은 조선인 토공 작업원이 일하고 주변에 조선인 주거 집락 생기다(증언)
7.27	조선 총독부가 '해군 특별 지원병령' 발표	
△	1943년도 조선인 연행 계획 20만 명으로 증가하고 항공, 화학, 육상 및 해상 수송으로 연행을 확대하다.	**10.-** 일본카바이드 우오즈 공장 합성고무 부문이 군의 공동 관리 공장으로 지정되다. 종업원 906명 외에 조선인 노무자 등 700명 더하여 1,600명이 되다(사사 『30년사』)

1944년		
4-8	조선인 징병검사 실시. 재일 조선인 2,260명 징병되다	**1.-** '군수 회사법'발동, 현내에서는 니혼소다, 쇼와전공, 후지코시, 일본강관, 일본마그네슘이 지정되다(『도야마현사』)
8.-	조선 총독부 '여자 정신 근로령' 공포. 12~40세의 조선인 여성을 동	

	원(위안부로서의 조직적인 연행은 1941년경부터 행하다)	1.10	일본발송전 도야마 출장소 소장은 발전 공사 앞당기기 위해 근로 보국대 동원을 요청 "보국대만으로 부족한 경우는 반도인도 모으고 싶다"고 발표(《기타니혼신문》)
9.-	연행 조선인 노동자에게도 '국민 징용령'을 적용하여 강권적인 연행 시작. 이로써 1944년 연행 계획이 당초의 125,000명에서 326,000명으로, 다시 40만 명으로 증가	4.-	일본카바이드공업도 군수 지정 공장이 되다(사사『30년사』)
11.1	나가노현 마쓰시로마치에서 대본영大本營 공사가 시작되다 노동 인원 연 600만 명, 강제 연행 조선인 노동자가 다수.	11.6	**"본현의 노무 부족으로 반도에서 원군 오다"** 12월까지 여자 정신대 800명, 내년 1월~3월까지 2,800명 조선에서 보낸다는 양해 얻다(《기타니혼신문》)
11.20	'중앙 협화회'를 '중앙흥생회中央興生숲'로 바꾸다	△	**후지코시공업(주)**에 1944~1945년에 걸쳐 **조선에서 여자 정신대 1,090명 남자 보국대 540명 입사** (사사『후지코시 50년사』)

1945년			
6.30	아키타현 하나오카 광산 가지마구미 사무소에서 '강제 연행'되어 일하고 있던 중국인 노동자가 봉기하여 수용소를 탈출, 잔혹한 탄압으로 중국인 986명 중 418명 살해되다	1-4	나고야의 미쓰비시중공 제11 제작소를 도야마에 소개疏開 다이몬·이나미·후쿠노에 항공기 공장, 쇼가와 오가미 지하 공장을 만들다(GHQ자료)
8.6	미군이 히로시마에 원폭 투하, 히로시마 거주 조선인 81,863명	2.1	"믿음직한 반도의 장정 다카오카 징병 검사를 마치다"(《기타니혼신문》)
8.9	미군이 나가사키에 원폭 투하, 나가사키 거주 조선인 59,753명	7.20	현내 첫 공습, 도야마시 나카다의 후지코시 공장 부근. 숲의 스미토모금속 프로펠라 공장 근처에 거주하는 조선인 가족 사상자 다수(증언)
8.14	어전회의에서 포츠담 선언 수락 결정, 미국과 소련에 통고, 조선 반도 북위 38도선을 미소 양군이 일본군의 무장 해제를 위해 임무 분담의 경계선으로 만들다		
8.15	일본의 무조건 항복, 조선 해방		

■ 도야마현 협화회의 활동 상황

조선인의 전쟁 협력에 대한 찬미
(《기타니혼신문》 1940.10.21.)

• 1939년 11월 17일 '도야마현 협화회' 설립

'중앙 협화회의 지시로 조선인의 내지 동화에 중점을 두고 충량한 황민화에 힘을 쏟는다. 1939년 6월말 현재 도야마현 거주 조선인은 4,875명이며 중공업 발달로 해마다 증가 일로를 걷고 있다.'(1940년도 사업 실시 상황 『협화 사업 연감』에서)

• 『신건축의 정신대』에 의하면 1940년 9월말 도야마현 거주 조선인은 7,150명이며 협화회원은 5,000명 돌파하였다고 되어 있다(《기타니혼신문》, 1940.10.21.).

• '협화 사업단체 조사' (1940년 12월말 현재) 내무성 경보국 도야마현 협화회 지회 22, 보도반補導班 49, 보도원補導員 75, 거주 조선인 3,876명, 회원 2,247명(정회원 2,141, 준회원 106명)(『사회운동 상황』복각판 제12권)

- '협화회 회원증 소지 상황 조사'(1942년도) 내무성 경보국

총 조사인원 3,848명 가운데 회원증 무소지자 30명 발견(도망자 13명,

부정 도항 3명, 기타 14명)(『사회운동 상황』 복각판 제14권)

- '협화회 회원증 무소지자 상황'(1944년 2~3월) 내무성 경보국

총 조사인원 7,290명, 무소지자 239명 발견(도망자 9명, 부정 도항 20명,

기타 210명)(『사회운동 상황』 복각판 제16권)

'도야마 협화회'의 주요 활동을 7가지로 나누어 보면 다음과 같다.

① 군사에 관한 활동

— 단체 훈련(군사 교련, 정지 및 행진에서 여러 동작 경례 실시·분열

행진·각개 교련 및 부대 교련, 분대, 소대 교련)

— 징병 지원, 징병 검사

② 회원증을 둘러싼 활동

— 회원증 교부 준비 협의회

— 함바 노동자에 대한 회원증 교부(함바 명부 조정, 거주자의 이동 조정)

③ '황민화 시책' 활동

— '창씨개명' 건 1940년 8월 15일 개명 접수 기한까지 도야마 시내

의 신청은 5가족뿐, 개명 신고 지도

— 국어교육 보급 건(협화 국어 독본, 초등과 국어 독본, 발음, 읽기)

— 성지, 신사, 충혼비 참배, 궁성 요배

— 신사, 묘지, 충혼비 제초, 청소 봉사

— 가미다나神棚 설치(1940년 말 현재 설치 293호, 미설치 172호)

— 내지 복장 착용과 일본식 재봉 교습

─ 예의 작법 지도(황실, 국가에 관한 예법, 신불 예배, 관혼상제, 개인 가정생활, 실내 실외에서의 경례 등)

─ 국기 게양

─ 천장절天長節 배하식拜賀式 참가, 기원 2,600년 전국 협화 사업 대회, '성전흥아협'聖戰興亞協 출석

─ 요리 강습(간이 영양식에 대해)

─ 강연회, 영화회('친구' '다시 만나는 날' 일본 뉴스 등) 도서 잡지 발행 및 배포(협화정보)

─ 검도 유도 훈련 - 정신적 훈도

─ 이와쿠라오야마 신사 사단 건설 노동 봉사, 호국 신사 개수공사 노동 봉사

④ 전시협력에 관한 활동

─ 직업 전업 권장 - 폐품 회수업을 폐지하고 시국 필수 전시 공장 취업 직업 지도 위원회 결성, 전업轉業 강습회

─ 근로 봉사

군인 유가족 가정 노동 봉사, 일반 공공작업, 개간 작업, 군부 작업, 도로 제설 작업, 증산협력(보리 수확작업)

─ 헌금품 활동

국방헌금, 휼병금恤兵金, 의연금, 출정 병사에 대한 위문비, 출정 병사 유족 아동에 대한 헌금, 애국기愛国機 헌납 운동 등

─ 납세 사상 지도

납세 조합, 납세 저금, 저축 장려(우편 저금·기타 저금) 협화회 저축 조합 조직

一 위안 시설

발전 공사장 토건 종사 노무자에 대해 정기적으로 영화반 조직하여 순회 위안

⑤ 교육 교화 활동

一 생활 개선, 악습 악벽 교정

一 인보隣保 상부조相扶助 관념 철저

· 인보관(협화회관) 건설, 경영(간이 주택, 수산授産, 직업 보도職業補導, 교화 집합 등 병행. 주택 15호에 대해 요금 1엔 징수, 다카오카 지회 경영)

· 합동 교련(월 5회)

· 각 부락 성식전成式典, 부인부 120명, 청년부 150명

· 도야마현 거주 협회회원 총동원하여 대운동회 거행

一 위생 개선 지도 상황

· 각 가정 순회하며 청소 방법 등 지도(하수, 신사 경내, 실내 청소 등)

· 실내 변기의 강제 폐지

一 일반 교화

건강 증진 위생 사상에 관한 건, 협화회원의 사명, 시국 인식, 저축 장려, 방범 방공 방첩 사상의 보급, 수양 지도, 시국 간담회

一 '노무자 훈련소' 개설 상황

가미타이라무라 일발日發 공사장, 아리미네 현영 발전 공사장, 구로베 일본전력 공사장

一 중견 인물 양성 강습회

중견을 단련하기 위한 수양 학교

— 간이 야간 학교 설치

— 현 특고 주임의 정신 훈화(각 가정에 오후7시~10시 30분)

— 교풍矯風 교화 훈련 실시의 특수한 사업에 대해서

　　'성적을 보여주는 카드 교부'- 축제일에 국기 게양·국어 습득 과
　　정·납세 성적 등, 지회원 또는 보조원이 각호 방문하여 점검하고
　　그 성적을 지회장이 판정 카드에 기입 교부하고 '일시 귀선帰鮮 증
　　명서' 교부에 참고로 하다

⑥ 일본으로의 도항에 관한 사항

　　· 조선인 이주 문제 건

　　· '귀선 증명' 및 내지 도항에 관한 건

⑦ 기타

— 각종 사회 시설과의 연락 상황

— 의료 보호 시설과의 연락 상황

— 인사 상담 상황 - 회원끼리 및 '내선인內鮮人' 간의 분쟁에 관해서는
　　모두 지회장(경찰서장)이 처리

— 협화회 지회기支会旗 수여식, 회기 입혼식会旗魂式 거행

(전게 『협화사업 연감』 및 《기타니혼신문》 1940년~1945년에 의함)

앞에서도 말했듯이 전시 하의 재일 조선인은 쌀이나 의류 배급, 취직
에서 '귀선 증명서' 발행에 이르기까지 협화회(=특고 지배)의 통제 하에 놓
이고 협화회 지회, 분회 단위의 단체 행동에 강제적인 참가를 강요당했
다. 일상생활에 부담이 큰 근로 봉사나 헌금 등도 실질적으로는 강제 동
원, 강제 노동이었다고 할 수 있을 것이다.

■ 도야마현의 강제 연행

1938년 4월 '국가 총동원법'을 공포한 일본 정부는 전시 노동력으로서 중요 산업에 대한 조선인의 연행을 강행하였다. 강제 연행은 3단계로 분류된다.

제1단계, '모집'에 의한 연행(1939~1941)

1939년 7월 '조선인 노동자 내지 이주에 관한 건'으로 석탄산, 금속산, 토건업 등의 사업주에 대해 '모집'에 의한 집단 연행을 인정하였다. 전시 보국의 강제력을 지닌 것으로 할당 인원의 강권적인 동원, 구속이 행해졌다. 1939년도 연행허가는 85,000명, 1940년도 97,300명, 1941년도 10만 명이었다.

도야마현의 조선인 징용 계획을 보도하는 기사(《기타니혼신문》, 1944.2.6.)

제2단계, '관 알선'에 의한 연행(1942~1943)

1942년 2월 '조선인 노무자 활용에 관한 방책'을 각의 결정하고 이에 따라 조선 총독부는 '조선인 내지 이입 알선 요강'을 실시한다. 이것이 '관 알선'으로 불리는 강제 연행으로 '공출 및 수송 사무'를 일원화'하고 대隊조직으로 해서 공출한다는 보다 강제적인 연행 정책이었다.

제3단계, '징용'에 의한 연행(1944~1945)

조선인에 대한 '국민 징용령'(1939년)의 적용에 의한다.

이에 따라 연행 계획은 단번에 증대하여 1944년도는 40만이 되었다. '국민 징용령'은 그 이전부터 군 요원 관계에 대한 연행, 군속에 대한 징발, 학도 징용, 여자 정신대 징용에 적용되고 있었다.

일본기업의 조선인 노동자 모집 광고 기사(《매일신보》, 1944 7.17.)

강제 연행된 조선인은 재일 조선인이 1939년 약 96만 명에서 1945년(5월) 약 210만 명으로 증가하였기 때문에 약 100만여 명이라고 일컬어진다. 그러나 조선 국내에서의 동원, 종군 위안부로서의 전장 동원을 더하면 더욱 많은 숫자가 될 것이다. 또한 상기 신문 광고에도 있듯이 '자유 모집'으로 일본으로 건너간 사람도 있을 것이며 정확한 인원을 확인할 수는 없다.

강권적으로 연행된 조선인은 관료, 사업주, 협화회가 일체가 된 엄중한 단속에도 불구하고 도주를 반복하였다. 1939년부터 1945년 3월까지 도주한 조선인은 약 22만 명에 달했다고 한다(법무성 출입관리국,『숫자로본 재일 조선인』1953년). 그것은 일본 제국주의의 폭거에 대한 그들의 필사적 저항이었고 군수 생산 노동이라는 전쟁 협력에 대한 거부이며 소극적인 수단이기는 하지만 그 저항의 의미는 크다.

여기에서는 '조선인 강제 연행 진상 조사단'이나 개인, 그룹에 의해 이제까지 밝혀진 도야마현 내에서의 강제 연행 실태를 중심으로 기록해 본다.

① 공장, 사업소에 대한 연행〈표 15〉

〈표 15〉 공장·사업소로의 연행

공장·사업소	내용
미쓰비시 제11 항공기제작소 다이몬공장 〃 쇼가와 지하공장 〃 이나미 공장	1945년 1월~4월 마쓰비시중공의 나고야 항공기 제작소를 도야마현으로 소개, 미쓰비시 제11 제작소로서 최신예기 생산. 4월 정부 명령으로 쇼가와 오가미무라 지하 공장 건설 예정.『미국 전략폭격 조사단 보고서』

〃 후쿠노 공장	에 의하면 '오가미가와 지하 공장 건설에 2,000명의 조선인 동원' '미쓰비시 제11 항공기 제작소의 노동자 배치 수' 가운데 조선인 징용자 남 381명, 여 272명, 계 653명으로 되어 있다. 오가미 국민학교의 기록– 조선인 노동자의 자녀가 당시 60명 재학
후지코시(주) 몬쥬지 공장 〃 오기노우라 공장 〃 본사공장	오야마마치 몬쥬지에 지하 공장 터 현존. 『후지코시 50년사』 –조선반도로부터 1944~1945년에 걸쳐 여자 정신대 1,090명, 남자보국대 540명 입사
일본카바이드 우오즈 공장	『30년사』 –1943년 10월 합성고무 부문이 군의 공동 관리 공장이 되고 종업원 906명 외에 징용공, 조선인 노동자 등 700명 더해져 1,600명
스미토모금속 프로펠러 공장 건설 공사	'증언' –도야마시 숲 공장 부근에 많은 조선인 토목 작업원 가족이 거주 1945년 7월 도야마 최초 공습으로 사상자 다수
일본마그네슘 사사즈 공장	『조선인 강제 연행 기록』(박경식 저)에 기재, 1944년 북조선으로부터 징용공 200명 정도
일본강관 도야마 공장	'노동 관리 관계 자료'(1942년 9월)에 기재, 1941년 여름 처음으로 '반도인 노무자' OO명 이입, 17세~26세의 청년층
소가타케몰리브덴광 기타니혼광업(주) 일본광업(주)	'증언'에서는 200명이 넘는 광산 종업원이 있었고 그 가운데 상당수의 조선인 노동자도 있었다(『구로베 오쿠야마 몰리브덴광』 오쿠다 쥰지 저)
일본해dock	마루야마(장소 부정)에 지하 공장 건설계획 1945년
쇼와전공 도야마 공장	병기 제조에 강제 노동

(참고자료 : 「초민보훠民譜」 3 강제 연행의 발자취를 따라가다 in 도야마)

② 공문서

• 『화노華勞 이입 경과』('조선인 강제 연행 진상 조사단'에 의해 미 국립 의회도서관 소장 마이크로필름에서 발견)

'화인華人 노무자 내지 이입에 관한 건 제2 조치에 의거한 화북華北 노무자 내지 이입 실시 령'(1942년 11월 27일 기획원 제3부 작성)으로서 중국인 강제 연행 실시 계획을 결정한 각의결정 문서. 이 문서 가운데 '화인 노무자 제1차 대일 공출 실시 항목(안)'에서 후시키항으로의 연행 인원은 '노무자' 200명, '책임자' 16명, '일본인 사원' 2명, '화인 사원' 4명이 계획되어 있다. 공출 방법, 수송 방법, 경비, 임금, 취로 시간, 생활필수품 조달 방법 등이 적혀 있고 위안소에 관하여 '협회에서 연구 중인데 매우 합법적으로 동행하게 하는 것으로 한다(6명 필요할 것으로 예상된다)'고 되어 있다.

더욱이 다카오카시 후시키에 1979년 설립된 '중일 호우비日中友好碑'에는 전쟁 중 후시키항에 강제 연행되어 항만 노동에 종사한 중국인 수백 명 중 순난殉難한 17명의 이름'이 새겨져 있다.

또한 '외무성이 GHQ에 제출한 자료'에 의하면 후시키로의 중국인 직접 연행은 1918년 4월부터 1919년 10월 사이에 3차에 걸쳐 865명, 히로시마, 하치만으로부터의 전입은 1920년에 384명, 후시키항에서 일하던 중국인 노동자는 최고 1,200명 이상에 달했다고 한다('일본 중국 정통우호 협회(정통)' 자료에서).

- 특고사일비特高思一祕 제154호
1945년 8월 17일 소환 소
대소환발大詔喚發에 따른 거주 조선인의 반향에 관한 건(제2보)
- 특고사일비 제157호
1945년 8월 25일

대소환발에 따른 거주 조선인의 동향에 관한 건(제2보)

'반도 출신병'의 동정으로 다카오카 후시키항 소재 사령부에서 수상 근무 부대원 약 250명이 '이입 선인'의 동정으로서 군수공장 기지 긴급 공업 대부분의 사업에 종사하고 있었던 것이 기록되어 있다. 또한 '보통 선인' 가운데는 일본의 패전에 매우 기뻐하고 조선도 일본과 대등한 나라가 된다고 내지인을 경멸하고 무례한 행동을 하는 자도 여러 명 있어 '일반 선인의 지도에 유의 중'이라고 되어 있다. '취직 알선 상황'으로는 도야마서 관할 군수공장에서 비행장 건설공사에 종사하는 약 2,500명의 조선인 노동자를 작업 중지시키고 실업에 따라 불에 탄 자리 정리에 약 2,000명 취로 알선한 것 등이 적혀 있다.

(박경식『조선 문제 자료 총서』제13권)

③『후시키항사』에서

외국인의 취로 – 태평양 전쟁 하의 후시키항에는 근로 동원된 사람들 외에 수많은 외국인이 일하고 있었다. 그 중에 첫째는 중국인 노동자이다. 후시키항에서 일하고 있던 중국인 수는 1945년 10월 니가타항 경유로 귀국한 시점에 743명이었는데 후시키항에서 강제 노동 중에 10명 넘게 사망하였다. (중략) 중국인 이외에 당시는 일본령이었던 조선 반도로부터의 노동자가 110명 넘게 일하고 있었다. 이들은 1945년 10월 귀국했지만 역시 강제적으로 동원되어 왔던 것이다

④『도야마현 경찰사』에서

조선의 정신대 – '도야마현 내 인적 자원이 다 나온 1944년 조선에서

많은 청년 정신대가 보내졌는데 11월에는 첫 여자 정신대 800명이 파견되고 다음 해 3월까지 조선의 여자 정신대는 2,800명에 이르렀다.

내선 관계 – 종전 시 조선인 노무자는 히가시이와세의 6,000명을 비롯하여 도야마, 다카오카, 후시키, 신미나토 등 도야마현에 25,000명 있었다.

⑤ 내무성 경보국 자료(표 16-1, 표 16-2, 표 16-3)

⑥ 기타

· 중앙 협화회 '이입 조선인 노무자 상황 조사'(1942년) 〈표 16〉

· 매일신보(당시 서울에서 나오고 있었다) 1944년 7월 8일부 기사(초민보3) – '경기 여자 정신대, 목적지에 도착하여 입장식'이라고 2단에 걸쳐 후지코시에서의 입장식 내용이 적혀 있다.

· 《기타니혼신문》(1944.11.6.) 본현의 노무 부족으로 반도에서 원군 오다. 12월까지 여자 정신대 800명, 내년 1월~3월까지 2,800명 조선에서 보낸다는 양해를 얻다.

〈표 16〉 '이입 조선인 노무자 상황 조사' (『강제 연행된 조선인의 증언』에서)

취업장 명	소재지	1940년 승인 수	1941년 승인 수	3월말/ 6월말 고용 총수	3월말/ 6월말 현재 수
사토공업주식회사 우나즈키제작소	니가와군 야마무라 우나즈키	300		149 –	– –
동 일본해 dock공사	가미나가와군			– 149	
동 아리미네출장소	오야마무라				– –
동 일발	히가시도나미군	300		99/100	– 27

오하라 발전 공사	가미타이라무라 평지림	400		134/134	- -

〈표 16-1〉 모집에 의한 조선인 노동자 이주 상황 (내무성 경보국) 『사회운동 상황』에서

		모집 허가	이주 수	도망자	송환자	귀선자	사망	타지역에서 이입	현재원 수
1940년	모집	450	384	25	56	9	1		293
1941년	모집	450	384	112	217				55
1942년	모집	450	384	91	293				0
	알선	150	148	17	5				126
1943년	모집	450	382	91	138	155		74	72
	알선	250	246	37	9				200

〈표 16-2〉 내지 거주 조선인 '귀선 희망자' 예상 수

거주 총인구 (1944년 말)	13,842명
집단이입 노무자 수 (〃)	4,407명
차감 일반 재주자 수	9.425명
귀선 예상자 (40%)	3,774명

– 도야마현 (1945년 9월 25일) ('내무성' 자료)

〈표 16-3〉 1943년 조선인 징병 대상자 조사표

	전 국	도야마현
조사 인원	949,729명	2,463
기류 신고 미제	470,975명	235
본적이 분명치 않음	1,807명	1
무적자 1944년도 징병 적령자	1,324명 23,809명 (7,198)	8 46 (39)

관할 시구정촌市区町村 총수	10,876	214
조선 동포 남자 거주 시정촌市町村 수	7,000	65
조사원	41,618	125

– (특고월보 1943년 6월호) 내지 거주 조선인에 대한 호적 정비 상황
※ 사법성 조사 (3.1 현재)
※ 징병제 실시 준비 사무의 일부로서 호적, 기류 신고 등 정비했다.

'강제 연행' '황민화 정책'은 역사적으로 유례가 없는 조선 민족 말살의 폭거이다. 아시아 대륙 침략을 요점으로 조선을 일본의 완전한 일부, 충실한 종복을 만들기 위해 민족의 혼을 제거하려고 기를 썼던 일본의 조선 지배와 조선인의 저류에 계속 빛나고 있던 독립, 해방의 염원, 저항의 싸움에 대한 공포, 그 딜레마가 황국 신민화, 강제 노동의 폭력의 극한을 드러냈다.

전시 체제라고는 해도 어째서 이러한 무도한 일이 가능했던 것일까. 일본인으로서 일본 정부, 일본군의 책임, 사죄를 추구하는 것은 최소한의 의무이다. 보다 중요한 것은 가장 가까운 이웃과의 새로운 우호의 가교가 되는 것은 무엇인지 역사적, 객관적 사실을 직시하는 가운데 결코 다시는 저질러서는 안 되는 것이 무엇인지 일본인 한 사람 한 사람이 깨닫는 것이 아닐까.

4. 나가며

　　"오로지 우리 폐하의 성려를 받들어 국법을 지키고 제국 정
　　부의 시정을 신뢰하면 예전에는 세계의 무능한 국민으로 열등
　　국의 멸시를 받았던 자가 일약 세계의 일등 국민 대우와 이익을
　　얻기에 이를 것이다."(《도야마일보》, 1910.8.30.)

　이것은 '한국병합'에 관한 천황의 조칙이 발표되고 이를 보도한 날의
'편집 소식'(지금의 사설에 해당)의 일부이다. 메이지 유신 이후 일본은 스스
로에게 '문명국가'의 위치를 부여하고 '뒤떨어진 야만국' 조선을 문명화
하겠다며 지배하였다. '한국병합'에서 패전(조선 해방)에 이르는 35년 동
안 일본은 조선의 국토뿐만 아니라 일체의 정치적 권리를 빼앗았다. 문화
와 언어, 이름 그리고 청년과 여성의 자유마저 빼앗아 갔던 강점 지배, 일
본 근대사의 근간인 이 역사적 사실에 대해 우리는 너무나 무지하고 무관
심했던 것은 아닐까.

　종전(패전)기념일이 되면 매년 전쟁에 대한 반성을 반복하고 있다. 중
국 침략과 학살 행위에 대해서는 비판적 입장에 서는 일본인이 다수 있을
것이다. 하지만 조선 강점과 메이지 유신 이후의 조선 정책에 대해 근본

적으로 비판하는 일본인은 소수에 불과하다. 이미 분명한 역사적 사실로 비판을 받고 있는 강제 연행과 이 시기를 중심으로 특정 지역의 역사를 근본적으로 살펴보는 연구는 더더욱 보기 힘들다. 도야마현의 근대사에서 조선은 어떤 위치에 있었던 것인가. 마지막에 '신문으로 보는 도야마의 대 조선 정책과 현내 조선인의 동향' 조사에서 밝혀진 것과 느낀 점을 정리해 보고자 한다.

첫째, 청일전쟁 이후의 신문기사는 한결같이 조선을 뒤떨어진 나라로 멸시하고 지배자로서의 우월감을 기저에 깔고 있다. 그 근간에는 '병합'의 '은혜론'이 있다. '조선 민족은 본래 약하고 자력으로 발전할 수 없다'라든가 '조선에는 독자의 문화가 없고 모두 중국 등에서 유입한 것'이라는 이른바 '정체 사관停滯史觀' 및 '타율성 사관'에 기초한 것이며 이는 일본의 지배를 정당화하려는 의도로 만들어진 '사관'이다. 신문 또한 지배자 측의 의도를 자국민에게 철저하게 주입하는 역할을 담당했다고 할 수 있다. 이 '조선사관'을 맹목적으로 받아들임으로써 과거뿐만 아니라 현재도 다수의 일본인은 조선 역사의 참모습을 바라보지 못하고 있다. 조선인의 고용과 구제 그리고 칭찬도 모두 우월자의 입장에서 본 것이고, 일본의 이익을 가장 중요시하면서 조선인을 관리하고 이에 순종하는 것을 당연시하는 '조선인관'이 관철되어 왔다. '선인'과 관련된 사건이 신문에 큰 제목으로 내걸리면서 조선인에 별 관심이 없던 도야마 사람들에게도 조작된 조선인의 이미지가 이식되어 갔다. '범죄' '폭동' '빈곤' 기사를 통해서 성급하고 폭력적이며 야만적이고 태만하다는 이미지를 부각시켰다. 교육을 받지 못한 것이 마치 조선 민족의 특성인 것 같은 기술도 많았다. 조선 민족을 모멸함으로써 그들을 짓밟는 행위를 정당화했던 것이다.

그것은 또한 '팔굉일우八紘一宇', 즉 중국과 아시아 전체를 제패하기 위한 일본인의 혼이 주입된 것으로 일본 병사의 사상 형성의 핵심이 되는 것이기도 했다.

둘째, 현내의 주요 수력발전 공사장을 필두로 히에쓰 철도(다카야마선)나 도야마 연안 공사, 국도 부설 공사, 군수 공장 등 오늘날 도야마 건설의 기초를 이룬 많은 공사 현장에서 조선인 노동자의 흔적을 볼 수 있다는 것이다. 그들 대부분은 가장 밑바닥에서 목숨이 위험에 노출된 작업에 종사하였다. 그들은 도야마 건설에 매우 중요한 공적을 남겼던 것이다. 그러나 이 사실은 대부분의 도야마현 사람들에게 거의 알려지지도 않았을 뿐더러 잊혀가고 있다.

셋째, 조선에 건너가 총독부를 비롯하여 경찰, 사법, 교육 등 일본의 조선 지배 중추에서 힘을 발휘한 도야마현인, 금융이나 각종 사업 경영으로 막대한 재산을 얻은 도야마현인이 다수 있었다. 조선을 중심으로 하는 조선과의 무역에서 각종 혜택을 누린 공장도 있었다. 그 사람들과 공장은 도야마를 풍요롭게 만들었다. 반면 그러한 도야마현인을 포함한 일본인에 의해 많은 조선의 농민이 토지를 빼앗기고 민족 기업의 성장이 짓눌리고 착취와 폭력 아래 빈곤에 시달렸다는 사실은 전혀 다루어져 있지 않다.

넷째, 조선인 노동자는 도야마현 노동 운동 가운데에서도 가장 선두에 서서 계속 싸웠던 사람들이었다는 것이다. 노동자로서의 권리를 획득하기 위해, 위험한 노동 현장에서의 생존권을 지키기 위해, 말할 수 없는 민족 차별을 철회시키기 위해 '내선' 특고의 일상적인 감시와 거듭되는 조직 탄압에도 불구하고 끈질긴 저항과 투쟁을 이어갔다. 빈번하게 쓰인 '싸움'이나 '폭동' 기사는 그들에 대한 가혹한 차별과 억압을 말해주는 동시에 조선 민족으로서의 대단한 긍지를 보여주는 것이었다.

지금까지 필자에게는 언제나 학대당하고 억압을 인내하며 살아가는 애처로운 사람들이라는 '조선인 상'이 짙게 자리하고 있었다. 그들의 비참함에 대한 동정어린 시선은 신문의 논조처럼 상대를 내려다보는 관점에서 나온 것임을 알게 되었다.

다섯째는 예상한 대로 일본 전국에서 볼 수 있었던 조선인의 최하층민으로서의 혹독한 생활상이 도야마현에서도 똑같았다는 것이다. 차별적 임금, 위험한 노동 현장, 조금이라도 높은 임금을 찾아가는 유랑 생활, 가건물 생활 등이 그것이다. 그들의 생활 양상을 전하는 기사 가운데 가장 필자의 시선을 끌었던 것은 연애와 사랑의 도피였다. 조선인 남성을 사랑하여 부모의 반대를 무릅쓰고 사랑의 도피를 한 도야마현 여성이 신문에 꽤 나와 있었다. 신문에는 '내선 융화의 결실'이라든가 '일선 사랑 이야기'와 같이 농담처럼 쓰여 있고 대부분은 부모가 경찰에 신고하여 사이를 갈라놓은 경우였는데 순수한 연애 감정이 아닌 것도 있었을지 모른다. 그러나 일제 강점기에도 조선인과 사랑을 나누고 친밀한 교제를 지속했던 사람도 분명 현내에 있었을 것이다. 그와 같은 사람들의 이야기를 신문에서는 전혀 파악할 수 없는 것이 매우 유감이다.

여섯째로 물론 시대적인 격차는 크지만 조선인 노동자에게 볼 수 있었던 노동 문제와 현재의 외국인 노동자 문제에 구체적으로 유사한 점이 많다는 사실이 적잖은 긴장감을 준다.

> "현 서부의 공장 지대 등 일손 부족을 배경으로 일본계 브라질인이 2년 사이에 12배로 급증" "일손 부족이 심각하여 일본계 사람을 고용했더니 잔업도 마다않고 일해주어서 좋았다." "구인난으로 신규 졸업자도 좀처럼 오지 않는다. 일본계 사람에게 의지하지 않을 수 없다."
>
> 《아사히신문》, 1992.3.2.

이것은 도야마의 수력발전 공사장 등에 조선인을 많이 받아들였던 당시의 《호쿠리쿠타임스》의 논조와 크게 다르지 않았다.

1992년 4월에 발표된 『외국인 노동자 산재 백서』에는 외국인의 산재 사고는 전년의 3배인 129건으로 급증하였고 그 가운데 산재 적용을 받은 것은 불과 10%라고 되어 있다. 21만 명을 넘었다는 불법 취업 외국인은 불법이기 때문에 사고를 당해도 치료조차 받을 수 없다고 한다. 일본인 노동자가 기피하는 저임금 장시간의 힘든 노동 현장에서 충분한 재해 보상도 없이 일하는 외국인 노동자의 모습이 부각된다. 게다가 "일본계 인도네시아인 노동자를 일본 기업에 보낸 브로커의 불법 알선에 고충"(《아사히신문》, 1992.7.17.)에 보이는 브로커의 알선료가 노동자의 급료에서 공제된다든지, 전직도 할 수 없고 직종이 약속과 다른 경우 등의 문제는 감언이설과 사기로 가난한 조선인 노동자를 다테야마 사방댐 공사장이나 조간지강 상류 식수 공사장으로 보냈던 노동브로커의 방법과 매우 흡사하다.

『창씨개명』(아카시서점)의 저자 양태호 씨는 이 책에서 다음과 같이 지적하고 있다.

> "'창씨개명'이 이루어진 것은 과거의 일임에 틀림없지만 재일 조선인에게는 아직도 현실의 문제이다. 본명으로는 주택을 빌릴 수 없고 취직에도 지장을 주는 현상은 인권 침해에 그치지 않고 사회 그 자체의 일그러짐을 반영하고 있는 것이다. 최근 아시아계 외국인 노동자에게 '사토'라든가 '다나카'와 같은 일본 이름을 붙이는 직장이 적지 않다고 한다. 그것은 현대판 '창씨개명'과 다름없다."

서울과의 정기편 취항이 결정되고 도야마-블라디보스톡 공항, 후시키도야마-블라디보스톡 항 사이에 우호 제휴를 체결하는 가운데 지금 도야마는 비약적인 발전을 도모하고 있다. 정치가, 기업가를 중축으로 하여 수많은 방문단, 학교, 유학생들의 활발한 교류, 기업가, 학자의 과학아카데미 개최 등 '대안 무역 척식 진흥 협회' 등을 중심으로 '약진'했던 과거 1930년대의 양상과 섬뜩하리만치 유사하다는 점을 염려하지 않을 수 없다. 이런 것들이 과거의 꺼림칙한 역사에 대한 얼마만큼의 반성 위에 행해지고 있는 것일까. 아시아 사람들과의 새로운 우호 관계 구축에 있어서도 도야마라는 지역의 조선, 조선인과의 역사적 관계를 객관적으로 명확히 하고 되묻는 것이야말로 도야마현민으로서 결코 망각해서는 안 되는 것이 무엇인지 깨달을 수 있는 길일 것이다.

마지막으로 지금도 범람하고 있는 조선인 차별 표현에 필자 자신이 얼마나 무자각한 상태였는지 알게 되었다. 일례를 들면 '한국병합'을 '한일병합'으로 기술하고 그 용어가 갖는 역사적 의미의 무게를 깨닫지 못하고 있었다. '병합'은 무력으로 침략하여 지배한 행위를 속이기 위한 조어라고 이해하고 일본에 의한 대한제국의 '병합'이 왜 '한일'로 병기한 용어가 되는지 막연한 의문은 품으면서도 많은 역사서의 표기를 따라서 처음엔 '한일병합'으로 기술하였다.

우에다 고지 씨에게 지적을 받고 「'한일병합'은 바른 표현인가」(이노우에 세이이치 『Sai』 제2호, 재일 한국·조선인 문제 학습 센터, 1992)를 읽고 나서 '한국병합에 관한 조약'을 '한일병합조약'으로 슬쩍 바꾸어 사용하는 '한일 병합'은 일본과 대한제국이 대등한 조건에서 병합한 듯한 인상을 주기 위한 속임수였다는 것을 새롭게 깨우칠 수 있었다.

이외에도 조선인의 '조朝'는 조정朝廷을 의미하는 것이기에 조선인에서 조를 빼고 '선인'으로 한다거나 '조선'의 약칭을 '천賤'을 연상시키는 멸칭인 '선鮮'으로 사용하는 것은 차별 용어라는 것을 알면서도 역사적 명칭이라고 여겨 '북선무역' '내선 노동 친애회' 등의 용어를 아무런 생각 없이 사용하고 있었다. 차별 용어에 대해 완전히 교조적인 지식밖에 없었던 것이다. 이들 용어로 인해 얼마나 많은 사람들이 상처받고 있는지, 거기에 생각이 미치지 않았다는 사실에 가슴이 조여드는 것 같은 두려움을 맛보았다. 사죄하고 끝낼 일도, 지워버리면 되는 일도 아니다. 차별 의식에 대한 자신의 희박한 문제의식을 되짚어 봐야 한다.

배움의 한 걸음을 내딛었다고 생각한다. 이 책을 계기로 무엇이 차별인지, 그것을 만들어내는 것은 무엇인지, 이를 극복해 나가는 방법은 무엇인지 커다란 과제로 삼고자 한다.

1940년대에 들어 지면에는 '선인'이라는 글자와 조선 이름이 극단적으로 적어진다. 반대로 '반도인' '협화회원'이 많아지고 'OO(일본 이름)에 OO(조선 이름)'을 병기하거나 일본 이름으로만 기재되게 된다. '한국병합조약'으로 '구한국의 영역을 조선으로 개칭'한 일본은 아시아 제패를 향해 지도상에서도 용어상에서도 조선 그 자체의 존재를 말소하려고 했단 말인가. 무서운 일이다.

〈구로3〉 건설 이후부터 증대한 강제 연행은 30년이 넘는 강점 지배라는 인식을 결락시킨 채 많은 일본인이 일상적으로 행했던 민족 차별을 배경으로 지배자의 치밀한 계획 아래 단행된 것이었다.

시대의 권력자의 지배 정책에 동조하고 그것을 재생산하여 찍어낸 신문은 뒤집힌 역사의 적나라한 '증언'이라고도 할 수 있을 것이다.

저자후기

'그 시절의 내가 아무 생각 없이 신문을 읽고 있었더라면 나는 틀림없이 군국소녀가 되어 있었을 것이다.'

최근 1년 동안 '구로베 제3발전소' 공사의 조선인 노동자들의 발자취를 신문에서 추적해 온 우리 세 사람의 공통된 생각이다. 도야마현립 도서관에서 세 사람이 우연히 만나도 각자의 신문 자료에만 집중하고 필요한 사항을 전해주기만 했다. 얼마 전 이렇게 거북하고 견디기 힘들었던 감정을 처음 서로 공유하고 되었고 신문이 배타적인 의식 형성에 커다란 역할을 했음을 재인식하였다. 신문은 사실을 전달하는 것 이상으로 국가의 권력자가 그 국민에게 기대하는 것을 전달하고 있었던 것이다.

신문에 대한 감상은 비슷했지만 완성된 작품은 각각 다른 특징을 갖고 있다. 서로 분담해서 작업을 했기 때문에 초반에는 알아차리지 못했던 작은 차이가 결과적으로 큰 차이를 만들어냈다. 각장에 유사한 내용이 있지만 하나의 모티브가 각기 다른 콘텍스트 속에서 다르게 전개된 결과이기에 정리하지 않고 그대로 싣기로 했다.

따라서 후기도 세 사람이 각자 쓰게 되었다.

지금, 할 수 있는 것부터

여기에 서술한 내용은 올해 1월부터 《호쿠리쿠타임스》를 중심으로 조사를 시작하여 6월에 마무리에 들어간 작업의 결과물이다. 반년도 되지 않는 시간 동안 진행했던 것이라 자료도 고찰도 충분하지 않다. 공문서의 조사도 전쟁 이전에 도야마에 살았던 조선인의 증언도 얻지 못하고 거의 신문 기사에서 얻은 정보밖에 없다. 많은 조선 관련 글들이 긴 세월을 거쳐 조사, 연구되어 있는 것에 비해 필자의 역사 인식은 얇고 단편적인 것이라 후기를 쓰고 있는 지금도 이 글을 발표해야 하는지 망설여진다.

반세기 이전의 조선인의 동향을 기록하는 것이 어떤 의미가 있을까 하는 딜레마에 종종 빠지기도 한다. 역사적 지식을 나열하는 것이 본의는 아니다. 〈구로3〉 조선인 노동자를 알고 나서 저절로 그들에게 이끌렸던 필자는 잊혀가고 있는 그들의 존재 의미를 찾고 싶었다. 우리 가까이에 있었던 그들의 삶의 궤적을 추적하면서 일본이 저지른 잘못의 근거를 조명하고 질문을 던져야 한다고 생각했다. '사회의 거울', 세상을 비추는 '시대의 증인'이라고 일컬어지는 신문은 이런 작업에 풍부한 자료를 제공해 주었다.

하지만 제3장, 특히 신문 기사를 기반으로 하는 연표를 읽으신 분들은 적잖은 불쾌감을 느끼실 거라고 생각한다. 필자가 종종 그런 기분에 빠져들었다. 앞에서도 말했듯이 신문을 따라가면서 한 시대를 추체험한 결과 발견한 것은 조선인 차별에 물들어버린 '애국·군국 소녀'의 모습이었다. 전쟁 이전에 한정된 미디어 속에서 신문은 여론 공작에 커다란 역할을 했다. 차별관이나 단편적인 이미지가 신문을 통해 대부분의 도야마 사람들에게 쉽게 심어졌다고 할 수 있을 것이다.

논리적 사고의 잘못은 이성으로 바로잡을 수 있지만 생각의 근저에 심어진 이미지는 쉽게 불식되지 않는다. 그것이 전후 실로 오랜 시간에 걸쳐 조선인과 정당하게 마주하는 것을 곤란하게 해왔던 하나의 요인이라고 생각한다. 그렇다면 미디어의 책임의 중대함을 통감하지 않을 수 없다. 현재 국제적인 인권 존중을 주장하는 매스컴에서도 외국인 노동자의 대등한 노동권, 생활권에 진지하게 마주하고 있는지, 특히 한국, 필리핀을 필두로 하는 아시아와 중동, 일본계 2세 등의 노동자에 대해 편견을 조장하는 글쓰기가 이루어지고 있지 않은지, 글을 쓰는 사람이나 읽는 사람이나 냉철한 객관적인 시점을 갖고 계속 질문을 던지지 않으면 안 된다고 생각한다.

필자는 일본의 35년에 걸친 강점에 도야마가 어떻게 관련되어 왔는지 객관적인 사실에 전혀 무지했다는 것을 깨달았다. 시립, 현립 도서관에서 향토 관련 출판물을 찾아보았지만 부분적인 기록은 있어도 통계적으로 정리된 역사서는 발견할 수 없었다.

작년 말, 호리에 세쓰코 씨를 통해 '구로베 제3발전소'에서 일하던 조선인 노동자 가운데 많은 사람들이 사망했다는 사실을 증명하는 자료를 접하게 되었다. 작열 지옥과 같은 〈고열수도〉는 조선인 노동자가 없었더라면 완성되지 못했을 것이라는 증언을 들었을 때, 지금까지의 도야마 역사의 공백의 부분, 거의 말소되어 있던 조선인 노동자의 존재, 그것이 의미하는 바가 무엇인지 명확히 밝혀지지 않으면 안 된다고 생각했다.

왜 〈구로3〉에 많은 조선인 노동자가 있었던 것인가. 그 테마를 따라 시대 배경과 상황을 살펴보면서 그 어떤 고생도 견디어내는 조선인의 모습이 더욱 선명해졌다. 〈구로3〉의 목숨을 건 준험한 자연과의 대치는 인간 세상의 말할 수 없는 차별이나 빈곤을 잊게 만드는 냉엄하고도 긍지에 찬 싸움이 아니었을까 상상해 본다. 역설적으로 말하면 그만큼 일본에서도, 도야마에서도 살기가 힘들었던 것이다. 이국에서 희생당한 사람들의 영혼은 아직도 계곡 밑바닥에서 헤매고 있을지도 모른다.

1940년 〈구로3〉이 완성되기까지 조선인 '강제 연행' 이전의 역사를 밝히는 작업은 필자 안에 뿌리 깊게 침투해 있던 조선인 차별을 객관적으로 인식하는 작업이기도 했다. 동시에 새로운 조선인과의 만남의 연속이었다. 내가 사는 지역의 역사적 사건, 친숙한 지명에서 조선인의 동향을 따라감으로써 직접 접촉하진 않았지만 그곳에 살았던 이들의 생생한 역사의 일부분을 접할 수 있었다.

우리들에겐 과거의 일이라 해도 아직도 지울 수 없는 상흔을, 깊은 고통을 안고 살아가는 사람들이 있다. 일본인의 역사 인식의 애매함이 '교과서 문제'로 불거진 후에도 지배당한 민족과 지배한 민족의 거리는 좁혀지지 않고 있다. 교과서에서 '진출'을 '침략'으로 바꿔 쓰고 그 '침략'의 내용을 분명히 밝히지 않으면 형태만 고친 것이 된다. 조선 강점은 일부 지배자만의 문제가 아니라 일본인 전체가 책임질 문제이다. 조선인 지배 속에서 만들어진 일본인의 인식은 아직도 극복되지 않은 뿌리 깊은 것이 존재한다는 사실을 문제 삼지 않으면 안 된다. 정말로 아시아 사람들과의 새로운 교류를 원한다면 우선 가장 가까운 곳에 있는, 국내의 재일 조선인, 한국인에 대한 올바른 이해의 입장에서 부당한 차별 정책을 철폐하지 않으면 안 된다. 그리고 조선 강점에 대한 진정성 있는 사죄가 전제되어야 한다.

조선인은 일본의 차별, 학대, 인권 유린으로 인한 피해를 스스로의 투쟁으로 밝혔고 그런 문제를 일본인에게 계속 제기해 왔다. 그리고 지금도 한국에 거주하는 전 일본군 군인, 군속, 그 유족과 전 종군 위안부들이 일본 정부에 대한 보상과 사죄를 요구하는 제소가 이어지고 있다. 도야마현에서도 여자 정신대, 남자 징용공으로 후지코시공업으로 징용된 남녀 3명이 기업 책임과 사죄를 묻는 소송을 진행하고 있다. 잊을 수만 있다면 잊어버리고 싶었을 굴욕과 분노를 반세기나 지난 지금 직접 폭로할 수밖에 없었던 그들의 마음은 오죽할까. 그들의 의연한 모습에서 가해자 측의 안일한 인식이 뼈저리게 느껴진다.

일제 강점기의 신문에는 일본인 소집과 함께 '일시동인一視同仁'의 이름 아래 "반도인의 적성"이라든가 "장하다, 반도 기업 전사"라고 선동하는 제목으로 조선인의 징용 기사가 실려 있었다. 일본이 강권적으로 전쟁터로 몰아낸 조선인에게 일본인 이상으로 보상하는 것은 국제사회의 일원으로서 지켜야 할 마땅한 도리이며 최소한의 의무일 것이다. 정부와 기업의 책임을 묻는 것은 반세기 넘게 등한시해온 일본인 한 사람 한 사람의 문제이며 개개인이 주체로서 책임져야만 하는 일이다.

조선의 "일본화"를 위해 일본군이 조선 땅에서 다 베어냈다고 하는 무궁화. 그리고 언어를 빼앗긴 사람들의 아픔은 도저히 이해할 수 없겠지만 그들의 사고방식, 삶의 방식을 배움으로써 인간이 저질러서는 안 되는 원점의 문제를 직시하고자 한다.

이번 작업을 통해서 필자는 조선의 역사, 그리고 도야마현의 역사와 새롭게 마주할 수 있었다. 많은 저서를 통해 배웠다. 특히 『또 하나의 현대사』의 시점에 공감하고 이끌리는 부분이 많았고, 자료부터 연표 작성에 많이 활용할 수 있었다. 글 가운데는 오류도 많이 있으리라 생각한다. 많은 지적과 비판을 바란다. 단지 '역사적 사실'로서 쓰인 '사실'에도 여러 가지 시점에 따라 다른 '사실'이 있고, 무엇이 옳고 무엇이 그른지는 판단을 내릴 수 없지만 '민중의 입장에 서서 역사를 바라보는' 일관된 자세로 임했다.

이 글이 '저 발전소에, 이 도로에 당신의 나라 사람들의 피와 땀이 배어 있습니다.'라는 감사의 마음을 전하는 계기가 되었으면 좋겠다. 한국과 일본의 역사를 진지하게 마주하면서 이웃나라와 우호를 다지고자 하는 사람들에게 조금이나마 도움이 되길 바랄 뿐이다.

– 우치다 스에노

자신의 일로 받아들이다

구로베댐 건설 당시의 이야기를 듣고자 우리는 한국으로 떠났다. 〈구로3〉 공사에서 함바 감독을 했고 시아이다니의 눈사태로 사망한 김명석 씨의 아들 김종욱 씨의 묘지에 동행할 수 있었다. 그리고 〈구로3〉 공사 현장에서 일했던 김명석 씨의 친척 백재명 씨와 백영희 씨도 만나 이야기를 나눴다. 자상한 할아버지와 같은 두 분은 시종일관 웃으며 우리의 질문에 대답해 주셨지만 그게 본심이 아니었다는 것을 나중에 알았을 때 복잡한 심정이었다. 우리가 멀리서 왔기 때문에 하고 싶은 말을 제대로 하지 않으셨던 것이다. 그러고 보니 좀 이상하긴 했다. 다들 이야기하고 있을 때는 웃고 계셨는데 고열수도 이야기를 자세하게 물으려고 하자 백영희 씨는 갑자기 아무 말도 하지 않았었다. 그때의 얼굴은 조금 전까지 웃으며 이야기하던 모습과는 사뭇 달랐다.

눈사태로 형을 잃은 김덕연 씨는 우리와 만나기 위해 몇 시간이나 걸리는 먼 길을 찾아오셨다. 김덕연 씨의 사촌 형님의 부인들도 우리에게 호의를 보여주셨다. 하지만 그건 우리가 일본에서 찾아온 것에 대한 호의였다고 생각한다. 마음 깊숙한 곳에는 일본인에 대한 복잡한 상념이 자리 잡고 있었을 것이다.

한국에 갔을 때 독립기념관을 방문할 기회가 있었다. 사진이나 자료를 통해 일본의 가혹한 행위를 확인할 수 있었다. 차마 눈을 뜨고 볼 수 없어서 고개를 돌린 적도 있었다. 과거의 일이라고는 해도 일본이 저지른 행위라는 사실에는 변함이 없다고 생각하니 가만히 있을 수 없는 기분이었다. 관람을 하던 한국인들도 말도 안 된다는 듯 고개를 흔들고 혀를 차고 있었다. 한국인의 분노로 가득 찬 기념관에서 일본이 행한 짓을 보는 것은 나에게 소중한 체험이 되었다. 내가 일본인이라는 사실이 부끄러웠다. 예전 일제 강점기의 모습을 보면서 내가 일본인이라는 사실을 숨기고 싶어졌다.

그리고 과거의 진실이 일본에서는 후세에게 제대로 전해지고 있지 않다는 것도 느꼈다. 한국은 한일 역사를 이처럼 분명하게 후세에 전하려고 하는데 일본은 오히려 숨기려고 노력하고 있다. 이대로라면 그 간극은 점점 더 벌어질 것이다.

백영희 씨는 웃으면서 우리를 맞아주셨고 우리를 배려해서 구로베에서의 고통스러운 체험담을 제대로 말해주지 않았다.

마침 종군위안부 문제가 매스컴을 통해 이슈가 되던 시기였다. 필자는 고향 구로베에서 조선인 노동자에 대해서 조사하고 있다고 선뜻 말하지 못했다. 그래서 사실 이전보다 자연스럽게 인터뷰도 할 수 없었다.

'조선인 얘기는 구로베에서는 금기'라고 한다. 〈구로4〉 건설 관련 이 야기인『구로베의 태양』의 저자 기모토 마사지 씨도 "〈구로3〉은 일본의 치부라서 아무도 진실을 말하지 않을 겁니다."라고 했다. "과거를 파헤치 는 게 무슨 의미가 있냐는 말을 들은 적도 있다. "조선인 노동자에 대한 조사라면 말하지 않겠습니다."라고 거절당한 적도 있었다. 이렇게 거절 을 당하다 보니 점점 소극적으로 변해 버렸다. 일본이 저지른 행위가 너 무 놀라웠고 그것을 몰랐다는 사실이 부끄러웠다. 그리고 이건 필자의 과 제라고 생각하면서 조사를 시작했다. 하지만 거절을 당하는 바람에 증언 을 간단히 마무리해 버리거나 책에 넣지 않은 적도 있었다.

〈구로3〉을 추적하면서 필자는 자신이 일본인이고 내가 태어나서 자 란 동네밖에 모르는 사람이라는 것을 깨달았다. 많은 것을 배우고 많은 사람들을 만나며 여러 가지 생각도 하면서 조금은 조선인들에 대해 이해 할 수 있게 되었는지도 모른다.

"일제 강점기 상황에선 어쩔 수 없었을 겁니다. 어느 역사를 봐도 지배 당하는 사람들은 비참했겠죠. 이런 고통을 생각한다면 침략을 해서는 안 되는 겁니다. 전쟁은 아무리 옳다고 해도 패배하면 부정당하고 아무리 잘 못된 것이라도 승리하면 정의가 됩니다. 참 이상한 논리죠. 전쟁으로 고 통받는 것은 국민입니다. 결국 전쟁은 사람을 죽이는 것이니까요. 평화 를 지키는 것도 국민이겠지만요."

일본인으로서의 삶을 강요당하고 전쟁 이후에는 재일외국인으로서 힘들게 살아온 박경호 씨(함바 감독인 아버지와 〈구로3〉건설)의 이야기에는 무 게감이 있었다. 이 얘기를 마음에 새기면서 계속 노력해야 할 것이다.

〈구로3〉에 묻혀 있는 사람들의 목소리를 들려주고 싶었지만 그게 잘된 건지는 모르겠다. 좁은 관점을 가지고 살아온 내가 조금은 시야를 넓혔다고 생각한다.

그리고 결국 이런 문제는 민족이나 정치와도 연결된다. 하지만 먼저 우리 '자신'의 문제로 받아들여야 한다는 사실을 재확인할 수 있었다.

가능하면 많은 사람들이 구로베의 심연에서 외치는 목소리에 귀를 기울여 주었으면 한다.

－ 고노가와 준코

우리를 가로막고 있는 것

'유족들의 반세기'라는 타이틀을 붙였지만 가능한 한 감정 이입하지 않고 관찰자로서 유족들과 관계를 가지며 이야기를 전하고 싶었다. 그 이유는 일제 강점기의 조선(재일 한국인과 조선인 문제는 지금도 진행되고 있지만)과 마주하면 미안한 마음에 저절로 고개가 숙여지면서 종래의 사고와 패턴으로 그냥 머릿속의 지식이 뒤죽박죽되기 때문이다. 개개인의 문제에 대해서는 극히 객관적이고 실증적인 태도를 취하고 각각 책임의 주체로서 사실관계를 명확하게 할 필요가 있다. 그리고 일본 정부나 군, 기업, 실제 업무를 담당했던 개인들도 책임을 지지 않으면 안 된다. 문제를 직시하면서 상대방의 눈동자에 비치는 자신(일본)의 모습을 똑바로 쳐다봐야 하는 것이다. 그리고 아직 물어보지 않은 것은 무엇인지, 앞으로 무엇을 해야만 하는지, 어떤 문제가 있는지 생각해야 한다.

한반도에 대해 "과거를 청산하고 새롭게 교류하자."고 하는 일본인의 말을 들으면, 나는 '청산하다니요. 아니, 할 수 없어요'라고 생각한다. 일본의 강점이 초래한 남북 분단이 계속되는 한, 한국 사람들에게 전후 문제는 아직 끝나지 않았다. 상대방의 요구에 응하고 사죄와 반성을 한다고 해도 과거의 상처가 회복되지 않는 사람들이 존재하는 이상 새로운 마음으로 교류하는 것은 어려울 것이다. 조선에서 빼앗은 것으로 일본이 혜택을 누리고 있다는 부채감 때문에 필자는 그들과 당당하게 마주할 수 없다.

부채를 청산했다고 치면, 어떤 교류를 할 수 있단 말인가? 근대법을 가지고 와서 "합리적으로" 병합한 것처럼 해야 하는가? 1965년의 한일조약 체결 뒤에도 대등한 경제교류 = 무역이라고 구슬려 왔다(물론 현재 우리는 그런 단맛을 누리고 있다). 세계대전이 끝나고 일본 기업은 배상금을 주는 대신 원조라는 명목으로 해외 진출을 시도해왔다. 그렇기 때문에 도야마에서 '경제 교류'라는 말을 들으면 예전의 '북조선 항로'에 의한 무역이 떠오른다. '경제 침략'이 교묘한 형태로 또 다시 진행되는 것은 아닐까 하는 우려를 떨칠 수 없다. 이건 차관금을 청산해서 새로운 차관을 만드는 것과 마찬가지다.

이런 필자의 노파심에는 이유가 있다. '가해자로서의 전쟁 부정'의 교육을 받은 기억이 없기 때문이다. 분명 평화 교육은 받았지만 그건 극히 이념적이고 피해자 의식에 근거한 것이었다. 군국소년을 키워 성전에 보낸 사람들이 교사가 되었고 그들에겐 가해자 의식이 희박했었기 때문에 우리가 받은 교육은 당연하다고 할 수 있다. 정치제도도 전쟁 전 혹은 전쟁 중의 군국주의적인 측면은 개혁되었지만 정치 지도자나 지배계급은 그대로 이어져 왔다. 정부도 사회도 경제계도 미디어도 실제 업무를 담당한 사람들도 자신의 범죄에 대해서 분명하게 말한 적이 없다(적어도 학교 교육에서 배운 적이 없다). '한일조약' 체결 이후 수년이 흐르고 이런 일들을 알게 된 필자 역시 피해자 의식에서 벗어나지 못한 채 오랜 세월을 보냈다. 우리 아이들에게조차 '가해자로서 전쟁 책임'을 제대로 알려주지 못하고 오늘에 이른 것이다.

'강점'이나 '강제 징용'은 우리와 관계없는 일이니까 경제적인 부담을 질 필요는 없다면서 '전후 보상 = 청산은 할 필요 없다'는 의견이 대다수를 점하고 있는 상황이다. 이런 현상은 특히 전쟁을 모르는 세대에게서 더 많이 나타난다. 가해자로서 전쟁을 체험한 사람들도 '지금에 와서 왜?'라고 한다든지, 전쟁이 일어났을 때 우리도 피해자였다고 주장한다. 때로는 '한일조약'으로 배상은 끝났다고 말하기도 한다.

"과거를 청산하고 새로운 교류를!"이라고 말하는 것은 피해자인 한국과 북한의 요구 그리고 일본의 양식파의 의견이 합치하는 듯 보이지만 교류의 내용 여부에 따라서는 위험할 수도 있다. 제2차 세계대전으로 이웃 나라에 막대한 피해를 입힌 독일의 전후 배상을 거울삼아 국가도 기업도 그 역사적인 책임을 져야 하고 사죄와 보상을 해야만 한다. 이러한 인식은 동시에 새로운 침략을 억제할 수도 있을 것이다. 그리고 한국과 정정당당하게 교류를 시작하는 하나의 조건이 되지 않을까 생각한다.

하지만 상대방의 입장은 일본과 다를 것이다. 청산할 수 있다고, 허락받을 수 있다고 생각하는 것은 가해자의 오만이다. 청산은 돈 문제이면서 돈 문제가 아니기도 하다. 병합이 강점이었고 그걸로 막대한 손실을 입혔다는 사죄의 방법으로서 보상금을 지불하는 것이다. 진실을 규명하고 재발 방지 방법 등을 강구해야 한다. 하지만 일본은 침묵하고 있다.

최근에야 겨우 종군 위안부나 정신대에 징용된 여성들이 일본을 고발할 수 있게 되었다. 이는 아시아 나라들의 경제력이 강해지고 인권 의식이 높아졌고 당사자들이 고령에 이르러 구제를 서둘러야 했기 때문이다. 하지만 일본과 일본인은 과연 무슨 생각을 하고 있는 것일까? 한국의 종군 위안부의 경우에서 볼 수 있듯이 고발을 한다는 것은 자신의 치부를 드러냄으로써 스스로를 사회와 격리시키는 일이기도 하다. 그럼에도 불구하고 고발을 하는 것은 그 방법이 아니면 재판까지 갈 수 없기 때문이다. 반세기가 지나 '자신의 청춘과 인생을 돌려 달라'고 마음속으로 생각하면서도 모습을 드러내지 않는 다수의 존재까지 포함해서 그 중압감은 헤아릴 수 없는 것이다. 고발로 인해 피해자가 불이익을 당하지 않도록 하고 피해자의 회복'을 최우선으로 하고 싶다. '선량한' 시민이 최전방에서 잔혹한 전쟁을 담당하고 후방에서 그것을 지지했다는 사실을 가해자로서 검증하고 고발하고자 한다.

　〈구로3〉의 희생자나 유족들에게 미안한 마음을 안고 이야기를 마치려고 한다. 필자는 일본이 저지른 행위의 뒤처리를 하지 못한 책임을 느끼고 있다. 종군 위안부나 구로베 조선인 노동자들의 입장이 물론 같지는 않을 것이다. 하지만 희생자들에겐 똑같은 죽음이다. 남겨진 가족이나 아이들 또한 마찬가지로 힘든 삶을 살았을 것이다. 그러한 사실을 전하고자 했던 당초의 목표를 이루었다고는 할 수 없다. 또다시 슬픔에 잠긴 유족들이나 관계자들을 제대로 위로하지도 못했다.

　이 책은 전쟁을 모르는 세대가 일본과 한국의 역사를 마주 볼 수 있는 하나의 방법이 될 수 있을 것이다. 이 책을 통해 도야마에서 조선인의 역사와 교류사를 강제징용 이전 역사로서 밝힌 것도 하나의 성과라고 할 수 있다. 전쟁 이후 새로운 외국인 노동자와의 공생에 대한 조사도 앞으로의 과제로 삼고자 한다.

- 호리에 세쓰코

이 책을 쓰는 동안 일본과 한국에서 많은 분들의 이야기를 들었다. 그분들은 바쁘신 시간을 쪼개서 시간을 내 주셨다. 그중에는 몇 시간이나 이야기를 들었는데도 몇 줄로 간단히 정리하거나 이 책에 다루지 않은 부분도 있다. 그분들의 개인사를 전부 담을 수 없었다. 다시 한 번 사과와 감사의 말씀을 전한다.

역사는 물론이고 역사를 공부하는 방법조차 모르는 우리를 격려해주신 선배님들, 함께 고민하며 조언을 아끼지 않았던 동료들에게도 감사 말씀을 전한다.

역자후기

이 책은 세 명의 일본인 여성 작가가 한일 간 비극의 역사 현장에 있었던 조선인 노동자의 삶을 직접 취재하고 조사한 내용을 담고 있다. 1장은 구로베댐 건설 현장의 조선인 노동자, 2장은 희생된 조선인들의 유족과의 만남 그리고 3장은 당시 도야마현을 삶의 터전으로 삼았던 조선인 노동자 문제를 다루고 있다. 2장과 3장의 저자 호리에 세쓰코 씨와 우치다스에노 씨는 지금까지도 도야마현에서 왕성한 활동을 하고 있는 반면 1장의 저자 고노가와 준코 씨는 현재 고향을 떠나 도쿄에 거주하고 있다고 한다. 온천 관광지로 유명한 우나즈키 출신인 고노가와 씨는 이 책이 그 지역의 어두운 과거를 드러냈다는 이유로 고향 사람들로부터 곱지 않은 시선을 받았다고 한다. 세 명의 작가들은 하는 일도 사는 곳도 각기 달랐지만 '조선인 노동자들의 인권 문제'에 많은 관심을 가지고 있었다.

역자는 1992년 저자 호리에 씨로부터 이 책을 선물 받았지만 당시 조선인 노동자에 대해 관심이 없었던 탓에 오랫동안 이 책의 존재를 잊고 있었다.

2018년 어느 날 서울에서 일본인 지인과의 대화 중에 구로베댐이 화제에 올랐다. 일본에서 가볼 만한 곳을 소개해 달라는 말에 그분이 구로베댐을 추천해준 것이다. 구로베댐 공사 현장에 조선인 노동자가 있었다는 역자의 말에 지인은 그럴 리가 없다고 부정했고 결국 우리의 대화는 어색하게 끝이 나고 말았다. 역자가 구로베의 조선인 노동자에 대해 어떻게 알고 있었는지 스스로 생각해도 정말 의아했다. 이후 오랫동안 잊고 있던 이 책을 우연히 책장 안에서 발견하고 무릎을 탁 쳤던 것이다. 이렇게 해서 이 책의 한국어판 『구로베 저편의 목소리 - 구로베 협곡에 흐르는 조선인의 피와 땀 그리고 눈물』이 독자와 만날 수 있게 되었다.

구로베댐은 일본에서 유명한 관광지로 손꼽히는 곳이다. 구로베댐이라고 하면 일반적으로 구로베 제4발전소의 댐을 말한다. 이 댐은 1956년에 착공하여 1963년에 완성된 거라서 일본인들이 이 시기에 조선인 노동자가 있을 리 없다고 생각하는 것도 당연했다. 일본 사람들 대다수가 알고 있는 댐은 〈구로4〉이고, 조선인 노동자가 건설에 참여한 댐은 〈구로3〉이다. 〈구로3〉은 1936년에 착공해서 1940년에 완성되었고 이 시기는 일제 강점 시기와 겹쳐진다.

구로베강에는 협곡을 따라 상류로 올라가며 제1댐부터 제4댐까지 건설되었다. 〈구로3〉이 없었다면 〈구로4〉는 건설할 수 없었다는 말이 나올 정도로 〈구로3〉은 매우 중요한 댐이고 조선인 노동자가 없었으면 완성하기 힘든 공사였다. 구로베댐 공사는 유례를 찾아보기 힘들 정도로 어려운 공사였고 그만큼 많은 노동자가 희생되었다. 좁은 벼랑길을 100킬로그램이 넘는 짐을 지고 올라가다 추락사하기도 했고, 100도까지 올라가는 고열의 터널 안에서 작업하다 다이너마이트의 자연 발화로 많은 사람이 숨지기도 했다. 그리고 '호우'라고 불리는 폭풍을 동반하는 눈사태가 덮치는 바람에 수많은 사람이 목숨을 잃었다.

이런 이야기는 소설과 영화로도 만들어졌다. 그리고 'NHK 프로젝트 X'라는 프로그램에서 〈도전자들, 구로베 제4댐 절벽의 난공사〉라는 제목으로 다큐멘터리를 방영하였다. 뿐만 아니라 1964년의 출판된 소설 『구로베의 태양』이 영화와 드라마로 제작되기도 했다. 〈구로4〉건설 공사에서 희생된 사람은 171명이다. 그런데 이에 앞서 구로베 제3댐 건설 공사에서는 300명이 넘는 희생자가 발생했다. 그 가운데 삼분의 일이 조선인 노동자였지만 이 사실은 전혀 알려져 있지 않다.

구로베 그 어디에도 조선인의 흔적을 찾기가 쉽지 않다. "조선인이 없었더라면 〈구로3〉은 완성할 수 없었을 것이다." "고열수도에서의 작업은 조선인이 있었기에 가능했다."라고 공사 관계자가 증언했다고 하지만 그런 사실을 증명해줄 만한 것은 지금 어디에도 남아 있지 않다. 그렇다면 조선인 노동자의 흔적은 언제부터 사라져 버린 것일까? 왜 그렇게 된 걸까?

요시무라 아키라의 『고열수도』는 〈구로3〉 건설을 모델로 한 소설이다. 일본 기록 문학의 거장으로 일컬어지는 그는 역사적 사건이나 인물을 다룬 역사소설, 실제 있었던 사건이나 자연재해를 그린 기록소설을 다수 발표했다. 하지만 『고열수도』에서 조선인 노동자에 대한 내용은 전혀 찾아볼 수 없다. 기록 문학의 거장이 쓴 소설이기에 독자들은 소설 내용을 진실이라고 믿을 수밖에 없었고, 그렇게 조선인 노동자들의 흔적이 지워지기 시작한 게 아닐까 생각한다. 그리고 현재 그 기억은 점점 더 희미해져 가고 있다.

구로베댐은 '다테야마 구로베 알펜루트'를 통해 갈 수 있다. 도야마 역에서 기차를 타고 다테야마 역에 도착하면 거기서부터 케이블카, 고원 버스, 로프웨이 등을 타고 꼬박 3시간 넘게 올라가야 한다. 구로베 제4댐을 볼 수 있는 이 코스를 따라가더라도 조선인 노동자의 그림자는 어디에서도 찾아볼 수 없다.

그런데 조금 다른 코스를 원한다면 구로베강을 따라 제1발전소부터 제4발전소까지 협곡으로 쭉 이어져 있는 코스를 추천한다. 이 코스는 2024년에 일반인에게 개방하는 '구로베 캐니언 루트'인데 그 시작점은 온천으로 유명한 우나즈키이다. 우나즈키에서 도로코 열차를 타고 게야키다이라에 도착하면 거기서 수직 엘리베이터를 타고 고열수도를 지나 센닝다니댐(구로3)을 거쳐 구로베댐에 이르게 된다. 그야말로 조선인 노동자의 발자취를 따라가 볼 수 있는 경로라 하겠다.

물론 조선인 노동자의 흔적이 분명하게 남아있지는 않겠지만, 이제라도 어둠 속에 묻혀 있는 역사의 진실을 알려야 한다는 생각이 들었다. 1992년 당시 '구로베댐과 조선인'이라는 50년 전의 역사를 추적한 이 책을 그로부터 30년이나 지난 지금 번역 출판하는 것은 그 때문이다. 조금 늦은 감이 있지만, 이 시점에서 다시 한 번 불행한 한일 역사 속에서 희생된 조선인 노동자를 조명해 볼 필요가 있다고 생각한다. 그렇지 않으면 그들의 존재 자체가 역사 속에서 영원히 사라질지도 모른다. 그런 측면에서 보면 한국인도 일본인도 잘 알지 못하는, 어둠에 묻혀있던 조선인의 역사를 발굴하여 직접 발로 뛰며 조사했던 세 명의 일본인 저자들의 노고에 경의를 표하지 않을 수 없다. 한국을 강점했던 일본이 진심 어린 사죄와 보상을 통해 과거의 잘못에 대해 책임을 져야 한다고 주장하면서 잊혀

가는 역사를 알리고자 하는 그녀들의 노력이 이 책에 고스란히 담겨 있다고 생각한다.

2023년 4월 제주도에서 구로베댐 공사의 함바 감독이었던 김태경 씨의 아드님 김세웅 씨를 만날 수 있었다. 젊은 시절을 일본에서 보냈던 김태경 씨는 도야마에서 옥살이까지 했던 분이다. 그런 가운데 노동운동을 하면서 일본의 회사 측과 협상까지 한 파란만장한 삶을 살았던 분이라고 들었다. 하지만 정작 아드님은 아버지의 전성기 시절의 모습은 전혀 알지 못하고 힘들게 고생하다 돌아가신 아버지의 마지막 모습만 기억하고 계셨다. 저자인 호리에 씨가 아버지 김태경 씨에 대해 자세한 이야기를 해드렸기 때문에 지금은 이제까지 몰랐던 아버지의 새로운 모습을 간직하고 있을 것이다. 김태경 씨를 기억하는 93세의 김순현 선생님은 웃으면서 "아들은 아마 아버지의 매력을 모를 거야"라고 하셨다. 유족분들을 만나게 해주신 김창후 선생님께도 감사의 말씀을 드리고 싶다.

이 책이 없었더라면 구로베에서 고생하다 돌아가신 분들의 흔적은 더욱 찾기 어려웠을 것이다. 그리고 댐 건설 현장이 얼마나 가혹했는지도 알 수 없었을 것이다. 얼마나 많은 조선인 노동자들이 목숨을 잃었는지 기록으로 남기는 것도 불가능했을 것이다. 아무쪼록 이 책이 유족분들께 작은 선물이 되었으면 좋겠다.

이 책을 번역하여 출판하기까지 생각보다 많은 시간이 걸렸다. 여러 사람들의 도움이 있었기에 가능했다고 생각한다. 우선 세 명의 저자에게 감사드린다. 특히 한국어판 서문을 작성한 호리에 씨는 여러 방면에서 도움을 주셨다. 그리고 3장을 맡아서 번역한 안영신 선생님께도 감사의 말을 전한다. 3장은 분량도 많고 내용도 어려웠을 텐데 그 지루한 작업을 혼자서 묵묵히 해줘서 이 책을 완성할 수 있었다. 그리고 출판사의 김미미 이사님과 가치 있는 책이라면 널리 알려야 한다며 흔쾌히 출판을 허락해 주신 홍정표 대표님께도 진심으로 감사의 말씀을 드린다.

2023년 6월
박은정

参考文献

明石博隆·松浦總三(1976~1977)『昭和特高弾圧史』6~8 太平出版社

H·Nアレン(1987)『朝鮮近代外交史年表』図書刊行会

安秉珆(1975)『朝鮮近代経済史研究』日本評論社

家永三郎(1974)『検定不合格日本史』三一書房

石原巧(1992)『外国人雇用の本音と建前 −労働鎖国の裏で何が起きているか』洋
　　伝社

伊藤亜人·大村益夫·梶村秀樹·武田幸男 監修(1986)『朝鮮を知る事典』平凡社

井上江花(1910)『黒部山探検』高畠商会

井上正一(1991)「差別的学術用語『東洋』海流」『全国民戦連ニュース』 第55号
　　民族差別と戦う連絡協議会

井上正一(1992)「'日韓併合は正しい表現か」『Sai』第2号 在日韓国·朝鮮人問題
　　学習センター

岩村登志夫(1972)『在日朝鮮人と日本労働者階級』校倉書房

植田晃司(1992)「『朝鮮』という概念」(自刊)

上野菊一(1983)『大正昭和の思いで記』(自刊)

内山弘正(1983)『富山県戦前社会運動史』富山県戦前社会運動史刊行会

内海愛子(1982)『朝鮮人ABC級戦犯の記録』勁草書房

宇奈月町史追録編集委員会(1989)『追録宇奈月町史歴史編』宇奈月町役場

梅原隆章ほか著(1989)『富山県の百年 県民百年史』山川出版

瓜生俊教編·述擔当(1965)『富山県警察史』富山県警察本部

大原社会問題研究所(1920~1940)『日本労働年鑑』東京旬報社

小笠原和夫(1911)『山と水の自然』古今書院

萩野勝重編(1927)『朝鮮及び満蒙における北陸道人史』北陸道人史編纂委員会

奥田淳爾(1971)『黒部川水城の発電事業』(一) (二)『富山史壇』四八·四九号

奥田淳爾(1991·三)『黒部奥山のモリブデン鉱』黒部川扇状地 第一六号

小此木眞三郎(1971)『帝国主義とファシズム』青木書店

梶村秀樹(1977)『朝鮮史』講談社

「角川日本地名大辞典」編纂委員会(1987)『角川日本地名大辞典』一六 富山県, 角川書店

川瀬俊治(1987)『もうひとつの現代史 序説(朝鮮人労働者と「大日本帝国」)』ブレーンセンター

関西電力(1976)「開かれる秘境黒部」,『ほくりく』第二一四号 関西電力

関西電力(1976)「なだれそして水害」,『ほくりく』第二一五号 関西電力

関西電力(1977)「黒部開発の二番手」,『ほくりく』第二三〇号 関西電力

関西電力(1977)「大望の営業運転開始」,『ほくりく』第二三一号 関西電力

関西電力(1977)「岩盤温度100度を突破」,『ほくりく』第二三二号 関西電力

関西電力(1977)「大旋風雪崩工事宿舎をふっとばす」,『ほくりく』第二三三号, 関西電力

関西電力(1987)「現地でしめやかに法要」,『ほくりく』第二四〇号, 関西電力

姜徹(1983)『在日韓国人史年表』雄山閣

姜在彦(1970)『朝鮮近代史研究』日本評論社

姜在彦(1983)『日本による朝鮮支配の四十年』大阪書籍

姜在彦·金東勳(1989)『在日韓国·朝鮮人 –歴史と展望』労働経済社

関東弁護士会連合会(1990)『外国人労働者の就労と人権』明石書店

冠松次郎(1930)『黒部』第一書房

冠松次郎(1968)『峰と渓』日本文芸社

北川清治(1992)「大正期に見る対岸交流」,『近代史研究』第一五号

北日本新聞社(1984)『北日本新聞百年史』北日本新聞社

木村眞(1960)『発破作業心得』産業図書

木本政次(1969)『黒部の太陽』毎日新聞社

強制連行の足跡をたどるin富山(1991~1992)『草民譜』1~3 自刊

金一勉(1979)『天皇の軍隊と朝鮮人慰安婦』三一書房

金達寿(1958)『朝鮮』岩波書店

金達寿(1983!1984)『日本の中の朝鮮文化』1~5 講談社

金達寿(1985)『日本古代史と朝鮮』講談社

金賛汀(1983)『朝鮮人女工のうた』岩波書店

金泰燁(1984)『抗日朝鮮人の証言』不二出版

黒四建設記録編集委員会(1965)『黒部川第四発電所建設史』関西電力

河内則一(1959)『黒部開発の恩人 山田胖翁の功績顕彰録』顕彰碑建立世話人会

建設省北陸地方建設局黒部工事事務所(1977)『黒部のあゆみ』(発行、同)

小池喜孝(1982)『北海道の夜明け』国土社

小暮理太郎(1978)『山の憶ひ出』福村書店

コリア研究所編・訳(1990)『消えされた言論』政治編・社会編 未来社

斎藤孝二郎(1939)「黒部川第三号発電工事余談」

斎藤勉(1990)『地下秘密工場』のんぶる社

在日朝鮮人運動史研究会(1989)「聞書き 朴光海氏労働運動について語る」『在日
　　　朝鮮人史研究』第十九号

坂井誠一(1984)『富山県の歴史』山川出版社

佐藤工業(1978)『佐藤工業110年のあゆみ』佐藤工業

沢田純三(1992)「太平洋戦争下の雄神地下秘密工場について」『近代史研究第』十
　　　五号

三千里社(1978)「特集・朝鮮の友だった日本人」『季刊三千里』十三号

証言する風景刊行委員会(1991)『証言する風景』風媒社

新東亜編纂室(1980)『朝鮮近現代史年表』三一書房

淸水弘(1982.3)「黒部のホウ雪崩」『サイエンス』

淸水弘(1985.9・1986)「雪崩」『電力土木』No198. No.202

淸水弘(1992)「眞說・高熱隧道」『北海道地区自然災害科学資料センター報告』

水力技術百年編纂委員会(1992)『水力技術百年史』電力土木技術協会

杉木淸(1986)「金さんからの手紙」『ほくりく』第三二八号 関西電力

戦後補償問題連絡委員会編(1992)『朝鮮植民地支配と戦後補償』岩波書店

全国労働安全衛生センター連絡会議編(1992)『外国人労働者の労災白書』九十

　　　二年度版 海風書房

千田夏光(1984)『従軍慰安婦』講談社

千田夏光(1985)『続・従軍慰安婦』講談社

高瀬重雄(1971)監修『とやま文学の旅』北国出版社

高瀬信隆(1988)『電力史誌 九十年』自刊

田中宏(1991)『在日外国人』岩波書店

張斗植(1981)『ある在日朝鮮人の記録』同成社

朝鮮史研究会編(1986)『入門朝鮮の歴史』三省堂

朝鮮人強制連行眞相調査団編(1990)『強制連行された朝鮮人の証言』明石書店

朝鮮総督府(1910)『朝鮮総督府施政年表』(明治四三年) 朝鮮総督府

朝鮮総督府(1935)『朝鮮国勢調査報告』朝鮮総督府

筒井眞樹子編・訳 尹學準 監修『韓国教科書の中の日本と日本人』一光社

電気新報社(1936・1937・1938)『電気年報』昭和11・12・13 年度版 電気新報社

電気庁(1939)『電気事業法規』電気協会

富山県(大正元年~昭和20年)『富山県統計書』富山県

富山県(1981)『富山県史通史編』近代上下 富山県

富山県(1987)『富山県薬業史』通史 富山県

富山県史編纂委員会(1961)『富山県の歴史と文化』青林書院

富山県売薬同業組合(1909)『富山売薬紀要』富山売薬同業組合

富山市史編纂委員会(1972)『富山市史』上下 富山市

富山新聞社第百科事典編編集部(1976)『富山県大百科事典』富山新聞社

内務省警保局編(1972)『社会運動の状況』三一書房

内藤正中(1989)『日本海地域の在日朝鮮人』多賀書房

二十五年史編集委員会(1978)『関西電力二十五年史』関西電力

日本カーバイト工業株式会社社史編纂室編(1968)『三十年史』日本カーバイト工
　　　業株式会社

日本産業火薬会(1967)『日本産業火薬史』日本産業火薬会

日本土木学会編『日本土木史』大正一年~昭和十五年 (日本土木学会)

日本電力株式会社(1933)『日本電力株式会社十年史』日本電力株式会社

日本発送電株式会社解散記念事業委員会(1954)『日本発送電社史』 日本発送電
　　　株式会社

朴殷植(1972)『朝鮮独立運動の血死』1・2 東洋文庫(平凡社)

朴慶植(1965)『朝鮮人強制連行の記録』未来社

朴慶植(1975~76)『在日朝鮮人関係資料集成』全五巻 전5권 三一書房

朴慶植(1976)『朝鮮三・一独立運動』平凡社

朴慶植(1979)『在日朝鮮人運動史』三一書房

朴慶植(1989)『朝鮮問題資料叢書』三一書房

朴鐘鳴(1991)・山田照美編(1991)『在日朝鮮人ー歴史と現状』明石書店

旗田巍 (1987)『朝鮮の近代史と日本』大和書房

発電水力協会(1962)「新黒三高熱トンネルの施行」『発電水力』7月

発電水力協会(1964)「黒四特集号」『発電水力』70号

林いえだい(1988)『朝鮮海峡深くて暗い過去』明石書店

林いえだい(1990)『清算されない昭和』岩波書店

比較史、比較歴史教育研究会編(1991)『アジアの「近代」と歴史教育』未来社

樋口雄一 (1986)『協和会』社会評論社

樋口雄一 (1991)『協和会関係資料集』I~Ⅳ 緑陰書房

樋口雄一 (1991)『皇民兵士にされた朝鮮人』社会評論社

兵庫朝鮮関係研究会編(1990)『地下工場と朝鮮人強制連行』明石書店

伏木港海運振興会(1973)『伏木港史』伏木港海運振興会

不二越五十年史編集委員会編(1978)『不二越五十年史』株式会社不二越

藤井雄之助(1939)「黒部川第三号発電所工場の阿曽原温泉地帯高熱隧道工事について」『水力』第二巻第一号 水力協会

細川嘉六 (1972)『植民史』理論社

本間不二男(1939)『黒部川沿岸地質調査報』告矢島一三

本間不二男先生追憶録出版会(1964)『本間不二男先生の憶ひ出』

松岡英長(1983)「黒二、黒三発電所建設の思い出」講演

宮田節子(1985)『朝鮮民衆と「皇民化」政策』未来社

宮田節子・金英達・梁泰昊(1992)『創氏改名』明石書店

村上兵衛(1989)『黒部川』関西電力

村上陽岳(1950)『北陸地方水力電気概観』第一巻 富山県編観光出版部

森山茂徳(1992)『日韓併合』吉川弘文館

山田昭次(1991)ほか『近現代のなかの日本と朝鮮』東京書籍

山田和雄(1969)ほか『日本産業百年史』上 日本経済新聞社

山田胖(1956)『宇奈月温泉の由来』富山県立図書館タイプ印刷

湯口康雄(1991)「東洋アルミナムと日本電力」『岳人』525호

吉村昭(1967)『高熱隧道』新潮社

吉村昭(1972)『精神的季節』講談社

蓬沢作次郎(1991)『ふるさとの山野に生きる』自刊

신문

《호쿠리쿠타임스 北陸タイムス》

《도야마일보 富山日報》

《호쿠리쿠니치니치 北陸日々》

《기타니혼신문 北日本新聞》

《아사히신문 朝日新聞》

비디오테이프

관서전력주식회사(関西電力株式会社) 〈구로베를 열다(黒部をひらく)〉

일본방송협회 쇼와 회고록(日本放送協会 昭和回顧録) 〈구로베를 열다(黒部をひらく)〉

도야마 텔레비전(富山テレビ) 〈물의 나라 이야기(水の国のものがたり)〉 1991. 6

구로베 저편의 목소리

구로베 협곡에 흐르는 조선인의 피와 땀 그리고 눈물

ⓒ 글로벌콘텐츠, 2023

1판 1쇄 인쇄__2023년 08월 15일
1판 1쇄 발행__2023년 08월 20일

지은이__고노가와 준코, 호리에 세쓰코, 우치다 스에노
옮긴이__박은정, 안영신
펴낸이__홍정표
펴낸곳__글로벌콘텐츠
　　　　등록__제25100-2008-000024호

공급처__(주)글로벌콘텐츠출판그룹
　　　　대표_홍정표　이사_김미미　편집_임세원 강민욱 백승민 권군오　기획·마케팅_이종훈 홍민지
　　　　주소__서울특별시 강동구 풍성로 87-6
　　　　전화__02) 488-3280　팩스__02) 488-3281
　　　　홈페이지__http://www.gcbook.co.kr
　　　　이메일__edit@gcbook.co.kr

값 23,000원
ISBN 979-11-5852-396-1　03910